国家社会科学基金后期资助重点项目『大数据名词多语种翻译研究』（21FYYA003）资助

语言测试与波动数据评估

杜家利　于屏方◎著

科学出版社

北京

内 容 简 介

金融强国建设需要数字技术和大数据分析技术的支持。本书对语言测试标准化分数体系进行了理论分析和数字应用，并在标准化分数体系的基础上构建了基于大数据的期权波动数据评估模型。金融衍生品的交易实践证明，价能、量能、购能、沽能、惑能是有效的波动数据评估因子。价能标准分数、惑能标准分数、区间分数、评估分数、偏差分数构成了具有概率优势的期权波动数据多分数评估体系。期权波动数据评估模型的成功建立拓展了传统语言测试标准化分数体系在大数据评估方面的适用性，为计算语言学开辟了新的研究思路。

本书可供计算语言学领域和数字金融领域的学者参阅。

图书在版编目（CIP）数据

语言测试与波动数据评估 / 杜家利, 于屏方著. -- 北京：科学出版社, 2024.12. -- ISBN 978-7-03-080482-2

Ⅰ. H09-39

中国国家版本馆 CIP 数据核字第 2024JC7921 号

责任编辑：崔文燕　宋　丽 / 责任校对：王晓茜
责任印制：徐晓晨 / 封面设计：润一文化

科学出版社 出版

北京东黄城根北街 16 号
邮政编码：100717
http://www.sciencep.com

北京建宏印刷有限公司印刷
科学出版社发行　各地新华书店经销
*
2024 年 12 月第 一 版　开本：720×1000　1/16
2024 年 12 月第一次印刷　印张：17 1/2
字数：322 000

定价：**128.00** 元

（如有印装质量问题，我社负责调换）

序　言

　　杜家利教授和于屏方教授的新著《语言测试与波动数据评估》就要出版了。这是一本关于语言测试的专著。我浏览了全书，觉得该书内容丰富，数据翔实，观点明确，浏览之后获益良多，很受启发。

　　该书共 8 章。第 1 章讨论了该书研究的总体思路，提出了语言测试标准化分数体系跨域应用的有效性验证这一问题。这一章指出，常规数据评估体系推动了波动数据评估体系的构建和实践应用，完成了语言测试领域的常规数据分析和交易领域的波动数据分析，对原始分数、百分等级、标准分数、导出分数、区间分数、偏差分数、评估分数等进行了计算评估，将语言测试计算理论有效地应用于交易数据评估实践，实现了数据评估的跨域应用。第 2 章对语言测试相关研究进行了综述。第 3 章讨论了语言测试分析中所涉及的平均数、中位数、众数、偏态、正态分布等关键概念。第 4 章主要讨论了标准差的概念、公式和函数计算，以及标准差在数据评估中的应用。第 5 章分析了传统语言测试中标准化分数体系的构建，说明了原始分数、百分等级、标准分数和导出分数是标准化分数体系构建的重要参数。第 6 章分析了传统语言测试中的题目难度和区分度，重点讨论了相关系数的概念和计算评估。第 7 章讨论了波动数据的计算评估。第 8 章讨论了价能、量能、购能、沽能和惑能等波动因子相关系数的计算评估，区间分数、偏差分数、评估分数等波动分数的计算评估，以及波动数据多分数评估体系的应用。

　　传统语言测试是一种对被试语言能力进行有效评估的方法。由于被试语言能力变化的复杂性，语言测试中的数据评估结果一般的稳定期是两年。在两年的稳定期内，语言测试默认评估的数据是相对静态的，被试的语言能力在此期间无论是提升还是下滑，只要被试不参加新的测试，就一直保持与上一次语言测试成绩相一致的能力评估结果。虽然这种相对静止的能力评估为国际大学的招生考核提供了较为恒定的鉴定标准，但是被试的语言能力发展实际上是一个动态变化的过程，只不过为了现实需要，大型标准化考试人为地限定了这种动态变化的可能性。因此，传统的语言测试实质上是一种静态的测试。

如果被试在一个语言环境中不断得到训练，他的语言能力就会在短时间内得到快速提升，甚至可能与日俱增。如果被试远离了语言环境，他的语言能力在两年周期内可能会急速下降。但是，目前的语言测试受到条件限制，不可能对被试每天的语言能力变化进行即时性测试。该书尝试利用传统语言测试针对静态数据展开的数据评估方法来研究波动数据评估的规律性，以验证这种基于静态数据的标准化分数体系是否适用于波动数据评估。这是该书的一个创新之处。

语言测试中被试能力变化的动态数据在目前的条件下是难以获得的。为了测试基于静态数据的标准化分数体系的广泛适用性，该书选定具有客观性和科学性的动态数据，保持数据的动态更新，既要有向上波动的数据，也要有向下波动的数据。所有的这些动态数据必须是开放的、时刻可以获取的，并具备二次验证的可重复性。为此，该书选择了上证50ETF期权交易数据作为这种动态波动数据。

在短期、中期和长期波动数据相关系数的计算评估中，该书作者根据以中期、长期评估为代表的季度、年度波动数据评估结果，发现随着数据波动区间的拉长，各个波动因子对价格波动的影响呈现下降的趋势，并最终进入无关联阶段。这说明，短时间内的数据波动对中长期数据评估的影响是很小的，源于投资者情绪变化的数据波动在中长周期内对市场的干扰可以忽略。这个评估结果与传统语言测试对被试能力的测试结论不谋而合。在语言测试中，从短期来看，为了取得较高的语言测试成绩，被试通过突击学习可以提高语言能力部分考核项的分数；从中长期来看，随着语言测试数据采集周期的加长，被试的语言能力回归到本源，短期内的学习成绩波动不会再影响到长期的能力评估。因此，托福、雅思、汉语水平考试等语言标准化考试将测试成绩所显示的被试能力变化区间设定为两年的周期是有理论根据的。这是该书的重要研究成果。

　　杜家利是我的博士生，他在博士学位论文中研究了花园幽径句（garden path sentence）中的句法问题；在博士后阶段，他又研究了大数据术语的计算与评估，为研究计算语言学打好了基础。他出版了 16 部专著，发表了 110 多篇论文，主持完成了包括国家部委重大项目、国家社会科学基金重点项目、国家社会科学基金一般项目等省部级以上项目共 14 个，荣获教育部第八届高等学校科学研究优秀成果奖（人文社会科学）二等奖、广东省第八届哲学社会科学优秀成果奖二等奖，现在他研究语言测试问题又有了新的发现。他这种不断研究新问题的进取精神是难能可贵的，我们应当提倡这样的精神。是为序。

冯志伟

教育部语言文字应用研究所研究员

联合国教科文组织奥地利委员会奥地利维斯特奖获得者

中国计算机学会 NLPCC 杰出贡献奖获得者

2024 年 10 月 15 日

目　　录

第1章 引 言

测试是"通过将测量结果与已知状态或理论假设相比较,从而对事物状态、功能做出判断的过程"[①]。语言测试是一种测量活动,它所用的工具叫作语言测验。从本质上讲,语言测验与尺子或天平一样,都是测量工具(张凯,2013)。语言测试的主要目的在于对参与测试的被试进行语言水平或语言能力的测验,以期获得一种基于数据的评估结果。在整个测试过程中,评价和判断都是围绕数据展开的,所以对相关数据的计算和评估是测试的核心内容。

数据评估是指从数据的采集、分析和评价角度进行的数据综合应用。数据的可信性、有效性和可验证性可为基于数据的决策提供参考。本书研究中的数据评估涉及两部分:一部分是传统语言测试中常规测验分数的数据评估,另一部分是金融衍生品期权交易数据的波动数据评估。

传统语言测试中常规测验分数的数据评估是指对语言测试中的原始分数(raw score)数据进行相关计算和评价。常规数据标准化分数体系为数据分析提供了系统性、层级性、可比性评估结果。

从系统性角度来说,数据评估为测试中的原始分数提供了百分等级(percentile rank,PR)这一指标,将数据置于整个测试体系的系统中进行对比,单一数据的意义通过其在整体数据系统中的位置进行确定。百分等级赋予了原始分数以系统排位意义,改变了原始分数没有参照和意义的特点。在百分等级公式 PR=100−(100R−50)/N 中,R 代表的是自大到小的数据排序,N 代表的是参与排序的数据总数,这两个变量决定了数据系统性参数的变化。

从层级性角度来说,评估中引入了标准分数(standard score)或称 Z 分数(Z score)概念,可将数据置于以标准差为衡量单位的"上下三层一平层"的七层数据体系中。在正态分布状态下,"一平层"是指数据所在的均值层为零标准差的水平层;"上三层"是指数据均值以上的一个标准

---

① https://www.termonline.cn/wordDetail?termName=%E6%B5%8B%E8%AF%95&subject=8e950fbd
26ab11eeae69b068e6519520&base=1[2024-06-15]。

差层、两个标准差层和三个标准差层，从均值向上，各层所占比例依次递减，大约分别为 34.1%（均值到正一个标准差）、13.6%（正一个标准差到正两个标准差）、2.15%（正两个标准差到正三个标准差）、0.15%（正三个标准差以上）；"下三层"是指数据均值以下的一个标准差层、两个标准差层和三个标准差层，从均值向下，各层所占比例与正方向比例形成镜像关系，即大约分别为 34.1%（均值到负一个标准差）、13.6%（负一个标准差到负两个标准差）、2.15%（负两个标准差到负三个标准差）及 0.15%（负三个标准差以下）。因为"上下三层一平层"形成的是以均值为中轴的对称性曲线，所以正态分布曲线也常被称为钟形曲线，意指一种特有的曲线特征：标准差离均值越近，评估数据就越多、越丰富；标准差离均值越远，评估数据就越少、越稀有。标准分数的层级概念很好地解释了数据所处的位置，可以帮助我们对数据进行准确评估。更重要的是，标准分数还可以在不同类别的分数中进行比较和计算。例如，均值下三层的标准分数为–3（$Z = -3$），均值下两层的标准分数为–2（$Z = -2$），均值下一层的标准分数为–1（$Z = -1$），均值的标准分数为 0（$Z = 0$）。在数据评估中，标准分数具有负数、零、正数的特征。

从可比性角度来说，导出分数（derived score）是更符合认知的标准分数。导出分数的设定通常是为了提升标准分数的水平层，消除"下三层"的存在。在导出分数的计算公式 $AZ + B$ 中，Z 为具有"上下三层一平层"的标准分数，A 为默认设定的标准差常数，B 为默认设定的平均数常数。在导出分数的计算中，常数 A 和 B 通常为正数，而且当 B 是 A 的 4 倍及以上时，导出分数就可以消除标准分数"下三层"的负数。例如，在计算智商（intelligence quotient，IQ）的导出分数中，默认设定的标准差常数 A 是 15，默认设定的平均数常数 B 是 100。均值下三层、均值下两层、均值下一层的标准分数分别为–3（$Z = -3$）、–2（$Z = -2$）和–1（$Z = -1$），则对应的导出分数（$15Z+100$）分别为 55、70、85，这样就消除了标准分数中的负数，给出了更符合认知的导出分数，实现了标准化分数体系的多维计算。

从以上数据评估的系统性、层级性、可比性分析可以看出，对语言测试中原始分数的评估通常需要进行分数转化，将原始分数置于可量化对比的参照单位中。这种分数转化是在不同状态下获得的数据得以进行对比评估的基本条件。

　　数据评估方法可进行跨域应用。在语言测试常规数据的评估中，各种量化研究的方法已经比较成熟，我们可以通过分析评价测试获得的数据对被试的语言水平或能力做出可行性判断。从数据评估的一致性原则可知，常规数据量化分析方法也可以尝试应用于波动数据评估中。波动数据可以看作是常规数据的特殊状态。在期权的波动数据评估中，基于大数据比对展开的波动状态或波动假设可以实现评估结果的拟合分析，从而对优化拟合的波动状态、波动方向甚至波动趋势做出具有概率优势的有效判断。这种从数据评估角度展开的波动研究是量化交易的数据基础。

　　波动数据的变化复杂性决定了评估的多维性，推动了波动因子在评估体系中的纳入。我们在波动数据的赋值管理中引入了价能、量能、购能、沽能和惑能这 5 个波动因子。在语言测试评估方法的拓展应用中，百分等级、标准分数和导出分数的计算评估方法均可应用于波动因子的测算评估中。在评估区间的选定中，波动因子的数据来源包括月度、季度和年度三个大的层级性区间。每个波动因子在各个波动区间的数据评估可将波动数据的整体变化趋势展现出来，为最终基于数据的评价和判断提供量化支撑。基于数据评估的量化交易在我国已经开始应用。数据波动拟合正态分布适用于语言测试正态分布曲线的标准差波动原则、系统性原则、层级性原则、可比性原则等。波动数据的价能、量能、购能、沽能和惑能分别代表的是价格波动数据集合、交易量波动数据集合、看涨波动数据集合、看跌波动数据集合、涨跌困惑商（confusion quotient，CQ）波动数据集合。5 个波动因子的多数据评估从量化计算的角度展现了波动数据在波动状态、波动方向、波动趋势方面的概率优势。

　　波动因子间相关系数的计算评估是波动数据标准化分数体系构建的先期条件。这种体系是常规数据标准化分数体系的一种特殊状态，也是语言测试计算评估方法在交易中的跨域拓展，为波动数据的变化评估提供了一种新的计算思路。正如语言测试中原始分数要置于可量化对比的参照单位中才可以进行评价判断一样，每个波动数据也同样要进行数据转换才可能实现标准化模式下的计算评估。在常规数据中，题目和试卷的难度系数不同，区分度不同，因此测试评估的结果也不同。在波动数据中，5 个波动因子的数据加权系数不同，对波动系统的贡献度也不同，具有明显的加权效应。在波动数据加权效应中，5 个波动因子间的相关系数计算为评估分数体系构建提供了权重的概念。研究结果表明，波动数据的月度惑能

（近 22 日的数据）是与价能最相关的波动因子，也是权重最大的波动因子。在具体计算中，惑能的计算公式为：CQ=∑WP/∑WC。其中，∑WP 为看跌加权持仓量（weighted open interest of put）的求和，∑WC 为看涨加权持仓量（weighted open interest of call）的求和。围绕惑能波动数据建立的分数评估体系将极大提升数据评估的效能。

　　波动分数的计算评估是波动数据标准化分数体系构建的决定因素。与语言测试中常规数据的相对稳定性不同，波动数据具有高杠杆、高波动、高变化的数据特征。针对这种数据特征，我们在波动数据标准化分数体系构建中引入了 3 个波动分数：区间分数（interval score，IS）、偏差分数（deviation score，DS）和评估分数（assessment score，AS）。区间分数 =（惑能最新值−近 22 日惑能最新值均值）/近 22 日惑能最新值均值，即 $IS=(CQ-X_{cq}')/X_{cq}'$；偏差分数 =（当日区间分数−近 22 日区间分数均值）/近 22 日区间分数标准差，即 $DS=(IS-X_{is}')/S_{is}$；评估分数=当日区间分数/近 22 日区间分数标准差，即 $AS=IS/S_{is}$。这三个分数可用于系统化测试波动数据的波动能力，并构成波动数据标准化分数体系的核心内容。月度惑能是权重最大的、与价能波动相关系数最高的参数。研究证明，基于月度惑能的区间分数计算、偏差分数计算和评估分数计算可为波动数据标准化分数体系构建提供最有效的数据支撑，实现对波动数据的波动状态、波动方向、波动趋势的评价和判断。

　　本书的总体思路主要由提出问题、分析问题和解决问题组成。

　　首先，在提出问题阶段，我们提出了语言测试标准化分数体系跨域应用的有效性这一问题。在具体设定中，目标导向由标准化分数体系的数据评估和跨域应用组成；问题导向是语言测试计算方法的跨域可行性求证。

　　其次，在分析问题阶段，我们认为常规数据评估体系推动了波动数据评估体系的构建和实践应用。数据评估技术和语言计算方法对常规数据标准化分数体系和波动数据标准化分数体系都具有指导性作用。

　　最后，在计算理论实践化的过程中，我们研究完成了语言测试领域的常规数据分析和交易领域的波动数据分析，对原始分数、百分等级、标准分数、导出分数、区间分数、偏差分数、评估分数等关键词进行了计算评估，将语言测试计算理论有效应用于交易数据评估，实现数据评估的跨域应用，解决了语言测试标准化分数体系在交易中的可验证性问题。本书研究逻辑如图 1-1 所示。

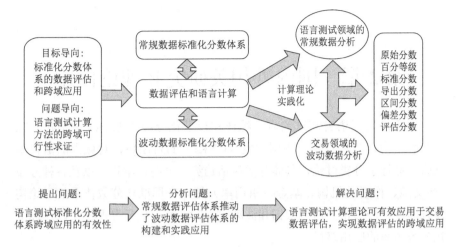

图 1-1　本书研究逻辑

第2章　国内外相关研究和理论构建

本章讨论了语言测试的研究综述和标准化分数体系的理论构建。在研究综述中，我们设定了中国知网（CNKI）的封闭域，对域内的语言测试研究进行了分类讨论，具体分类包括趋势、主题、学科，以及各种分布（如文献、作者、机构、基金、引用率）等。在标准化分数体系的理论构建方面，我们讨论了常规数据和波动数据的计算评估研究框架，以及标准化分数体系的应用路径。

2.1　语言测试的可视化分析和概述

中国知网提供了语言测试量化研究的封闭域。在进行文献综述时，如何选定具有代表性的综述文章一直以来是科研工作者关注的焦点。在综述时通常会有质和量两条主线。

以质为主，通常是以文章引用率或下载率作为选定依据。在具体操作时，根据自上而下的顺序选择若干文献进行综述。这种方法的便利之处在于排序在前的文章通常具有较高的学界认可度，高被引或高下载率文章代表了研究的热点问题，具有较高的研究集合度。这种以点带面的综述方法的不足之处在于可能无法对整体研究形成趋势分析，也很难总结出规律性经验。换句话说，以质为主的综述更多侧重的是深度，而在广度上，由于封闭域内的文献数量有限，难以获得较为全面的分析结果。

以量为主，通常是指以文章发表的数量作为考量。在设定封闭域时，常将核心期刊和普通期刊都纳入封闭域研究范围，而且涉及的年代也会尽可能延长。这样，每天发表的文章都作为封闭域中的选项分子，对整体研究都做出了科研贡献。相对于以质为主的封闭域而言，以量为主的封闭域的广度可以达到趋势性的量化要求。但是，由于纳入的文章没有进行引用率或下载率等标准的遴选，在提高量化广度的同时也相对降低了量化的深度。

从以上对比分析可知，趋势性的综述研究通常考察的文章较多，广度量化是较为有效的方法，而对于深度研究的综述，通常将高被引或高下载率作为标准。下面我们将从广度和深度两个视角来分析研究语言测试的主题综述。

从广度上看，1983—2022 年，中国知网提供了 4320 篇以"语言测试"为主题的文章。为了更好地分析语言测试研究的趋势性发展，我们没有对这些文献进行条件设定。由此，我们形成了如图 2-1 所示的可视性分析的维度。

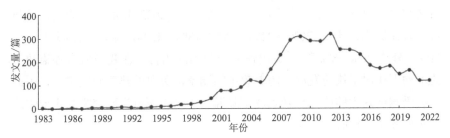

图 2-1　"语言测试"研究文章发表年度趋势图（筛选时间为 2022 年 10 月 1 日）

从图 2-1 中我们可以看到，语言测试研究发文量从 1983 年开始不断上升，并在 2012 年左右到达了本次发展的高潮。此后，语言测试研究发文量开始逐年下降，截至 2022 年，发文量已经回到了 2004 年左右的水平。这个基于总封闭域中 4320 篇文章的研究展现了语言测试研究发文量的年度趋势。图 2-1 说明语言测试研究经历了一次蓬勃发展的高潮，目前处于高潮回落的稳定期。究其原因，我们认为有如下两方面。

首先，国内科学研究的多元化分流了语言测试研究人群，以"语言测试"为主题发表的论文量也出现了冲高回落。国内权威级别的语言测试专家相继去世（如桂诗春教授），其所在团队也陆续解散或合并，致使语言测试研究发文量也出现了相应的回落。

其次，英语在重要考试中的比重下降，降低了英语语言测试研究的热度。语言测试最早的研究群体出现在英语教育领域，大量的测试数据来自英语专业的学生，最终的测试结果也主要服务于英语教育。2013 年发布的《教育部关于 2013 年深化教育领域综合改革的意见》提出了高考英语科目一年多次考试的实施办法。随着 2013 年教育部英语改革的深入，多地推出了英语改革的践行措施。2014 年 9 月 9 日，浙江省开始实施《浙江省深化高校考试招生制度综合改革试点方案》①，并规定"外语和选考科目成绩 2 年有效"，以及"2016 年 10 月开始实施外语科目多次考试，2017 年开始全面实施高校考试招生制度综合改革"。此后，陆续有

---

① https://www.zj.gov.cn/art/2014/9/22/art_1229019364_54933.html[2024-06-20]。

其他省市跟进，降低了英语在高考中的占比。上海从 2017 年起开始进行英语考试改革，秋冬各进行一次，包括笔试和听说测试，其目的在于引导外语教学侧重对学生应用能力的培养。天津也从 2017 年起在现有高考英语听力两次考试的基础上继续推进改革，把高考英语笔试增加到两次。随着连续几年全国各地对英语考试占比的调整，外语教育的比重已经降低到语文教育的 1/3 左右。《义务教育课程方案（2022 年版）》规定，各科目课时比例为：语文 20%—22%，数学 13%—15%，体育与健康 10%—11%，外语 6%—8% 等。[①]英语作为一门国际语言，在我国原有外语政策的推动下获得了快速发展，随着政策的调整，英语的热度回归常态，因此以英语测试为主的研究也开始逐步降温。"语言测试"研究文章主要主题分布如图 2-2 所示。

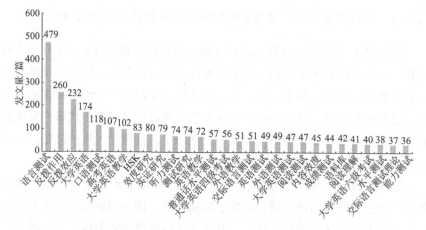

图 2-2 "语言测试"研究文章主要主题分布图

从图 2-2 可以看出，各类与语言测试相关的主要主题都获得了学者的关注，关注度从高到低依次为语言测试、反拨作用、反拨效应、大学英语、口语测试、高考英语等。从这些主题分布我们可以看出，以英语为主导的语言测试研究占据了主流地位。不过，我们也发现，以汉语水平考试（HSK）和普通话水平测试等为主的测试研究正在获得越来越多的关注。英语测试和汉语测试随着国家外语教育政策的调整出现了此消彼长的态势。

从图 2-3 中可以看出，占据主流地位的学科是外国语言文字（55.99%），其次是中国语言文字（21.26%），其他包括中等教育

---

① https://www.gov.cn/zhengce/zhengceku/2022-04/21/content_5686535.htm [2024-06-20]。

（9.57%）、计算机软件及计算机应用（5.27%）、教育理论与教育管理（1.67%）、高等教育（1.09%）等。这个学科分布比例与我们前面讨论的英语测试和汉语测试出现此消彼长的态势的判断是一致的，在目前情况下，英语测试仍是语言测试的主导。随着中华优秀传统文化"走出去"，汉语测试将获得更高的关注度。

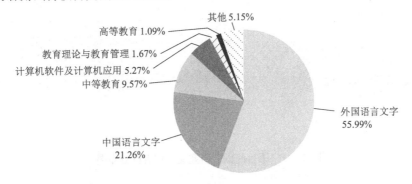

图 2-3　"语言测试"研究文章学科分布图

从图 2-4 中可以看出，与语言测试相关的期刊或学位培养单位对语言测试研究做出了很大贡献。发表文章（或学位论文）较多的刊物包括《考试周刊》《外语测试与教学》《外语界》《校园英语》《科技信息》《中国考试》等。

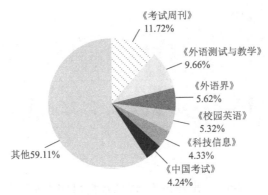

图 2-4　"语言测试"研究文章文献来源分布图

从图 2-5 中可以看出，发表论文数量较多的学者包括杨惠中（上海交通大学）、金艳（上海交通大学）、辜向东（重庆大学）、薛荣（常州大学）、李清华（南方医科大学）、孔文（常州大学）等。从以上分析来看，上海交通大学占据了语言测试作者群的龙头地位。

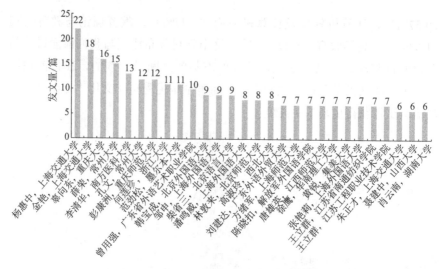

图 2-5 "语言测试"研究文章作者群分布图

从图 2-6 来看，发文量由多到少排序为上海外国语大学、上海交通大学、北京语言大学、华中师范大学、广东外语外贸大学、北京外国语大学等。

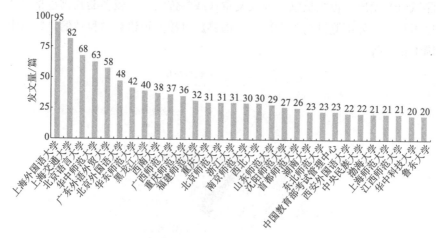

图 2-6 "语言测试"研究文章发文机构分布图

从图 2-7 来看，国家社会科学基金、国家自然科学基金、江苏省教育厅人文社会科学基金、教育部人文社会科学研究规划基金、全国教育科学规划课题、国家留学基金是排名前六位的资助语言测试研究的主要基金。

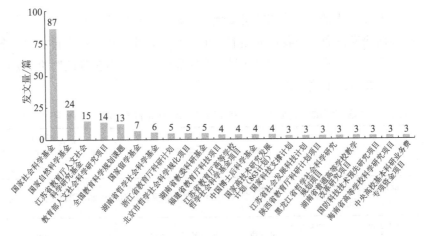

图 2-7　"语言测试"研究资助基金分布图

　　前面我们主要从基于发文数量的广度量化角度讨论了语言测试研究的现状。这种广度量化研究给我们提供了趋势性视角。但是，仅仅基于发文量的讨论由于忽略了文章的引用加权，所以在深度分析上具有一定缺陷。为了弥补这种不足，下面我们将引入加权观点，深入分析语言测试研究。

　　从深度上看，我们按照引用率选取排名前 200 位的文章划定封闭域进行研究。在具体研究中，我们将从"语言测试"的作者合作视角、高被引（排序前 30 位）文献信息剖析视角、高被引文献关键词 CiteSpace 聚类视角等展开。

　　从图 2-8 可以看出，很多国内知名学者均具有较高的引文显示度，包括许家金、姚颖、王乐、孔文、李清华、曾用强等。

图 2-8　"语言测试"文献作者合作网络分析图

从表 2-1 中的 30 篇高被引文献可以看出，学界的核心关注内容多聚集在英语研究方面，与我们前面的分析一致。此外，从文章的刊发期刊来看，也多集中在外语类，这也从另一个侧面验证了"语言测试"的主流研究多集中在英语上这一论断。

表 2-1　"语言测试"高被引（前 30 篇）文献信息（截至 2022 年 10 月 1 日）

序号	题名	作者	来源	发表时间	数据库	被引次数/次	下载次数/次
1	语言测试反拨效应研究概述	黄大勇、杨炳钧	《外语教学与研究》	2002-07-20	期刊	506	5760
2	语言测试：理论、实践与发展	韩宝成	《外语教学与研究》	2000-01-20	期刊	479	6625
3	"产出导向法"对大学英语写作影响的实验研究	张文娟	《现代外语》	2017-03-25	期刊	461	8330
4	语言测试与语言教学	杨惠中	《外语界》	1999-03-01	期刊	453	5117
5	国外作文自动评分系统评述及启示	梁茂成、文秋芳	《外语电化教学》	2007-10-15	期刊	390	5635
6	大学英语四、六级考试十五年回顾	杨惠中	《外国语（上海外国语大学学报）》	2003-06-20	期刊	352	3785
7	语言测试的新进展：基于任务的语言测试	韩宝成	《外语教学与研究》	2003-09-20	期刊	320	5465
8	语言测试的反拨作用与语言测试设计	李绍山	《外语界》	2005-02-25	期刊	317	4597
9	从 Bachman 交际法语言测试理论模式看口译测试中的重要因素	陈菁	《中国翻译》	2002-01-15	期刊	295	2968
10	从 i+1 理论谈大学英语分级教学的语言输入	李炯英、戴秀珍	《山东外语教学》	2001-03-15	期刊	290	3005
11	社会文化测试分析	王振亚	《外语教学与研究》	1990-08-29	期刊	260	1463
12	论语言测试的反拨作用	陈晓扣	《解放军外国语学院学报》	2007-05-25	期刊	235	4320
13	我国英语能力等级量表研制的基本思路	刘建达	《中国考试》	2015-01-01	期刊	226	3859
14	Lyle F. Bachman 的语言测试理论模式	韩宝成	《外语教学与研究》	1995-01-10	期刊	222	4743
15	体验式大学英语教学的多元评价	金艳	《中国外语》	2010-01-15	期刊	211	4326

续表

序号	题名	作者	来源	发表时间	数据库	被引次数/次	下载次数/次
16	语言测试的社会学思考	杨惠中、桂诗春	《现代外语》	2007-11-15	期刊	211	4218
17	语言测试的后效研究	唐雄英	《外语与外语教学》	2005-07-01	期刊	209	2218
18	从一项调查看大学英语考试存在的问题	韩宝成、戴曼纯、杨莉芳	《外语与外语教学》	2004-02-01	期刊	198	2841
19	语言测试之效度理论发展五十年	李清华	《现代外语》	2006-01-20	期刊	195	4763
20	提高考试效度，改进考试后效——大学英语四、六级考试后效研究	金艳	《外语界》	2006-12-25	期刊	194	3867
21	中国学生英语语用能力的测试	刘建达	《外语教学与研究》	2006-07-20	期刊	194	5172
22	语言测试的反拨效应理论与实证研究	亓鲁霞	《外语教学理论与实践》	2011-11-25	期刊	183	3945
23	高校学生英语能力测试改革势在必行	韩宝成	《外语教学与研究》	2002-11-20	期刊	165	1529
24	试论口语测试的真实性	邹申	《外语界》	2001-06-25	期刊	158	2195
25	"产出导向法"应用于大学英语教学之行动研究	张文娟	北京外国语大学	2017-05-30	博士	158	7318
26	中国现行大学英语四、六级考试：问题与思考——兼评国内外相关研究	李炯英	《外语教学》	2002-09-30	期刊	154	1702
27	语言测试反拨效应的近期研究与未来展望	亓鲁霞	《现代外语》	2012-05-15	期刊	150	3745
28	制定亚洲统一的英语语言能力等级量表	杨惠中、桂诗春	《中国外语》	2007-03-15	期刊	145	2789
29	大学英语四、六级网考的设计原则	金艳、吴江	《外语界》	2009-08-25	期刊	142	2209
30	语言教学大纲与语言测试的衔接——TEM8 的设计与实施	邹申	《外语界》	2003-12-25	期刊	142	2456

　　从"语言测试"高被引文献关键词 CiteSpace 聚类图（图 2-9）可以看出，近些年的高亮关键词形成了比较明显的聚类，并且在 CiteSpace 中展现出了层次性，形成了核心关键词频次列表（表 2-2）。

图 2-9 "语言测试"高被引文献关键词 CiteSpace 聚类图
注：由于软件版本问题，表 2-2 中的关键词不能全部在生成的云图中完全展现

表 2-2 "语言测试"高被引文献核心关键词频次（截至 2022 年 10 月 1 日）

频次/次	年份	关键词	频次/次	年份	关键词	频次/次	年份	关键词
7	2012	反拨效应	1	2018	命题技术	1	2018	新课标
7	2013	语言测试	1	2012	回顾	1	2014	最新进展
5	2012	效度	1	2014	国外研究	1	2015	有效教学
3	2012	大学英语	1	2018	外语教师	1	2012	构念效度
3	2013	汉语教学	1	2013	学习行为	1	2013	比较研究
2	2013	效度验证	1	2014	实证研究	1	2015	测试内容
2	2017	核心素养	1	2013	对比	1	2015	测试目标
2	2013	语言能力	1	2013	小学生	1	2017	测试系统
1	2018	三十年	1	2012	展望	1	2012	研究内容
1	2014	二语习得	1	2018	思辨能力	1	2012	研究方法
1	2013	交际能力	1	2013	效度论证	1	2017	考教结合
1	2017	促成	1	2013	教学	1	2013	考试
1	2012	信息化	1	2017	教学大纲	1	2016	考试风险
1	2015	关系	1	2013	教学技巧	1	2014	英语教学
1	2017	写作	1	2017	教学改革	1	2018	英语考试
1	2014	北京市	1	2015	教育测量	1	2017	行动研究
1	2012	匹配研究	1	2013	数据分析	1	2013	认知诊断
1	2015	反拨作用	1	2012	涉考者	1	2017	评价
1	2018	发展路径	1	2018	理论框架	1	2013	词汇
1	2017	可互换性	1	2014	留学生	1	2014	语言水平
1	2015	后效	1	2013	真题	1	2013	语言障碍

续表

频次/次	年份	关键词	频次/次	年份	关键词	频次/次	年份	关键词
1	2017	课程标准	1	2014	预测性	1	2017	高考命题
1	2018	问题情境	1	2017	驱动	1	2017	高考改革
1	2013	阅读试题	1	2014	高中			
1	2014	非洲	1	2014	高考			

我们从上面的"反拨效应、语言测试、效度、大学英语、汉语教学、效度验证、核心素养、语言能力"等核心关键词可以看出,语言测试研究主要围绕教学、能力、效度等进行讨论。其中,学者们对"反拨效应"的讨论居于核心关键词之首。请见 Elt World Wiki(埃尔特世界维基)对此的解释[①]:

The backwash effect (also known as the washback effect) is the influence that a test has on the way students are taught (e.g. the teaching mirrors the test because teachers want their students to pass).

The washback effect is the outcome of a test or an examination which results either in positive or in a negative way. There are two basic terms of the washback effect, which are the positive and the negative washback effect. The positive washback occurs when there is harmony between the teaching and the students' examination or a class test performance. The negative washback effect occurs when there is no sync between what is taught and what is performed (such as narrowing down the content). Both of these types of washback influence the teaching as well as the learning process.

Washback also implies that students have ready access to you to discuss the feedback and evaluation you have given.

翻译:反拨效应(backwash effect 或 washback effect)是指测试对教学方式的影响(例如,教学反映了测试,原因是教师希望学生通过测试)。反拨效应是测试或考试的结果,其结果或是积极的,或是消极的。反拨效应有两个基本术语,即正面反拨效应和负面反拨效应。当教学内容

---

① https://elt.fandom.com/wiki/Backwash_effect#:~:text=The%20backwash%20effect%20%28also%20known%20as%2[2024-06-20]。

与学生在考试或班级测试中的表现相协调时，正面反拨效应就会发生；当教学内容和学生的表现不同步时（比如缩小内容范围），就会产生负面反拨效应。这两种类型的反拨效应影响着教学的过程。反拨也意味着学生已经准备好对教师给出的反馈和评价做出回应。

从表 2-3 的"语言测试"研究高被引文献作者列表中可以看出，上海交通大学的杨惠中和金艳居于高被引作者群的前两位，这是以引用率量化标准得出的结果。参照前面讨论的发文量标准，我们发现杨惠中和金艳同样是发文量最多的两位作者。也就是说，不管是广度上的发文量标准，还是深度上的引用率标准，这两位作者都居于语言测试领域的高显示度位置。

表 2-3　"语言测试"研究高被引文献作者（截至 2022 年 10 月 1 日）

频次/次	年份	作者	频次/次	年份	作者
4	2015	杨惠中	1	2014	李小芳
2	2018	金艳	1	2012	黄婷
2	2017	张文娟	1	2013	陈慧麟
2	2012	亓鲁霞	1	2016	王初明
2	2012	贾国栋	1	2013	辜向东
2	2013	韩宝成	1	2018	杨莉芳
1	2012	张建珍	1	2014	董连忠
1	2013	李茜	1	2017	方绪军
1	2013	聂烽娇	1	2015	张允
1	2017	刘婧	1	2015	洪民
1	2013	石瑜	1	2013	杨亦鸣
1	2014	林敦来	1	2014	王子颖
1	2012	王莺莺	1	2014	段胜峰
1	2014	邹申	1	2017	周欢
1	2018	程晓堂	1	2013	孙佳
1	2013	陈晓丹	1	2017	陶百强
1	2017	刘玉川	1	2013	刘晓华
1	2013	张强	1	2014	武尊民
1	2013	罗凯洲	1	2013	姚颖
1	2013	赵冠芳	1	2017	黄建军
1	2013	肖若罗	1	2012	刘辉
1	2017	李宥谋	1	2014	董曼霞
1	2015	刘建达	1	2013	黄春霞

　　从表 2-4 可以看出,上海交通大学外国语学院、北京外国语大学、上海外国语大学、广东外语外贸大学成为"语言测试"高被引文献所属机构中的第一梯队。排名在前的这些大学在语言测试领域具有较为坚实的研究力量。

表 2-4　"语言测试"高被引文献所属机构(截至 2022 年 10 月 1 日)

频次/次	年份	机构	频次/次	年份	机构
3	2015	上海交通大学外国语学院	1	2014	西南大学
3	2013	北京外国语大学	1	2016	广东外语外贸大学外国语言学及应用语言学研究中心
3	2012	上海外国语大学	1	2013	华中师范大学
3	2012	广东外语外贸大学	1	2015	安徽科技学院外国语学院
2	2015	上海交通大学	1	2013	上海外国语大学英语学院
2	2014	北京师范大学	1	2017	西安邮电大学计算机学院
1	2017	中国政法大学	1	2017	中国人民大学
1	2017	厦门大学汉语国际推广南方基地/孔子学院办公室	1	2018	北京外国语大学英语学院
1	2013	北京语言大学汉语水平考试中心	1	2012	福建师范大学外国语学院
1	2015	教育部考试中心	1	2013	江苏省语言与认知神经科学重点实验室
1	2014	绍兴文理学院	1	2013	语言能力协同创新中心
1	2013	上海外国语大学国际教育学院	1	2012	哈尔滨师范大学公共英语教研部
1	2013	湖南大学	1	2017	江西金太阳教育研究院
1	2013	辽宁医学院外语教研部	1	2013	重庆大学外国语学院
1	2015	天津商业大学	1	2012	湖南科技大学外国语学院
1	2013	吉林大学	1	2017	上海师范大学对外汉语学院
1	2013	重庆大学语言认知及语言应用研究基地、语言测试研究所	1	2013	北京师范大学教育学部
1	2012	中国人民大学外国语学院	1	2013	广西大学
1	2013	江苏师范大学语言研究所			

　　从以上广度发文量和深度引用率两个视角出发,我们讨论了国内语言测试的研究特点。下面我们将重点讨论国内高被引文献中的前 30 篇文献,以及涉及国外学者的高被引文献,并由此展现语言测试研究的国内外主线和着力点。

2.2　语言测试的国内外核心研究

在语言测试研究中，国内外学者关注的焦点虽有不同，但总的研究方向是一致的，核心内容一般都是围绕效度和信度展开。

效度（validity）和信度（reliability）是语言测试质量评价的根本要求。效度就是指测试的有效性，通过测试得到想要的东西（Lado，1961）。信度指的是测试的连贯性（consistency），多次测量的效果要趋于一致（Oller，1979）。从普通计量学中引入的"信度"概念比较稳定，"效度"则是社会科学计量学中的概念，变化因素较多（李清华，2006）。测试研究吸引了国内外很多学者致力于此，产出了很多研究成果，包括但不限于 Lado（1961）、Bachman（1990，2000，2004）、Bachman 和 Palmer（1996）、Davies（1990，2003）、Messick（1996）、Kunnan（1998，2000）、李炯英（2002）、杨惠中（2003）、李清华（2006）、亓鲁霞（2012）等。

我国的测试研究历史悠久，也曾经是西方国家学习的榜样。"分数面前，人人平等"，存在了 1300 多年的科举考试传统使考试在我国享有极大的权威性（陈坚林，2000；黄大勇、杨炳钧，2002；杨惠中、桂诗春，2007a）。

随着社会的发展，测试研究在国外也焕发出生机。学界多认为现代语言测试研究起源于美国。从 20 世纪 60 年代开始，美国开始系统性研究现代语言测试，并先后经历了下面三个不同的发展阶段。

（1）分离式测试和定量数据分析阶段。这个阶段以信度测试为研究核心，属于心理测量-结构主义阶段（psychometric-structuralist era），注重的是分析法（analytic approach）。在具体测试中，将语音、词汇、语法分解为多个系统，采用试题难易度、区分度、整卷信度等定量分析方法。标准化和客观化是这一时期的显著特征，代表性研究者包括 Lado（1961）等。

（2）交际语言测试和真实测试任务分析阶段。这个阶段尤以效度测试为研究重点，属于心理语言学-社会语言学阶段（psycholinguistic-sociolinguistic era），采用的是总体综合法（global integrative approach）。在测试的具体实施中，实验者更注重被试总体语言水平的动态真实测试。这种测试理念是基于以下构想：只有在真实语境中进行被试语言交际能力测试，才能真正判断被试的语言能力。单一语言能力测试、综合测试、语言交际应用测试在本阶段得到推广，代表性研究者包括 Oller（1979）、Bachman（1990）、Bachman 和 Palmer（1996）等。

（3）测试技术专业化阶段。这个阶段更多关注的是测试中的社会伦理问题、施测者职业道德问题、测试对教学的反拨作用等。基于任务的语言测试（task-based language assessment，TBLA）成为这个阶段的研究热点。

语言测试本质上是对教学质量的一种标准测量。有教学就有考试。社会的发展需要我们对教学效果和考生的能力水平进行有效的评估和鉴定。考试是一种公正的、社会可以接受的方式（杨惠中、桂诗春，2007a）。语言测试的目的在于根据测试分数鉴定出被试的语言能力，并对这种能力进行纵向和横向的对比，最终形成一个有效的能力评估体系，为被试语言能力的自评和他评提供科学的数据支撑。

语言测试与语言实际应用的拟合度具有关联性。两者的一致性越高，真实性就越高，效果则越好，测试分数对被试语言能力的推断也就越准确（韩宝成，2000）。语言教学大纲是语言教学的总纲或原则，据此展开的语言测试可用于评估语言教学的有效性。教学大纲的目标和标准是抽象宏观的，在教学指导方面只是提供一个总纲或原则，所以将语言教学大纲直接应用于语言测试是有难度的。总的来说，只有将抽象宏观的教学目标和标准转换成具体微观的操作性构想，同时应用于语言测试，才能真正实现语言教学大纲的教学要求。以教学大纲为基准的测试多是标准参照性测试，而不是常模参照性测试。因此，标准的设定至关重要。在语言测试中，测试分数通常参照能力量表或教学大纲的内容范畴进行确定，教学大纲是进行教学质量评估的标准，这个恒定的标准决定了在现实的课堂考试中，语言测试多属于标准参照性测试（Bachman，1990，2000）。类似的测试还包括以教学任务为基础发展起来的基于任务的语言测试。这种测试所要评定的是应试者完成任务后的表现，并对应试者完成任务的情况做出评定（韩宝成，2003）。大型的标准化考试多属于常模参照性测试。测量的标准化是标准化考试的核心，测量的结果必须是科学的、准确的、公平的、可比的、可解释的、可检验的（杨惠中、桂诗春，2007a）。

我国的全国大学英语四级考试（CET4，后文简称"四级考试"）和全国大学英语六级考试（CET6，后文简称"六级考试"）经历了与现代语言测试大体一致的发展阶段，早期阶段出现在 20 世纪 80 年代后期。当时为了寻求更高的考试信度，我们在试题中采用了大量的客观选择题。这种方法提高了考试的信度，降低了主观因素在试卷评阅中的占比，有效地提高了试卷的标准化程度。

中期阶段出现在 20 世纪 90 年代中后期。通过早期的标准化试卷的推行，试卷的信度得到很好的提升。随着测试研究的深入，我们发现了新的问题，即试卷在大幅提高信度的同时，效度出现了一定程度的衰减。很多被试在考试中通过猜测也可以获得正确的选择题答案，这种答题技巧降低了试卷测试的效度，违背了测试设计者通过分数有效测量被试语言能力的初衷。为了在保持高信度的同时提高考试的效度，我们在中期阶段提高了产出性试题的比例并推行面试型口语考试，这在一定程度上提升了考试效度。

后期阶段出现在 21 世纪初。随着新技术的诞生，新的考试形式也应运而生。这种测试发展与信息技术发展融合在一起的新形式推动了网考的出现，深化了应用语言学研究。以反拨效应为代表的新研究领域得到语言测试专家的关注（邹申，2003；金艳、吴江，2009）。

从现代语言测试的发展阶段可以看出，大型的标准化考试通常是高风险性考试。考试分数的高低不仅与被试的语言能力高度相关，更与被试基于考试分数的社会需求紧密相连。社会需求越强烈，被试就越重视考试结果，对分数高低的要求也越具有功利性，基于考试的风险性也越高。仅通过一次被试语言能力采样就确定被试的能力区间，风险系数较高。一般来说，大型的语言测试通常是常模参照性测试，具有明显的选拔功能。基于高区分度的测试，我们可以有效区分被试的能力。但是，被试在测试时可能会受到多种因素的干扰，其能力发挥可能受到限制。这时候如果仍采用"一考定终身"的模式，就可能出现能力测试不够精准的情况。为了降低测试风险，我们可以考虑引入多元评测方法，将全国统一进行的终结性考试与各校自行组织的形成性考试相结合，以便更科学有效、更全面真实地对被试语言能力进行有效评估。在具体实施过程中，我们还需要在考试设计、分数等值处理、数据采集和数据分析等方面给予关注，以保证考试的科学性、公平性、公正性，提升考试的专业质量（杨惠中、桂诗春，2007a）。

语言测试服务于语言教学。教学环节是比较复杂的学习过程，如何对这个复杂过程进行量化测试则体现了语言测试研究者的研究初衷。在测试过程中，语言测试等相关理论和技术为语言教学提供了测试工具。借助这些工具，研究者可以对被试进行语言能力测量和评价。确切地说，语言测试关注的是如何客观、公正地评价被试对语言系统知识的掌握程度，准确评估被试对语言系统知识的使用能力。语境辨别、交际应用、情感交流、沟通互助等均可作为语言交际能力强弱的评价因子（杨惠中，1999；陈菁，2002）。

语言测试中的作文自动评分研究推动了语言教学的发展。作文自动评分有多个模型可参照，模型训练可提升分析型评分方法的信度。作文的语言质量、内容质量和篇章结构质量都可以在结合测试理论和系统性评分方法的基础上得到有效评价。对自动评分模型的训练可提升机器评分的效度，很多技术都可以推动作文自动评分系统的发展，包括统计技术、自然语言处理技术、信息检索技术等。例如，数据挖掘可提供文本特征项，深化评分模型，并提升作文质量评价能力（梁茂成、文秋芳，2007）。

除了作文自动评分研究，反拨效应研究在推动语言教学发展方面也起到了重要作用。所谓反拨效应，主要指语言测试对教师教学和学生学习所起到的反馈性深刻影响，这种效应是伴随语言测试而产生的。国内外学者对反拨效应的研究具有比较明显的范畴特征，研究焦点集中在反拨效应存在的合理性、效应机理的可验证性、效应性质的特殊性及反拨效应的负面性等方面。反拨效应研究是测试后效研究，其根本目的在于让测试方法更有效，同时让教学更有效率，具体的研究方法包括问卷调查、课堂观察、研究访谈及测试实验等（黄大勇、杨炳钧，2002）。

反拨效应与语言测试、语言教学紧密相连。语言测试的附加意义越大，对被试产生的社会价值越高，作为语言测试后效的反拨效应也就越强烈。同样，语言测试的重要性指标越高，风险也就越大，反拨效应也越强。但是，如果测试题目过难或者过易，试卷的区分度将大打折扣。区分度较低的测试也就难以形成较强的反拨效应。反拨效应是一种创新性研究，相关模型已经开始关注由反拨效应而引发的正负效应分析和强弱度分析（Green，2006，2007；亓鲁霞，2012）。

从参数角度来说，反拨效应模型一般包括两部分：考试特征和考生特征。考试特征主要聚焦于与试题相关的项目，如试卷的安排设计、试卷内容之间的关联性、试卷题型的多样性，以及为了了解试卷的科学性而设计的难易度计算、试卷间各项的相关系数计算、试卷复杂度计算等指标。考生特征主要侧重于与考生相关的项目，包括从考生视角展开的与测试相关的社会期许、对测试信度和效度所持有的态度、面向自我的考生自身评价性分析、针对试题难度系数等的考生自评性研究等。

　　反拨效应具有强烈的社会属性。除了会对教学产生明显的影响之外，重大测试还会对与之相关的社会面产生深远的影响。在语言测试中，如果测试与被试的社会属性关联度较高，测试对被试的影响就较大，会给被试的职务晋升、学历提升、求职求学等带来比较大的考试风险。因此重大测试通常是高风险考试，被试通过测试获得高分后将得到高于考试本身的社会附加值；否则，将会失去求职求学机会。

　　反拨效应的社会属性不容小觑。为了在测试中获得高分，最大限度地发挥考试的社会属性，被试不得不进行长时间、高效率、高强度的备试，一定程度上影响了正常教学的开展。从教师角度来说，这种影响体现在教学态度的变化、教学内容的安排、教学方法的使用、课程教材的编写等方面。从学生角度来说，测试干扰了正常教学中学生的学习动机和学习态度，学生会对考试产生偏差性态度和理解。语言测试的选拔功能和能力证书功能随着考试社会属性的无限制扩大，将在很大程度上挤压测试促进教学的功能，直接导致考试设计者和决策者的初衷难以实现。被试对测试社会属性的高要求反过来又推动测试进行高信度和高效度改革，采用一些多项选择题和短文改错题等题型。这些试卷设计改革虽然在一定程度上提高了考试的信度，在公平公正性方面有了保证，也在测试影响力方面有了提高，但对教学的边际效应明显，没有产生想象中的高效率。

　　测试的正负效应正受到越来越多的学者关注。由于问题视角和判断标准不同，学者们对同一个重大测试会产生至少两种不同的声音。以大学英语四、六级考试为例，持正面效应观点的学者认为，该测试在教学大纲的贯彻实施中起到了推动作用，而且对学习者语言运用能力的提升起到了敦促作用，进而激发了师生在教和学方面的积极性。持负面效应观点的学者认为，大学英语四、六级考试具有强烈的社会属性，考试结果与考生是否能获得学位证书、是否能评优甚至是否能按时毕业都产生了较大关联，其直接结果是：为了迎合这个考试，教师不得不更改教学计划，缩短课时甚至停课备考，这对正常的教学产生了较大影响。有些地区的高校教师为了应试，利用模拟题讲解代替正常教学活动，影响了学生的学习兴趣与态度，并导致教师的教学效果受到考试通过率的制衡，使教师产生压力与焦虑，进而影响教学积极性。

　　纵观国内外语言测试的研究可以发现，语言测试并不是单因素效应研究。经过几十年的发展，众多学者形成了分门别类的语言测试研究体系，研究范围包括测试的社会、语用和评分研究（王振亚，1990；杨惠

中、桂诗春，2007a；梁茂成、文秋芳，2007），测试的产出导向研究
（张文娟，2017a），英语能力等级量表研究（杨惠中、桂诗春，2007b；
刘建达，2015），测试反拨效应研究（李绍山，2005；陈晓扣，2007；亓
鲁霞，2011），测试理论及后效研究（韩宝成，1995；陈菁，2002；唐雄
英，2005），英语教学和评级的测试研究（李炯英、戴秀珍，2001；邹
申，2003；金艳、吴江，2009），以及英语考试问题研究（韩宝成等，
2004）等。研究证明，众多的效应因素都可能通过测试对试卷设计者和被
试产生影响。通过反拨效应影响到语言测试的因素有很多，从测试本体角
度来说，包括测试性质因素、测试强度因素、测试方式因素等；从测试参
与者角度来说，包括被试接受度因素、被试动机因素、被试学习策略因素
等；从测试环境因素来说，包括教学环境因素、教师态度因素、教师经验
因素等（Green，2007）。

综上所述，语言测试是多效应因素共同作用的结果。随着测试理论
的进一步完善，以及语言测试实践的进一步深化，语言测试模型将会纳入
更多的效应因素。社会的发展要求语言测试方法实现跨领域应用，数据的
波动性研究就是由此衍生出来的新的测试效应因素。

2.3 标准化分数体系的理论构建

在语言测试计算关键词的数据评估中，首先需要根据现有模型和理
论搭建我们的标准化分数体系，便于我们对相关数据进行理论分析和应
用。传统的语言测试研究通常侧重的是能力测试，采集的数据一般都是有
一定间隔的，根据国外重点测试（如托福 TOEFL）的规定，这个间隔一
般设定为两年。也就是说，相关的模型和理论支持这样一种假设：两年内
被试的语言能力是保持在一定水平之上的，而两年有效的标准化测试分数
就可以用于衡量被试的语言能力。

在数据评估中，我们既继承了对传统测试的模型和理论的研究，将
获取到的数据列入常规数据分析中，我们还创新性地提出了将波动数据应
用到数据评估中的学术观点。在波动数据的分析运用中，我们将通过传统
理论获取的数据的间隔从长间距缩短到波动数据分析理论的短间距（如 1
天），并尝试分析现有的传统测试模型和理论中的长间距数据评估是否适
用于短间距的波动数据评估。由此，我们形成了数据评估的两条主线：常
规数据的计算评估和波动数据的计算评估。

在我们的理论构建研究框架中，主体由问题导入、研究框架、研究内容、重点难点及问题解决这五个部分组成。

问题导入是从常规数据关键词评估开始的。在传统语言测试中，常规数据的很多关键词在数据评估和标准化分数体系构建中具有重要意义。常规数据关键词评估的深入研究推动了常规数据标准化分数体系的构建。由于研究是通过两条主线展开的，所以涉及的就是常规数据和波动数据两部分，关键词评估及标准化分数体系构建和数据评估也会在两条主线中各自讨论到。常规数据关键词评估主要涉及传统语言测试领域中一些常态化使用的关键词的选用，对其展开的常规数据标准化分数体系构建和数据评估也是基于传统语言测试理论和方法。波动数据关键词则是我们为了更好地研究短间距数据的波动规律而提出的一系列核心关键词。波动数据标准化分数体系构建和数据评估则涉及现有数据评估方法的改良和创新性使用。

研究框架包括关键词审定和命名、分数体系理论构建、波动关键词参数评估和计算理论设计、波动分数体系跨域融合计算评估。常规数据的评估主要针对前两项进行讨论，波动数据的评估则多针对后两项进行分析。

在传统语言测试关键词审定和命名中，主要研究内容为平均数、偏态、正态和标准差。重点难点涉及均值和中位数的极值敏感差异性、正负偏度与正态，以及三个标准差原则。

在问题解决过程中，选拔性考试多采用水平测试/能力测试（proficiency test），通过性考试则多采用成绩测验/成绩测试（achievement test）。

在分数体系理论构建中，主要讨论的是传统语言测试中的百分等级、标准分数、导出分数，具体的重点难点包括原始分数独立性、百分等级相对性、标准分数计算性和导出分数认知性。

原始分数独立性涉及数据评估的绝对意义。原始分数不涉及数据的相对意义，只具有绝对意义，这就决定了原始数据在没有比较的情况下无法衡量被试的相对水平和能力。被试原始分数的 80 分（如数学）并不代表比他自己原始分数 90 分（如语文）能力要差。如果数学的全班平均分数是 70 分，语文的全班平均分数是 95 分，那么被试在班级中的数学能力要高于他在班级中的语文能力。所以，原始分数的 80 分和 90 分没有比较意义。这就是原始分数的独立性。

百分等级相对性涉及数据评估的相对意义。在传统的语言测试中，为了解决原始分数不具有比较意义的弊端，研究者引入了具有相对意义的

"百分等级"概念。在 PR=100 −（100R−50）/N 公式中，R 代表的是自上而下的数据排序，N 代表的是参与排序的数据总数。例如，如果被试 80 分的数学成绩在 30 名同班同学中是最高分，那么该被试的百分等级就是 PR_{80}=98.33。如果被试 90 分的语文成绩在 30 名同班同学中是最低分，那么该被试的百分等级就是 PR_{90}=1.67。我们可以看到 PR_{80}=98.33> PR_{90}=1.67，这说明该被试的数学能力比语文能力要高。这就是百分等级的相对性。

标准分数计算性涉及 Z 分数的数学运算。在百分等级的数据评估中，我们可以看到百分等级的数据只是一个百分比，即 PR_{80}=98.33 和 PR_{90}=1.67 分别代表低于原始分 80 分和 90 分的数据百分比是 98.33%和 1.67%。也就是说，在这次考试中，比被试的数学原始分 80 分低的数据占比是 98.33%，而比被试的语文原始分 90 分低的数据占比是 1.67%。百分等级虽然提供了可比较的相对意义，但是这种百分比无法进行相应的数学运算。为了解决这个问题，传统的语言测试中引入了标准分数。正态化的标准分数计算公式为 $Z = (x−x')/s$。x 表示被试的原始分数，x′表示被试所在数据群的平均分数，s 代表数据群的标准差。经过转换的标准分数就可以进行数学运算，被试不同科目的标准分数可以相加并求得平均数，从而评估被试在班级中的总排名。仍以上面被试的数学成绩和语文成绩为例，假定班级中数学成绩标准差和语文成绩标准差都是 5，那么被试的数学成绩标准分数 $Z = (80−70)/5=2$，被试的语文成绩标准分数 $Z=(90−95)/5=−1$，也就是说，被试的数学成绩在 2 个标准差的位置，语文成绩在−1 个标准差的位置。被试的数学成绩和语文成绩的平均标准分数是[2+（−1）]/2=0.5。从被试两门课的平均标准分数可以看出，被试的数学成绩和语文成绩总体居于班级中 0.5 个标准差的位置，该生属于中等偏上水平。

导出分数认知性涉及对标准分数线性处理的认知分析。标准分数具有可计算的数学运算能力，这为纵横向数据评估提供了计算便利。标准分数的计算以标准差为单位来表示原始分数距离平均数的远近。正向上距离平均数越远，高出平均数的能力越强，标准分数就越大（且为正数）；负向上距离平均数越远，低出平均数的能力越强，标准分数就越小（且为负数）。通常情况下，普通民众对考试分数的认知最小为零分，很难接受通过负数来表示被试的测试能力。这种认知上的局限性就要求我们在没有改变标准分数性质的情况下，通过线性处理使标准分数符合民众的传统认知。所以，导出分数实际上是为了满足民众认知解读的需要而设定的分数。在公式导出分数=AZ+B 中，A 表示标准差常数，B 表示平均数常数，Z 表示被试的标准分数，A 和 B 两个常数的设定是由相关机构人为预先设定的，A 和 B 都需要为正数，而且只要 B 是 A 的四倍或以上就可以实现引入导出分数的认知初衷（去除标准分数的负数和零）。例如，在老 TOEFL 考试的导出分数设定中，A 被设定为 70，B 被设定为 500，这样，每位参加老 TOEFL 考试的被试成绩就实现了可以进行比较和计算的标准化，即导出分数=70Z+500，只要能将被试的测试成绩计算出标准分数后就可以代入公式，计算出被试的导出分数。

通过对原始分数独立性、百分等级相对性、标准分数计算性和导出分数认知性的标准化分数体系的构建，我们就可以实现在传统语言测试中对不同题目难度和不同区分度的原始分数进行对比和计算。

在我们的数据评估理论构建中，波动关键词参数评估和计算理论设计及波动分数体系跨域融合计算评估都是基于非传统语言测试数据展开的。传统语言测试数据的收集采样一般间隔较长（例如，TOEFL 证书的有效时间是两年，即默认语言能力变化的间隔期为两年），间隔期内的语言能力被默认是不发生显著性变化的。但是，波动数据的收集采用则是以一天为间隔的。这种创新性的数据分析模型就需要我们提出适合展开讨论的关键词参数和跨域融合计算方式。

波动关键词参数评估和计算理论设计是以波动数据为基准展开的研究。价能、量能、购能、沽能、惑能是五个重要的波动因子。价能就是数据完成波动后所得到的当天最终数据价格。量能就是数据交易量完成波动后所得到的当天最终数据交易量。购能就是数据向上波动所展现出来的数据能量。沽能就是数据向下波动所展现出来的数据能量。惑能就是数据上下无序波动的数据困惑度。在数据评估的重点难点方面，量能和价能决定波动数据的激烈程度，购能和沽能决定波动数据的波动方向，惑能决定波动数据的困惑程度，并提供错位参数。基于语言测试标准化分数体系展开的衍生品波动数据多模型计算为量化交易关键词数据评估提供了可行的计算参数。

波动分数体系跨域融合计算评估也是以波动数据为基准展开的研究，主要研究内容包括相关系数、区间分数、偏差分数和评估分数。相关系数是指利用皮尔逊积矩相关系数对各参数之间的相关度进行数据评估后得到的关联度指数。区间分数、偏差分数和评估分数都是通过不同的相关数据评估计算公式完成对波动数据的评估。其中，相关系数提供参数紧密度指数；区间分数、偏差分数和评估分数多维度提示波动方向。波动数据标准化分数体系服务于量化交易的数据评估，可以概率性实现数据波动的趋势预判，具体见图 2-10。

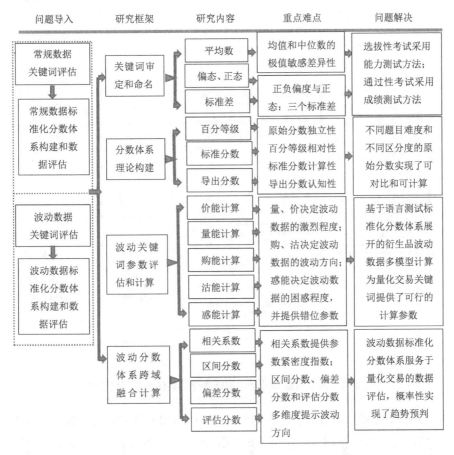

图 2-10　常规数据和波动数据的计算评估研究框架

　　在图 2-10 中，我们可以看到理论框架支撑下的研究内容、重点难点及问题解决等是从常规数据和波动数据这两条主线展开研究的。这种标准化分数体系中数据评估的应用路径请见图 2-11。

　　在应用路径分析中，标准化分数体系主要分为三个：语言测试的计算视角、语言计算与数据评估视角、标准化分数体系的多维应用。

　　在语言测试的计算视角中，我们可以看到波动数据标准化分数体系并不是凭空出现的，而是在常规数据标准化分数体系的基础之上建立起来的。在常规数据标准化分数体系中，正态情况下具有恒定的数据评估区间。假定 μ 为平均数，σ 为标准差，那么正方向和负方向的数据评估区间形成

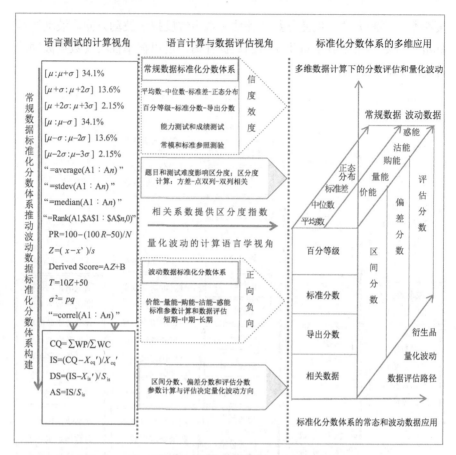

图 2-11　常规数据和波动数据标准化分数体系应用路径图

的是镜像关系，即$[\mu：\mu+\sigma]$34.1%、$[\mu+\sigma：\mu+2\sigma]$13.6%、$[\mu+2\sigma：\mu+3\sigma]$2.15%、$[\mu：\mu-\sigma]$34.1%、$[\mu-\sigma：\mu-2\sigma]$13.6%、$[\mu-2\sigma：\mu-3\sigma]$2.15%。在大数据评估时，我们在 EXCEL 数据集合中采用的函数包括：平均数函数"=average（A1：An）"、标准差函数"=stdev（A1：An）"、中位数函数"=median（A1：An）"，自大到小数据排序函数"=Rank（A1,$A\$1：\$A\$n,0$）"。此外，常规数据标准化分数体系构建涉及的公式包括：百分等级 $PR=100-（100R-50）/N$，标准分数 $Z=（x-x'）/s$，导出分数 Derived Score=AZ+B，T 分数 $T=10Z+50$，方差区分度 $\sigma^2=pq$，以及相关系数的计算函数"=correl（A1：An）"等。在波动数据标准化分数体系构建中，我们基于常规数据标准化分数体系的各种参数创新性地提出了四个波动数据评估参数（CQ、IS、DS、AS），并采用各自相应的计算公式：CQ=$\sum$WP/$\sum$WC，IS=（CQ-X_{cq}'）/X_{cq}'，DS=（IS-X_{is}'）/S_{is}，AS=IS/S_{is}。

惑能（CQ）的计算评估公式为：

$$CQ=\sum WP/\sum WC \qquad （公式 2-1）$$

在公式中，惑能等于看跌加权持仓量之和（$\sum WP$）与看涨加权持仓量之和（$\sum WC$）的比值。

区间分数（IS）的计算评估公式为：

$$IS=（CQ-X_{cq}'）/X_{cq}' \qquad （公式 2-2）$$

在公式中，区间分数等于惑能最新值（CQ）与近 22 日惑能最新值均值（X_{cq}'）之差与近 22 日惑能最新值均值（X_{cq}'）的比值。

偏差分数（DS）的计算评估公式为：

$$DS=（IS-X_{is}'）/S_{is} \qquad （公式 2-3）$$

在公式中，偏差分数等于当日区间分数（IS）与近 22 日区间分数均值（X_{is}'）之差与近 22 日区间分数标准差（S_{is}）的比值。

评估分数（AS）的计算评估公式为：

$$AS=IS/S_{is} \qquad （公式 2-4）$$

在公式中，评估分数等于当日区间分数（IS）与近 22 日区间分数标准差（S_{is}）的比值。

在语言计算与数据评估视角中，我们可以看到在常规数据标准化分数体系中，相关系数提供了区分度指数，信度和效度的评估参数包括了平均数-中位数-标准差-正态分布、百分等级-标准分数-导出分数、能力测试和成绩测试、常模和标准参照测验等。在波动数据标准化分数体系的量化计算视角中，价能-量能-购能-沽能-惑能是一体化量化分析的 5 个波动因子，短期-中期-长期则为分析这些波动因子提供了周期长度的参数。其中，区间分数、偏差分数和评估分数的数据评估结果对波动数据的波动方向有一定的预见性。

在标准化分数体系的多维应用中，我们可以看到分数评估和量化波动评估既涉及常规数据也涉及波动数据，这种多维数据计算涉及常规数据和波动数据的多元关键词参数，如平均数-中位数-标准差-正态分布、价能-量能-购能-沽能-惑能，还涉及百分等级-标准分数-导出分数-相关系数、区间分数-偏差分数-评估分数，由此形成了基于常规数据评估的波动数据量化评估路径，完成了从静态数据到动态数据的标准化分数体系的创新性应用。在后面几章中我们将从数据评估角度对标准化分数体系的多维应用进行实证研究。

第3章　语言测试的偏态关键词研究

语言测试中的能力测试和成绩测试是两个非常重要的考试形式。在通常情况下，选拔性考试多属于能力测试范畴，形成的是正偏态（positive skewness），平均数（均值）最大，中位数次之，众数最小。通过性考试多属于成绩测试范畴，负偏态（negative skewness）特征明显，众数最大，中位数次之，平均数（均值）最小。当平均数（均值）、中位数和众数相等时，形成的则是理想状态下的特殊的正态分布钟形曲线。

本章主要讨论平均数（均值）、中位数、众数这三个偏态关键词，并分析了三个关键词的函数使用条件，最后对基于三个关键词所形成的正偏态、负偏态和正态分布进行特征描写。偏态关键词示意图如图3-1所示。

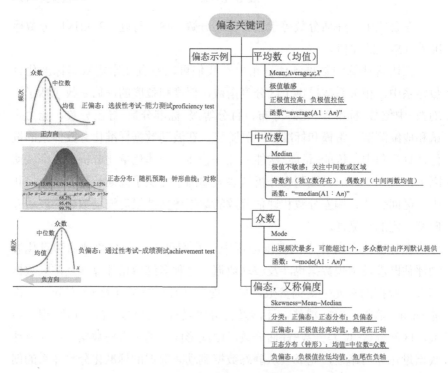

图 3-1　偏态关键词示意图

3.1　平均数（均值）

本节讨论了平均数（均值）的概念和词源、平均数（均值）和中位数的不同特性，以及基于函数的数据评估。

3.1.1　平均数（均值）的概念和词源

"平均数"是一个确定的概念。在"术语在线"网站①上，"平均数"有两个相关的解释："平均数（mean），又称算术平均数（arithmetic mean），即一组数据中所有数据之和再除以这组数据的个数，是反映数据集中趋势的一项指标；平均数（average），即描述一组同质观察值的集中趋势或平均水平的指标。对于连续性定量变量，是应用最广泛、最重要的一个指标体系。常用的有算术平均数、几何平均数和中位数三种。"

英语中的"平均数"也有明确的指称，对 average、mean、arithmetic mean 的释义如下。

average②在《朗文当代高级英语词典》（*Longman Dictionary of Contemporary English*，*LDOCE*）中的释义为"the average amount is the amount you get when you add together several quantities and divide this by the total number of quantities"③，而在其词源中的解释为："average (1700-1800) average '(fair sharing out of costs resulting from) damage to or loss of a ship or the goods it carries' (15-20 centuries), from French avarie, from Arabic 'awariyah 'damaged goods'"④。

对于 average 的词源，《中国大百科全书》（第三版）提供了详细的解释⑤："一种用于反映观察数据的集中趋势或中心位置的度量。又称平均值。最早由希腊数学史家希皮亚斯于公元前 450 年开始使用平均数推算首届奥运会的举办时间。平均数是反映一组观察数据的集中趋势或中心位

---

① https://www.termonline.cn/search?searchText=%E5%B9%B3%E5%9D%87%E6%95%B0[2024-06-20]。

② https://www.ldoceonline.com/dictionary/average[2024-06-20]。

③ 翻译：平均数就是把几个数加在一起，然后除以总数得到的数。

④ 翻译：平均数（1700—1800），"（公平分担）因船舶或其运载的货物损坏或丢失所产生的费用"（15—20 世纪），来自法语 avarie，来自阿拉伯语'awariyah '损坏的货物'。

⑤ https://www.zgbk.com/ecph/words?SiteID=1&ID=129760&Type=bkzyb&SubID=59824[2024-06-20]。

置的度量。具体而言，平均数是综合反映现象总体内各单位某一数量标志一般水平的数值，是表明总体特征的重要指标。对大量现象某一数量标志的平均化过程，可以抵消个别的、偶然的因素所发生的影响而呈现共同的、基本的因素作用的一般趋势。计算平均数需要满足总体分布同质性或单峰性这一前提条件。具体而言，需要将各个变量之间的差异抽象化，从而体现单一分布总体的基本水平。在统计学中，平均数具有显著的重要性，它是进行数据分析和统计推断的基础。在社会经济研究中，平均数可用于比较不同单位或地区同类现象的水平或质量，分析现象的发展变化过程和趋势，探讨现象之间的依存关系，以及推算其他相关指标等。统计学中常用的平均数类型包括均值、中位数和众数等；计算方法有算术平均数、加权平均数、几何平均数和调和平均数等。"

mean（*n.*）的释义[1]在《朗文当代高级英语词典》中为"**the mean** the average"，提供的示例为："The GDP of this state was 32% below the mean for the country as a whole." [2]此外，词典还提供了词源："**mean**¹ Old English mænan **mean**² 1. Old English gemæne 2. (1300-1400) Old French meien, from Latin medianus; → MEDIAN2 **mean**³ (1300-1400) Old French meien, from meien 'in the middle'; →MEAN2"。

arithmetic mean[3]在《朗文当代高级英语词典》中的释义为："a simple average obtained by adding together a set of figures and dividing the result by the number of figures in the set" [4]，提供的示例为："The initial price represents the arithmetic mean of the share price on the 1st, 5th, and 6th November." [5]

从以上对"平均数"的释义分析中可以看出，"平均数"的使用可以采用"对文则别，散文则同"的应用理念，按照国家标准的"术语在线"上的要求，"平均数"这一概念对应的英语可同时采用 average、mean 和 arithmetic mean。平均数"与"均值"具有同义概念。因此，本书后文统一使用"均值"。

本书在研究中区别使用均值和中位数。在英语中，前者常使用

---

① https://www.ldoceonline.com/dictionary/mean[2024-06-20]。

② 翻译：该州的 GDP 比整个国家的平均水平低 32%。

③ https://www.ldoceonline.com/dictionary/arithmetic-mean[2024-06-20]。

④ 翻译：通过将一组数字相加然后除以该组数字的数量而获得的简单平均值。

⑤ 翻译：初始价格代表 11 月 1 日、5 日和 6 日股价的算术平均值。

average、mean、μ、X'来表示。

　　"术语在线"上称"均值"（mean）①为"表示一系列数据或统计总体的平均特征的值"，称"中位数"（median）②为"一组观察值，按大小顺序排列，位置居中的变量值（n 为奇数）或位置居中的两个变量值的均数（n 为偶数）。中位数是一个位次上的平均指标，符号 M"。

　　《朗文当代高级英语词典》中"中位数"（median）的释义③为："*technical* the middle number or measurement in a set of numbers or measurements that have been arranged in order"（术语，指按顺序排列的一组数字或度量的中间数字或度量值）。

　　《辞海》中"中位数"的释义④为："数据集内按大小顺序排列的数据中居中的数据。"

　　《中国大百科全书》（第三版）中"中位数"的释义⑤为："一组观测值（观测值总数为 n），按大小顺序排列，位置居中的变量值（n 为奇数）或位置居中的两个变量值的均数（n 为偶数）。""中位数属于位置平均数，它与数值平均数都是对数据集中趋势的一种度量方法。二者存在区别。中位数对于极端值不敏感，因为除了中间值，中位数并未利用其他观测信息。当数据呈对称分布时候，中位数和数值平均数是相等的；当数据为右偏时，中位数一般比数值平均数小；当数据为左偏时，中位数一般比数值平均数大。"

　　下面我们将讨论均值和中位数在处理极值过程中表现出来的特性。

3.1.2　均值和中位数的不同特性

　　极值（extremum）是"函数在其定义域的某些局部区域所达到的相对最大值或相对最小值"⑥。

　　均值对极值较敏感。从均值的计算公式可以看出，均值是指"在一

---

① https://www.termonline.cn/wordDetail?termName=%E5%9D%87%E5%80%BC&subject=c1e0505c26a811ee8a44b068e6519520&base=1 [2024-06-20]。

② https://www.termonline.cn/wordDetail?termName=%E4%B8%AD%E4%BD%8D%E6%95%B0&subject=51bff65e26a711ee8ca5b068e6519520&base=1 [2024-06-20]。

③ https://www.ldoceonline.com/dictionary/median[2024-06-20]。

④ https://www.cihai.com.cn/baike/detail/72/5642764?q=%E4%B8%AD%E4%BD%8D%E6%95%B0 [2024-06-20]。

⑤ https://www.zgbk.com/ecph/words?SiteID=1&ID=51202&Type=bkzyb&SubID=59824[2024-12-05]。

⑥ https://www.termonline.cn/wordDetail?termName=%E6%9E%81%E5%80%BC&subject=62d7901e26af11eeb690b068e6519520&base=1[2024-06-20]。

组数据中所有数据之和再除以这组数据的个数"[1]。含有极值的每个计算因子都参与均值计算,所以极值会对均值结果产生较大影响。正极值(即正方向波动的最大极值)会提高均值的数值,负极值(即负方向波动的最小极值)则会拉低均值的数值。

例如,一组数列 0,1,2,3,4,5,6,7,8,9,其均值的计算结果为(0+1+2+3+4+5+6+7+8+9)/10=45/10=4.5。

对于加入正极值的数列来说,均值会攀升。例如,0,1,2,3,4,5,6,7,8,90,其均值计算结果为(0+1+2+3+4+5+6+7+8+90)/10=126/10=12.6。正极值 90 的出现,将原来的均值 4.5 拉升到 12.6。

如果数列中出现负方向的极值,均值则会降低。例如 0,1,2,3,4,5,6,7,8,0.01,均值结果为(0+1+2+3+4+5+6+7+8+0.01)/10=36.01/10=3.601。负方向极值 0.01 参与计算后,将原来的均值 4.5 拉低到 3.601。

从以上举例中可以看出,均值对极值较敏感,正极值会拉动均值不断升高,而负极值则会拉动均值不断降低。均值的这种特性与中位数形成了鲜明的对比。

中位数对极值不敏感。从中位数的计算方法可以看出,在大小顺序排列的观察值中,对于奇数数列来说,中位数就是位置居中的变量值;对于偶数数列来说,中位数是位置居中的两个变量值的均数[2]。据此可以看出,中位数的计算分以下两种情况。

第一种情况:对于奇数数列,中位数就是排序后居于中间位置的那个数。例如,奇数数列 0,1,2,3,4,5,6,7,8,居于中间位置的数是 4,也就是说 4 即为该数列的中位数。

第二种情况:偶数数列的中位数计算不同于奇数数列,后者的中位数是数列中原本存在的数,不需要计算,只需找到这个数即可,但是在偶数数列中,中位数需要计算得出,即计算出排列在数列中间的两个数的均数。例如,偶数数列 0,1,2,3,4,5,6,7,8,9,居于中间位置的不是一个数,而是两个数 4 和 5,而这两个数的均数 4.5 则是这个偶数数列的中位数。

从以上两种情况的中位数分析可以看出,中位数只关注排在中间位

---

[1] https://www.termonline.cn/wordDetail?termName=%E5%9D%87%E5%80%BC&subject=5aa08220835811eeabb90242ac110002&base=1[2024-06-20]。

[2] https://www.termonline.cn/wordDetail?termName=%E4%B8%AD%E4%BD%8D%E6%95%B0&subject= 51bff65e26a711ee8ca5b068e6519520&base=1[2024-06-20]。

置的某一个数（奇数数列）或者某两个数的均数（偶数数列），而对排序在两端的数值不予关注。这就决定了中位数具有对极值不敏感的特性。例如，奇数数列 0，1，2，3，4，5，6，7，80，虽然出现了正极值 80，但中位数仍然为 4；偶数数列 0.01，1，2，3，4，5，6，7，8，9，虽然负方向极值 0.01 拉低了整个数列的均值，但中位数仍然保持不变，为 4.5。

3.1.3　基于函数的数据评估

均值、中位数和众数均能通过函数进行快速计算。由于在语言测试中有时候需要处理大量的数据，简单的均值计算和简单的中位数求解都无法满足大数据运用的需要，于是函数的使用可帮助测试者快速完成计算任务，极大简化数据的分析。

在计算中，均值函数为"=average（A1∶An）"。在函数表达式中，等号（=）用于表达函数标记，"average"用于表达均值，"（A1∶An）"用于表达计算区间。"=average（A1∶An）"这个函数表达式意味着计算从 A1 到 An 整个数列的均值。

例如，在 A1=1，An=197 的数列中，即 1，2，3，4，5，6，7，8，9，…，197 中，表达式"（A1∶An）"表示计算中的数据取值区间是从 A1 到 An，该数列的均值函数表达为"=average（A1∶A197）"。我们把整个数列通过表格形式进行表述，序号和数据分为两列，通过计算可知整个数列的均值（A198）为 99。

在计算中，中位数函数为"=median（A1∶An）"。等号（=）是函数标记，"median"用于表达中位数，"（A1∶An）"用于表达数据计算区间从 A1 开始到 An 结束。"=median（A1∶An）"这个函数式表示为求解 A1 到 An 的中位数。在中位数的函数使用中，不区分数列是奇数还是偶数，直接采用函数即可得出结果。

例如，在数据取值区间为 A1=1 到 An=196 的数列中，即 1，2，3，4，5，6，7，8，9，…，196，中位数函数为"=median（A1∶A196）"。整个数列的中位数在表格中计算结果为 98.5（A197）。

众数（mode）是指"一组测量数据中出现次数最多的测量值"[①]，是"数据集内出现次数最多的数值"[②]。

---

① https://www.termonline.cn/wordDetail?termName=%E4%BC%97%E6%95%B0&subject=ba5f700226 a711eeb3b5b068e6519520&base=1[2024-06-20]。

② https://www.cihai.com.cn/detail?docId=5643830&docLibId=72&q=%E4%BC%97%E6%95%B0[2024-06-20]。

《朗文当代高级英语词典》中的"众数"释义[1]为："[**singular**] the number that appears most often in a set of numbers"（[单数]，一组数字中最常出现的数字）。

例如，在数列 0，1，2，3，4，5，6，7，8，9，9 中，由于数字 9 出现了两次，所以众数就是 9。在数列 0，1，2，3，4，5，6，7，8，9 中，没有出现最多的数，因此没有众数。在数列 0，1，2，3，4，5，6，7，7，8，9，9 中，由于 7 和 9 均出现了两次，所以二者均为众数。

在计算中，众数的函数为"=mode（A1：An）"。其中，函数使用标记为等号（=），"mode"用于表达众数，数据计算区间是"（A1：An）"，函数表达式"=mode（A1：An）"即求解从 A1 到 An 的众数。

例如，在数列 1，2，3，4，5，6，7，8，9，…，196 中，A1=1，An=196，"（A1：An）"表示数据取值区间为 1 到 196，该数列的众数函数为"=mode（A1：A196）"，表格中 A197 计算结果为"#N/A"，表示这个数列没有众数。

在多众数的计算中，通常情况下，函数默认排序自上而下选择一个众数，并给出结果。

例如，在数列 1，2，3，4，5，6，7，8，9，10，10，11，12，…，196 中，只有一个众数，"=mode（A1：A197）[2]"的返回结果是 10，即众数为 10。

在数列 1，2，3，4，4，5，6，7，8，9，10，10，11，12，…，196 中，存在两个众数 4 和 10。升序中 4 是排序在前的众数。"=mode（A1：A198）[3]"的返回结果是 4，函数返回的结果通常是序列中的第一个众数。但是，如果我们将该数列进行降序处理，则"=mode（A1：A198）[4]"的返回结果是 10，因为众数 10 排在了众数 4 的前面，因此首先被系统返回。

从上面的分析中可以看出，在进行大数据处理时，函数的使用提高了处理效率，均值的计算函数是"=average（A1：An）"，中位数的计算函数是"=median（A1：An），众数的计算函数是"=mode（A1：An）"。

---

[1] https://www.ldoceonline.com/dictionary/mode[2024-06-20]。

[2] 增加了数字 10，A196 就增加到 A197。

[3] 增加了数字 4，A197 就增加到 A198。

[4] 增加了数字 4，A197 就增加到 A198。

3.2　偏　态

偏态（skewness），又称偏度，是统计学中的概念，即统计数据峰值与平均值不相等的频率分布。按照频率曲线对称程度，偏态分为正态、正偏态、负偏态[①]。

偏态的判断涉及均值、众数、中位数。通常情况下，偏态=均值−中位数。呈正偏态分布时，常有正极值出现，受到正极值影响的均值会增大，并向正方向移动。拉高的均值与中位数之差为正数，所以形成的偏态是正偏态。呈负偏态分布时，常有负极值出现，受到负极值影响的均值会减小，并向负方向移动。降低的均值与中位数之差为负数，所以形成的偏态是负偏态。呈正态分布时，均值、众数、中位数是相等或近似相等的，所以偏态为零。

下面我们将讨论能力测试和成绩测试各自的特点以及形成的偏态特征，并对理想状态下的正态分布曲线进行数据评估。

3.2.1　正偏态

正偏态为不对称偏态。分布高峰偏左、长尾向右延伸的偏态分布称为正偏态，亦称右偏态。此时均值大于中位数。

在正偏态讨论中，我们常引入一种测试，即能力测试。在学术研究中，对于该名词的使用无法达成完全的一致。首先，"能力"和"水平"的区分不甚清楚；其次，"测试"和"测验"的区分也难以统一。这导致"水平测验""水平测试""能力测验""能力测试"在学界都有使用。我们将这四种搭配分别在术语在线、《中国大百科全书》（第三版）网络版、《辞海》网络版上进行检索，收录情况如表 3-1 所示。

表 3-1　能力测试的搭配用词

分类	水平测验	水平测试	能力测验	能力测试
术语在线	无	horizontal test（航天科学技术名词）	ability test（心理学名词）	proficiency testing（航天科学技术名词）；capability test（通信科学技术名词）

---

① https://www.zgbk.com/ecph/words?SiteID=1&ID=143426&Type=bkzyb&SubID=112131[2024-06-20]。

续表

分类	水平测验	水平测试	能力测验	能力测试
《中国大百科全书》（第三版）	无	英语语言水平测试系统（English Proficiency Test Battery）（语言测试名词）	ability test（心理学名词）	交际语言能力测试（Communicative Language Ability Test）（语言测试名词）
《辞海》	无	无	心理能力测验（心理学名词）	无

从表 3-1 可以看出，语言测试领域的名词已经收录在《中国大百科全书》（第三版）网络版上。术语在线和《辞海》网络版上多收录其他领域的名词。"水平测试"和"能力测试"是两个最常用的语言测试名词。在《中国大百科全书》（第三版）网络版的深度检索中可以看到，国内使用"能力测试"的比例高于"水平测试"，所以本书研究中将统一使用"能力测试"这一术语。

在能力测试这样的选拔性考试中，由于试卷难度较大，通过考试的人员较少，大多数考试者获得的分数较低，少数高分作为正极值会拉升考试成绩的均值，并导致均值向正方向移动。在偏态公式中，"偏态=均值–中位数"，如果均值变大而中位数保持不动，则形成的是正偏态。根据极值与均值和中位数的关系，我们可以看出，均值会受到极值的影响而发生变化，而中位数则独立于均值的变化。所以，选拔性考试中的正方向极值拉升了均值但是却无法改变中位数，形成的是正偏态关系。

"能力测试"在术语在线[①]上有两种翻译：capability test 和 proficiency testing。我们在英语国家语料库（British National Corpus，BNC）[②]中对这两种翻译进行了检索，结果显示，capability test 和 proficiency testing 在 BNC 中均没有检索项。这说明两种翻译搭配在英语母语国家中的使用频率相对较低。

《中国大百科全书》（第三版）网络版[③]中提供了"能力测试"的英语翻译，即 ability test。我们继续对该翻译进行语料库检索，结果如图 3-2 所示。

---

① https://www.termonline.cn/search?searchText=%E8%83%BD%E5%8A%9B%E6%B5%8B%E8%AF%95[2024-06-20]。

② http://bncweb.lancs.ac.uk/[2024-06-20]。

③ https://www.zgbk.com/ecph/search/result?SiteID=1&Alias=all&Query=%E8%83%BD%E5%8A%9B%E6%B5%8B%E8%AF%95[2024-06-20]。

Your query "ability test" returned 1 hit in 1 text (98,313,429 words [4,048 texts]; frequency: 0.01 instances per million words)

|< << >> >| Show Page: 1 Show KWIC View Show in random order Show extended audio data controls New Query

No	Filename	Hits 1 to 1　Page 1 / 1
1	BLY 1342_1	In cases where a verbal **ability test** is set, it is set in English.

图 3-2　BNC 提供的 ability test 检索结果（筛选时间：2024 年 10 月 1 日）

从图 3-2 的检索结果可以看出，语料库在对 98 313 429 词量的检索中只返回了 1 个检索项。从返回的结果可以看出，ability test 虽然有母语者使用，但频率依然不高。

在《朗文当代高级英语词典》中，proficiency 的释义①为“a good standard of ability and skill”，并提供了以下示例：“a high level of proficiency in English；Nick’s proficiency with computers is well known.”。从释义来看，proficiency 表示“能力”是合适的。

我们以 proficiency test 为关键词，重新在 BNC 中进行检索，结果如图 3-3 所示。

Your query "proficiency test" returned 7 hits in 4 different texts (98,313,429 words [4,048 texts]; frequency: 0.07 instances per million words)

|< << >> >| Show Page: 1 Show KWIC View Show in random order Show extended audio data controls New Query Go!

No	Filename	Hits 1 to 7　Page 1 / 1
1	B3C 2316	Admission to the ab initio German course is conditional on a satisfactory performance in a language **proficiency test** and interview.
2	BNP 693	Do the **proficiency test** at the end.
3	BNP 775	**Proficiency Test**
4	F8P 137	Then [pause] when I took er you'd [pause] you could take a **proficiency test** which was held at, at your Company Headquarters by a visiting officer and erm [pause] I then, we'd, by then we'd had some American weapons come, one was the Browning automatic which is a very very good [pause] good er weapon, you could r-- fire single shots or rapid shots.
5	F8P 139	And I, I was issued with that and er I took [pause] lessons on it up at head-- at headquarters and then when I took me **proficiency test**, I was asked questions on the Browning automatic and [pause] other ap-- things appertaining to the army and I passed me proficiency test.
6	F8P 139	And I, I was issued with that and er I took [pause] lessons on it up at head-- at headquarters and then when I took me proficiency test, I was asked questions on the Browning automatic and [pause] other ap-- things appertaining to the army and I passed me **proficiency test**.
7	KDA 2123	Whe-- when you have a cycling **proficiency test** [unclear]

图 3-3　BNC 提供的 proficiency test 检索结果（筛选时间：2024 年 10 月 1 日）

从图 3-3 的检索结果可以看出，英语母语者使用更多的是 proficiency test，所以我们从语料库视角将“能力测试”翻译为 proficiency test。

在很多的选拔性考试中，能力测试的特征比较明显。如果通过率设定为 10%，即测试组织者只希望 10%的考生通过考试，那么在安排试卷难度时就设定为 0.10，即通过考试的人数/总考试人数=0.10。由于通过考试的人数作为正极值出现，拉高了均值，中位数相对稳定，所以根据偏态=均值−中位数，就得到数值是正的正偏态图形。

从以上综合分析可知，我们在本书研究中选择“能力测试”指称语言测试中的选拔性考试，其对应的英语翻译采用英语国家高频使用的 proficiency test 作为对应。

---

① https://www.ldoceonline.com/dictionary/proficiency[2024-06-20]。

3.2.2　负偏态

负偏态亦称"左偏态",指在一个不对称或偏斜的次数分布中,次数分布的高峰偏右,而长尾则从右逐渐延伸于左端,即次数分布的众数是在较大分数或量数的一侧(右侧),而长尾是在较小分数或量数的一侧(左侧)。这种分布的偏态系数小于零。[1]

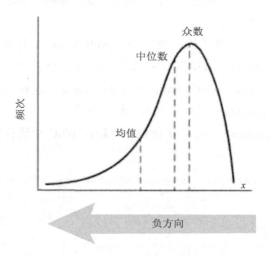

图 3-4　负偏态图形

从图 3-4 中可以发现,均值最小,中位数次之,众数最大。在成绩测试这样的达标性考试中,试卷难度较小,大多数考生能够通过考试,而且获得的分数普遍较高。极少数未通过考试的低分作为负极值出现,相应地拉低了考试的均值,并导致均值向负方向移动。在偏态的计算中,偏态=均值−中位数。如果均值减小而中位数保持不动,那么形成的就是负偏态。在达标性考试中,作为负极值出现的低分拉低了均值,但是却无法改变中位数,所以形成的就是负偏态。

在《中国大百科全书》(第三版)中的词条"哈考特教育出版公司"(Harcourt Education)中[2]收录有关于"斯坦福成绩测试"(Stanford Achievement Test)等测试的简介。其中,"成绩测试"译为 achievement test。

从正偏态和负偏态的分析中我们可以看到,能力测试和成绩测试是

---

① https://baike.baidu.com/item/%E8%B4%9F%E5%81%8F%E6%80%81?fromModule=lemma_search-box[2024-06-20]。

② https://www.zgbk.com/ecph/words?SiteID=1&ID=566627&Type=bkzyb&SubID=60703[2024-06-20]。

语言测试中非常重要的两种考试形式，前者形成的多是选拔性考试的正偏态，后者则是通过性考试的负偏态。

3.2.3　正态分布

正态分布（normal distribution），又称高斯分布（Gaussian distribution），是一种最常见的连续性随机变量的概率分布。该分布由平均值和方差两个参数决定，以均值为对称中线，方差越小，分布越集中在均值附近，其图形如钟形曲线（图 3-5）。[①]

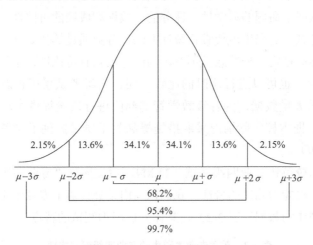

图 3-5　正态分布图形

从上面的正态分布曲线可以看出，居中的均值（μ）和标准差（σ）形成了独特的、既定的统计百分比。

从居中的均值角度来看，由于是正态分布，中位数、众数、均值是一致的。

在正方向，从均值（μ）到正一个标准差（$\mu+\sigma$）、从正一个标准差（$\mu+\sigma$）到正两个标准差（$\mu+2\sigma$）、从正两个标准差（$\mu+2\sigma$）到正三个标准差（$\mu+3\sigma$）分别对应的区间占比是 34.1%、13.6%、2.15%。正三个标准差（$\mu+3\sigma$）以上的区间占比大约在 0.15%（一般不予考虑）。

在负方向，均值（μ）、负一个标准差（$\mu-\sigma$）、负两个标准差（$\mu-2\sigma$）、负三个标准差（$\mu-3\sigma$）作为节点，形成的是与正方向区间占比相对应的镜像关系。

---

① 　https://www.termonline.cn/wordDetail?termName=%E6%AD%A3%E6%80%81%E5%88%86%E5%B8%83&subject=8c4a3b1426af11eea384b068e6519520&base=1[2024-06-20]。

3.3 能力测试的数据评估

我国自 1987 年 9 月开始第一次大学英语四级考试、1989 年 1 月开始第一次大学英语六级考试以来,四、六级考试的规模日益扩大(杨惠中,2003)。

四、六级考试的实施,从命题、阅卷、等值处理、分数正态化处理到考场的组织管理等方面形成了一整套符合大规模标准化考试规范的做法,从而保证了命题的科学性、评分的一致性和成绩的可比性。正是由于四、六级考试广泛采用现代教育统计方法,分数通过等值处理,保持了历年考试标准的稳定,分数意义不变,因此分数具有可比性,不但可以进行共时的比较,也可以进行历时的比较。四、六级考试采用正态分制,每次考试提供大量数据,为各级教学管理部门进行决策提供了动态依据,也为各校根据本校实际情况采取措施提高教学质量提供了参考标准(杨惠中,1999)。

全国高校英语专业四级考试(TEM4,后文简称"专业四级考试")的成绩呈现出能力测试的特征。我们以国内某高校英语专业学生的专业四级考试成绩作为数据(表 3-2),具体分析能力测试的特点。

表 3-2　英语专业本科生的专业四级考试成绩

序号	专业四级考试成绩/分	序号	专业四级考试成绩/分	序号	专业四级考试成绩/分
1	52	18	71	35	70
2	55	19	65	36	64
3	64	20	56	37	50
4	60	21	64	38	68
5	60	22	69	39	64
6	52	23	48	40	66
7	46	24	58	41	64
8	69	25	51	42	57
9	60	26	76	43	73
10	77	27	68	44	60
11	51	28	64	45	69
12	60	29	68	46	68
13	47	30	61	47	56
14	64	31	63	48	56
15	62	32	62	49	74
16	56	33	71	50	60
17	65	34	64	51	60

续表

序号	专业四级考试成绩/分	序号	专业四级考试成绩/分	序号	专业四级考试成绩/分
52	69	79	72	106	67
53	49	80	72	107	60
54	71	81	54	108	74
55	54	82	72	109	68
56	62	83	60	110	53
57	78	84	62	111	58
58	51	85	56	112	71
59	57	86	60	113	65
60	70	87	58	114	70
61	64	88	56	115	73
62	60	89	63	116	81
63	68	90	61	117	70
64	62	91	60	118	47
65	52	92	62	119	75
66	60	93	65	120	74
67	54	94	77	121	73
68	70	95	74	122	69
69	74	96	56	123	61
70	47	97	61	124	66
71	79	98	68	125	61
72	58	99	63	126	64
73	60	100	73	127	68
74	56	101	62	128	60
75	67	102	62	129	50
76	62	103	79	130	67
77	76	104	70	131	50
78	64	105	58	132	56

从表 3-2 中 132 名英语专业本科生的专业四级考试成绩可以看出，参加这次考试的学生的分数基本呈现出右偏态特征。在具体函数计算中，结果如下：

根据 "=average（A1：A132）"，计算得出均值为 63.17。

根据 "=median（A1：A132）"，计算得出中位数为 63。

根据 "=mode（A1：A132）"，计算得出众数为 60。

从前面偏态的计算公式可以看出，偏态=均值−中位数。前者数值较大时形成的是正偏态。在正偏态中，众数是三个数值中最小的，形成"均值>中位数>众数"的正偏态特征。这说明在专业四级考试中，被试无法获知十分明确的考试内容，考试不以任何单位或组织的教授内容为基础，而测的是考生的语言能力，命题内容没有明确的范围。这些形成了能力测试的特点：高分考生相对较少，低分考生相对较多，很多学生的考试分数集中在 60 分左右，中位数是 63，相对较少的高分作为正极值拉动均值向正方向移动，这就是正偏态能力测试的特征。由于偏度较小，我们在后续研究中将这种偏度认定为近似正态分布曲线，各部分的概率占比也适用于这类曲线。

3.4　成绩测试的数据评估

研究生的学期末课程考试成绩呈现出成绩测试的特征。我们以国内某高校国际中文教育专业硕士研究生一年级学生的成绩作为数据（表 3-3），具体分析成绩测试的特点。

表 3-3　研究生学期末课程考试成绩

序号	期末成绩/分	序号	期末成绩/分	序号	期末成绩/分
1	99	21	78	41	98
2	90	22	96	42	98
3	98	23	92	43	96
4	96	24	92	44	98
5	94	25	98	45	95
6	83	26	91	46	98
7	95	27	90	47	94
8	89	28	89	48	99
9	80	29	95	49	96
10	96	30	97	50	95
11	86	31	96	51	98
12	98	32	99	52	95
13	97	33	99	53	92
14	97	34	91	54	96
15	99	35	98	55	97
16	94	36	96	56	97
17	97	37	89	57	88
18	98	38	98	58	88
19	95	39	98	59	98
20	86	40	97	60	96

续表

序号	期末成绩/分	序号	期末成绩/分	序号	期末成绩/分
61	98	73	98	85	98
62	96	74	94	86	97
63	95	75	97	87	98
64	92	76	96	88	98
65	98	77	97	89	98
66	94	78	91	90	89
67	96	79	92	91	96
68	95	80	96	92	98
69	96	81	97	93	97
70	91	82	98	94	96
71	95	83	96	95	98
72	90	84	96	96	96

从表 3-3 的 96 名研究生的成绩可以看出，研究生的期末考试呈现出较为明显的成绩测试的特征。根据"=average（A1∶A96）"计算得出均值为 94.80。根据"=median（A1∶A96）"计算得出中位数为 96。根据"=mode（A1∶A96）"计算得出众数为 98。均值<中位数<众数，负偏态特征明显。在这次考试中，个别研究生的分数较低，作为负极值拉低了均值，但是中位数保持稳定，致使计算的偏态呈现为负值。

成绩测试是一种回顾性测验。由于研究生的期末考试通常以本学期的授课内容为主，教学目标既定，命题以教学大纲、教学计划和研究生教材情况为依据，所以授课教师通常也是命题人员，教学内容也常出现在考试内容中，大多数研究生能够顺利通过考试，而且课程分数也相对较高。这就是众数为 98、中位数为 96 的根本原因。

本 章 小 结

本章主要讨论了语言测试分析中所涉及的关键词。

平均数有严格和宽泛两种概念。严格来说，平均数包括算术平均数、几何平均数和中位数；宽泛来说，平均数专指算术平均数，即均值。本书研究中采用后者，即较为宽泛地使用均值这一概念，其计算值为一组数据中所有数据之和再除以这组数据的个数。在英语中，均值可以有四种不同的对应词，以便适合各种不同的计算场景，具体包括 average、mean、μ、X'。均值对极值较敏感，正极值能拉高均值，负极值能降低均值。在函数计算中，均值的函数为"=average（A1∶An）"。

　　中位数是所有数据顺序排列后位于中间位置的数值。对于奇数数列来说，中位数是位置居中的数值（独立存在的数）；对于偶数数列来说，中位数是位置居中的两个数值的均数（不独立存在，需要通过计算获得）。中位数对极值不敏感，正极值或负极值不影响中位数的计算结果。中位数只关注中间数或中间区域。通过函数计算的中位数，无须区分是奇数数列还是偶数数列。中位数的计算函数为"=median（A1∶An）"。

　　众数是数据中出现频率最高的数。有的数列中会出现多个频率相同的数，即多个众数。在利用函数计算众数时，如遇到多众数情况，系统通常默认返回序列中的第一个众数为计算结果，所以多众数情况下降序和升序可能返回不同的函数计算结果。众数的计算函数为"=mode（A1∶An）"。

　　偏态又称偏度，是统计数据峰值与平均值不相等的频率分布，分为正偏态、负偏态、正态。偏态=均值-中位数。呈正偏态分布时，多有正极值出现，形成均值>中位数>众数的尾部在正方向的态势；呈正态分布时，形成的是对称的钟形曲线，均值=中位数=众数；呈负偏态分布时，多有负极值出现，形成均值<中位数<众数的尾部在负方向的态势。

　　在偏态示例中，正偏态多出现在选拔性考试的能力测试中，而负偏态多出现在通过性考试的成绩测试中。

　　正态分布多是随机预期的，可形成对称的钟形曲线。在正方向，从均值到正一个标准差、从正一个标准差到正两个标准差、从正两个标准差到正三个标准差、正三个标准差以上分别占比约 34.1%、13.6%、2.15%、0.15%。负方向与正方向形成对称的镜像关系。

第 4 章 语言测试的标准差研究

标准差所反映的变量离散程度，无论在理论方面还是应用方面都具有至关重要的作用。标准差的存在解释了上下波动幅度的对称性问题。本章重点讨论了三个方面，包括标准差的概念、公式和函数计算，研究生考试分数标准差的数据评估，以及标准差的应用。在具体示例中，我们采用了静态分数的标准差分析和动态波动数据的标准差分析，以期为读者提供理论应用的新视角。标准差关键词示意图如图 4-1 所示。

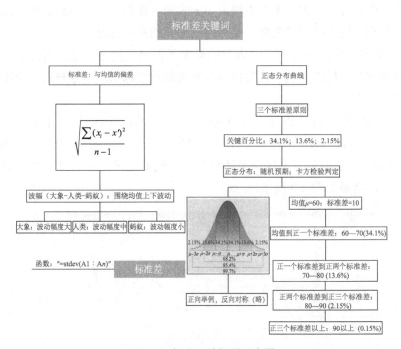

图 4-1　标准差关键词示意图

4.1　标准差的概念、公式和函数计算

标准差是一个专业概念[①]，常用 σ 表示。标准差也被称为标准偏差或

---

① 本书中的标准差采用"样本标准差"概念。

者实验标准差，在概率统计中最常作为统计分布程度上的测量依据使用。简单来说，标准差是一组数据平均值分散程度的一种度量。一个较大的标准差，代表大部分数值和其平均值之间差异较大；一个较小的标准差，代表这些数值较接近平均值。标准差是三个变异性量数（极差、标准差和方差）中重要的一个，是标准化了的与均值的偏差，表示与均值的平均距离。标准差的大小与数据点分布和均值的平均距离成正比。

术语在线给出的“标准差”释义为：“离差平方和平均后的方根。用 σ 表示。因此，标准差也是一种平均数。”“方差的算术平方根。用于反映变量离散程度的一个指标。同类资料比较时，个体间变异程度越大，标准差越大，反之亦然。”①

《中国大百科全书》（第三版）中的释义为：“离均差平方的算术平均数（即：方差）的算术平方根，用 σ 表示。在概率统计中最常使用作为统计分布程度上的测量依据。又称标准偏差或实验标准差。”②

《辞海》中的释义为：“方差的算术平方根。度量数据分布离散程度的常用方法。标准差越小，数据分布的离散程度越低，其分布的集中程度就越高。”③

“标准差”的英语译名存在不统一性。术语在线给出的对应词是 standard deviation，《中国大百科全书》（第三版）给出的是 standard variance，《辞海》没有提供英语译名。我们对这两个英语译名进行语料库对比，结果如图 4-2 所示。

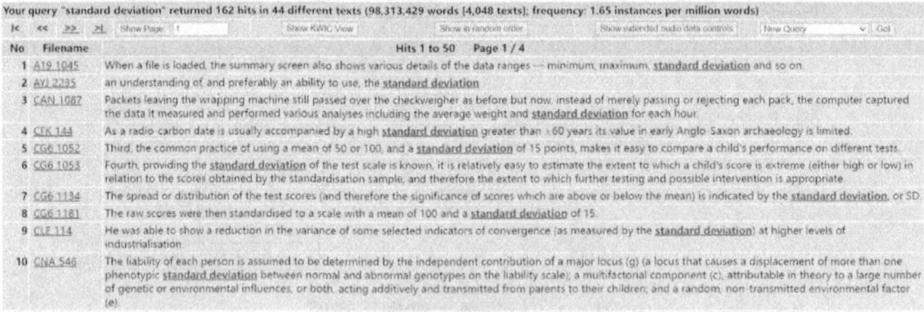
Your query "standard deviation" returned 162 hits in 44 different texts (98,313,429 words [4,048 texts]; frequency: 1.65 instances per million words)

|< << >> >| Show Page: 1 Show KWIC View Show in random order Show extended audio data controls New Query Go!

No	Filename	Hits 1 to 50 Page 1 / 4
1	A19 1045	When a file is loaded, the summary screen also shows various details of the data ranges — minimum, maximum, standard deviation and so on.
2	AYJ 2235	an understanding of, and preferably an ability to use, the standard deviation
3	CAN 1087	Packets leaving the wrapping machine still passed over the checkweigher as before but now, instead of merely passing or rejecting each pack, the computer captured the data it measured and performed various analyses including the average weight and standard deviation for each hour.
4	CFK 144	As a radio-carbon date is usually accompanied by a high standard deviation greater than ±60 years its value in early Anglo-Saxon archaeology is limited.
5	CG6 1052	Third, the common practice of using a mean of 50 or 100, and a standard deviation of 15 points, makes it easy to compare a child's performance on different tests.
6	CG6 1053	Fourth, providing the standard deviation of the test scale is known, it is relatively easy to estimate the extent to which a child's score is extreme (either high or low) in relation to the scores obtained by the standardisation sample, and therefore the extent to which further testing and possible intervention is appropriate.
7	CG6 1134	The spread or distribution of the test scores (and therefore the significance of scores which are above or below the mean) is indicated by the standard deviation, or SD.
8	CG6 1181	The raw scores were then standardised to a scale with a mean of 100 and a standard deviation of 15.
9	CLE 114	He was able to show a reduction in the variance of some selected indicators of convergence (as measured by the standard deviation) at higher levels of industrialisation.
10	CNA 546	The liability of each person is assumed to be determined by the independent contribution of a major locus (g) (a locus that causes a displacement of more than one phenotypic standard deviation between normal and abnormal genotypes on the liability scale); a multifactorial component (c), attributable in theory to a large number of genetic or environmental influences, or both, acting additively and transmitted from parents to their children; and a random, non-transmitted environmental factor (e).

图 4-2　标准差的 BNC 检索结果（筛选时间：2024 年 12 月 5 日）

---

① https://www.termonline.cn/search?searchText=%E6%A0%87%E5%87%86%E5%B7%AE[2024-06-20]。术语在线中的心理学释义为“方差的平方根。用作一组数据离散程度的量?数”，其中“?”为系统错误。

② https://www.zgbk.com/ecph/words?SiteID=1&ID=94835&Type=bkzyb&SubID=79656[2024-12-05]。

③ https://www.cihai.com.cn/baike/detail/72/5553866?q=%E6%A0%87%E5%87%86%E5%B7%AE[2024-06-20]。

从上面的检索结果可以看出，在 98 313 429 词量的文本中，standard deviation 的使用频率是 162 次。这个频率是相对较高的值。

我们同时在 BNC[①]中检索"标准差"的第二个译名 standard variance，检索结果为 0。

在《朗文当代高级英语词典》中，没有收录 standard variance 的搭配用法。相反，standard deviation 已经作为词条出现了，具体释义[②]为：

> *Technical* a number in statistics that shows by how much members of a mathematical set can be different from the average set。
>
> • Mean and standard deviation of normally distributed results are shown; otherwise median and range are given.
>
> • The distribution remains normal but the standard deviation decreases as the square root of *n*, the sample size.

这说明，在英语国家中，standard deviation 的搭配使用是大众的、常规的，符合英语语言习惯。因此，我们在本书研究中采用 standard deviation。

本书中的标准差主要指的是样本标准差，其公式表达为：

$$s = \sqrt{\frac{\sum (x - x')^2}{n-1}} \qquad (公式 4\text{-}1)$$

在公式 4-1 中，x 是变量值，x'是均值，n 是数据量。样本标准差公式表示每一个测试数值与均值之差平方之后再取和，所得的值除以样本规模（减去 1），最后求得的平方根即为样本标准差。

举例来说，50 个学生的成绩参与标准差计算，每个学生的分数就是 x，50 个学生共同的均值就是 x'，n–1 是 49。具体计算时，每个学生的分数都与均值进行差的计算（含有正负号），差的计算结果再平方（去除负号）。将所有学生的 $(x - x')^2$ 结果累加，除以 49，最后开方。最终的结果就是样本标准差，可反映整体变量与均值的离散程度。

这种通过公式计算的偏离差，强调了分项步骤的重要，便于我们了解计算过程，尤其在不同的比较中可以看到偏离值的大小差异。此外，还

---

① http://bncweb.lancs.ac.uk/cgi-binbncXML/BNCquery.pl?theQuery=search&urlTest=yes[2024-06-20]。

② https://www.ldoceonline.com/dictionary/standard-deviation[2024-06-20]。

有一种函数计算方法，具体表达如下。

首先，在 EXCEL 表格中，standard deviation 缩略为"stdev"。

其次，为区分字符串和函数，在"stdev"前添加"＝"，形成"=stdev"形式；"（A1：An）"表示从 A1 开始到 An 结束的计算区间。

最后，形成标准差的计算函数"=stdev（A1：An）"。

从计算结果来看，公式计算的结果和函数计算的结果在误差内是一致的，这一点在下面的数据评估中会得到验证。

4.2 研究生考试分数标准差的数据评估

现有四个班的研究生的期末成绩，我们比较分析一下这些班级之间的标准差差异（表 4-1）。

表 4-1 研究生 1 班期末成绩

序号	期末成绩/分	序号	期末成绩/分	序号	期末成绩/分
1	99	10	96	19	95
2	90	11	86	20	86
3	98	12	98	21	78
4	96	13	97	22	96
5	94	14	97	23	92
6	83	15	99	24	92
7	95	16	94	25	98
8	89	17	97		
9	80	18	98		

根据标准差函数"=stdev（A1：A25）"[①]，我们计算得到研究生 1 班的期末成绩标准差为 6.04。

根据函数"=average（A1：A25）"，我们得到该班的成绩均值为 92.92（图 4-3）。

从图 4-3 可以看出，研究生 1 班的考试成绩围绕均值 92.92 上下波动，形成了一定幅度的偏离差，由此计算得出的标准差为 6.04。在研究生 1 班成绩中，最低分和最高分的差异是比较大的，最高分为 99 分，最低分

---

① A 列为默认的期末成绩列。

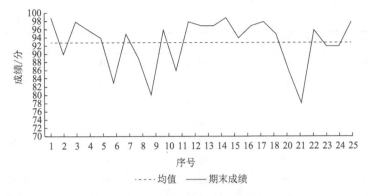

图 4-3　研究生 1 班成绩波动图

为 78 分，整个班级分数偏离均值的程度也是四个研究生班级中最大的。各个分数段的学生比例分布不均衡，均值以下的成绩包括 78 分、80 分、83 分、86 分、89 分、90 分、92 分。这些低于平均分的成绩出现在标准均值轴的下方，其他的分数则出现在均值轴上方。整体的偏离差可以通过表 4-2 的数值得到体现。

表 4-2　研究生 1 班期末成绩的偏离差计算

序号	期末成绩/分 x	均值 x'	$x-x'$	$(x-x')^2$
1	78	92.92	−14.92	222.61
2	80	92.92	−12.92	166.93
3	83	92.92	−9.92	98.41
4	86	92.92	−6.92	47.89
5	86	92.92	−6.92	47.89
6	89	92.92	−3.92	15.37
7	90	92.92	−2.92	8.53
8	92	92.92	−0.92	0.85
9	92	92.92	−0.92	0.85
10	94	92.92	1.08	1.17
11	94	92.92	1.08	1.17
12	95	92.92	2.08	4.33
13	95	92.92	2.08	4.33
14	96	92.92	3.08	9.49
15	96	92.92	3.08	9.49
16	96	92.92	3.08	9.49
17	97	92.92	4.08	16.65

续表

序号	期末成绩/分 x	均值 x'	x–x'	(x–x')²
18	97	92.92	4.08	16.65
19	97	92.92	4.08	16.65
20	98	92.92	5.08	25.81
21	98	92.92	5.08	25.81
22	98	92.92	5.08	25.81
23	98	92.92	5.08	25.81
24	99	92.92	6.08	36.97
25	99	92.92	6.08	36.97

从表 4-2 的偏离差计算中，我们可以大体看出每个分数围绕均值波动的情况，这也是标准差公式的各个分项值。通过求和函数"=sum（E1：E25）"①，我们可以计算得到 E 列（x–x'）² 的总和为 875.84。由于 1 班共有 25 名学生，即 $n=25$，那么 $n-1=24$。875.84/24=36.49。通过正平方根函数"=sqrt（36.49）"，最终获得偏离差值为 6.04。这说明研究生 1 班的成绩围绕均值上下波动的偏离差为 6.04，这也是前面通过函数"=stdev（A1：A25）"计算结果得出的标准差值。

表 4-3 为研究生 2 班期末成绩。

表 4-3　研究生 2 班期末成绩

序号	期末成绩/分	序号	期末成绩/分	序号	期末成绩/分
1	91	9	91	17	98
2	90	10	98	18	96
3	89	11	96	19	98
4	95	12	89	20	95
5	97	13	98	21	98
6	96	14	98	22	94
7	99	15	97	23	99
8	99	16	98	24	96

研究生 2 班期末成绩的标准差根据函数"=stdev（A1：A24）"计算得到结果为 3.26。

根据函数"=average（A1：A24）"计算得到均值结果为 95.83（图 4-4）。

---

① E 列为（x–x'）² 所在的列。

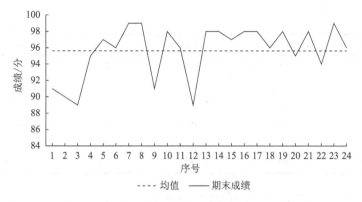

图 4-4　研究生 2 班成绩波动图

　　由图 4-4 可以看出，研究生 2 班全班学生的成绩均围绕均值 95.83 这个轴进行上下波动，形成的与标准均值的偏差（即标准差）为 3.26。这个标准差的值要小于研究生 1 班，这说明相对于 1 班来说，2 班的成绩偏离度较小，学生的分数差距也较小，总体都出现在均值附近，波动幅度也比 1 班小。具体的偏离差计算如表 4-4 所示。

表 4-4　研究生 2 班期末成绩的偏离差计算

序号	期末成绩/分 x	均值 x'	x−x'	(x−x')²
1	89	95.83	−6.83	46.65
2	89	95.83	−6.83	46.65
3	90	95.83	−5.83	33.99
4	91	95.83	−4.83	23.33
5	91	95.83	−4.83	23.33
6	94	95.83	−1.83	3.35
7	95	95.83	−0.83	0.69
8	95	95.83	−0.83	0.69
9	96	95.83	0.17	0.03
10	96	95.83	0.17	0.03
11	96	95.83	0.17	0.03
12	96	95.83	0.17	0.03
13	97	95.83	1.17	1.37
14	97	95.83	1.17	1.37
15	98	95.83	2.17	4.71
16	98	95.83	2.17	4.71
17	98	95.83	2.17	4.71
18	98	95.83	2.17	4.71

续表

序号	期末成绩/分 x	均值 x'	$x-x'$	$(x-x')^2$
19	98	95.83	2.17	4.71
20	98	95.83	2.17	4.71
21	98	95.83	2.17	4.71
22	99	95.83	3.17	10.05
23	99	95.83	3.17	10.05
24	99	95.83	3.17	10.05

从表 4-4 可以看出，与 1 班相比，2 班整体的分数偏离标准均值幅度不大，低于均值的分数的偏离程度要远大于均值以上的分数。具体的分项计算如下：函数"=sum（E1：E24）"的计算结果为 244.63。$n-1=23$。244.63/23=10.64。正平方根函数"=sqrt（10.64）"的计算结果为 3.26。

从上面的计算结果可以看出，2 班成绩围绕均值上下波动的偏离差为 3.26。这个值与 1 班的偏离差 6.04 相比减小近一半，这说明 2 班的成绩较 1 班更集中在均值附近，偏离幅度远小于 1 班。2 班的偏离差计算结果 3.26 与函数"=stdev（A1：A24）"计算结果得出的标准差值一致。

通过标准差函数和均值函数计算，我们得到研究生 3 班的期末成绩标准差为 3.05，均值为 94.75。

表 4-5 为研究生 3 班期末成绩。

表 4-5　研究生 3 班期末成绩表

序号	期末成绩/分	序号	期末成绩/分	序号	期末成绩/分
1	95	9	88	17	94
2	98	10	98	18	96
3	95	11	96	19	95
4	92	12	98	20	96
5	96	13	96	21	91
6	97	14	95	22	95
7	97	15	92	23	90
8	88	16	98	24	98

从研究生 3 班成绩波动图（图 4-5）中可以看出，整个班级的计算均值为 94.75，这个数值处于 1 班（92.92）和 2 班（95.83）之间。但是，从函数计算的标准差来看，3 班的标准差 3.05 低于 1 班（6.04）和 2 班（3.26）。这说明 3 班整体分数围绕标准均值上下波动的偏离差是很低的。换句话说，3 班的成绩相比于 1 班和 2 班更集中地聚集在均值附近。

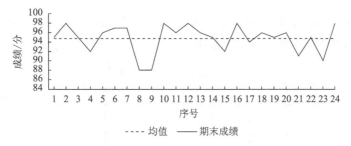

图 4-5　研究生 3 班成绩波动图

具体的偏离差计算如表 4-6 所示。

表 4-6　研究生 3 班期末成绩的偏离差计算

序号	期末成绩/分 x	均值 x'	$x-x'$	$(x-x')^2$
1	88	94.75	−6.75	45.56
2	88	94.75	−6.75	45.56
3	90	94.75	−4.75	22.56
4	91	94.75	−3.75	14.06
5	92	94.75	−2.75	7.56
6	92	94.75	−2.75	7.56
7	94	94.75	−0.75	0.56
8	95	94.75	0.25	0.06
9	95	94.75	0.25	0.06
10	95	94.75	0.25	0.06
11	95	94.75	0.25	0.06
12	95	94.75	0.25	0.06
13	96	94.75	1.25	1.56
14	96	94.75	1.25	1.56
15	96	94.75	1.25	1.56
16	96	94.75	1.25	1.56
17	96	94.75	1.25	1.56
18	97	94.75	2.25	5.06
19	97	94.75	2.25	5.06
20	98	94.75	3.25	10.56
21	98	94.75	3.25	10.56
22	98	94.75	3.25	10.56
23	98	94.75	3.25	10.56
24	98	94.75	3.25	10.56

从表 4-6 的 3 班成绩偏离差可以看出，与 1 班和 2 班相比，3 班整体的偏离差是较低的，说明成绩波动幅度处于较低水平。具体的分项计算如下：函数 "=sum（E1∶E24）" 的计算结果为 214.5。$n-1$=23。

214.5/23=9.33。正平方根函数"=sqrt（9.33）"的计算结果为3.05。

表 4-7 为研究生 4 班期末成绩。

表 4-7 研究生 4 班期末成绩

序号	期末成绩/分	序号	期末成绩/分	序号	期末成绩/分
1	94	9	98	17	89
2	97	10	96	18	96
3	96	11	96	19	98
4	97	12	98	20	97
5	91	13	97	21	96
6	92	14	98	22	98
7	96	15	98	23	96
8	97	16	98		

根据函数"=stdev（A1：A23）"和"=average（A1：A23）"，我们计算得到研究生 4 班期末成绩的标准差为 2.40，均值为 96.04。

从研究生 4 班成绩波动图（图 4-6）中，我们发现，整个班级的成绩均值 96.04 是一个标准轴，学生的成绩在这个均值上下波动。这个均值是四个研究生班级中最高的。通过函数计算可知，4 班的成绩标准差是 2.40，也是四个研究生班级中最低的。这说明该班学生的整体水平较高，不仅平均分数明显高于其他班级，而且班级成绩稳定，在全年级中围绕均值波动的幅度是最小的，低于 1 班（6.04）、2 班（3.26）和 3 班（3.05）。

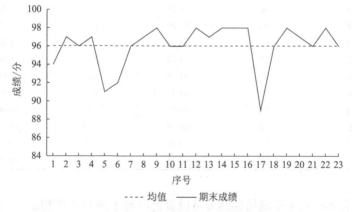

图 4-6 研究生 4 班成绩波动图

具体的偏离差计算如表 4-8 所示。

表 4-8　研究生 4 班期末成绩的偏离差计算

序号	期末成绩/分 x	均值 x'	x–x'	(x–x')²
1	89	96.04	−7.04	49.56
2	91	96.04	−5.04	25.40
3	92	96.04	−4.04	16.32
4	94	96.04	−2.04	4.16
5	96	96.04	−0.04	0.00
6	96	96.04	−0.04	0.00
7	96	96.04	−0.04	0.00
8	96	96.04	−0.04	0.00
9	96	96.04	−0.04	0.00
10	96	96.04	−0.04	0.00
11	96	96.04	−0.04	0.00
12	97	96.04	0.96	0.92
13	97	96.04	0.96	0.92
14	97	96.04	0.96	0.92
15	97	96.04	0.96	0.92
16	97	96.04	0.96	0.92
17	98	96.04	1.96	3.84
18	98	96.04	1.96	3.84
19	98	96.04	1.96	3.84
20	98	96.04	1.96	3.84
21	98	96.04	1.96	3.84
22	98	96.04	1.96	3.84
23	98	96.04	1.96	3.84

我们在 4 班的成绩偏离差计算中发现，相较于其他班级，4 班更多的分数出现在均值位置，这也是该班分数偏离差最低的根本原因。可以看出，与其他班级相比，4 班的整体偏离差最低，波动幅度也最小。具体的分项计算如下：函数"=sum（E1：E23）"的计算结果为 126.96。$n-1$=22。126.96/22=5.77。正平方根函数"=sqrt（5.77）"的计算结果为 2.40。

这个分项计算的偏离差结果与前面函数计算获得的标准差结果是一致的。由此可以看出，无论是通过偏离差公式分项进行计算得到的结果，还是通过标准差函数计算得到的结果，在一定的误差内，两个结果是相等的。因此当我们需要进行小数据评估或详细分析各项的偏离值的时候，可采用分项计算；当进行大数据评估或者对每个单项关注度不高的时候，我们可直接采用标准差函数求得结果。

4.3　标准差的应用

标准差在波动应用方面具有一定的说服力。从前面的数据评估中我们可以看出，不同的研究生班级的成绩均值不同，标准差也不同，班级中的学生相对均值的偏离差值也不同，各个分数围绕均值上下波动的幅度也不同。下面我们将进一步分析标准差对波动分析的贡献。

4.3.1　大象-人-蚂蚁标准差对比

标准差有时候代表了一种波动特性。为了更好地理解标准差，我们较为极端地进行如下三种生物行走步幅的对比，即大象、人、蚂蚁。大象常规的步幅是 150cm，普通人的步幅是 50cm，蚂蚁的步幅是 0.2cm[①]，具体如图 4-7 至图 4-9 所示。

图 4-7　步幅 150cm 的大象　　　图 4-8　步幅 50cm 的人

图 4-9　步幅 0.2cm 的蚂蚁

---

① 此处的步幅推断是基于普通认知，不同种类可能有出入。

如果我们假定三种生物从同一起点出发，均匀走出的距离如下。

前进方向（正方向）：

大象：一步 150cm；两步 2×150cm=300cm；三步 3×150cm=450cm。

人：一步 50cm；两步 2×50cm=100cm；三步 3×50cm=150cm。

蚂蚁：一步 0.2cm；两步 2×0.2cm=0.4cm；三步 3×0.2cm=0.6cm。

后退方向（负方向）：

大象：一步 –150cm；两步 2 ×（–150cm）= –300cm；三步 3×（–150cm）= –450cm。

人：一步 –50cm；两步 2 ×（–50cm）= –100cm；三步 3×（–50cm）= –150cm。

蚂蚁：一步 –0.2cm；两步 2 ×（–0.2cm）= –0.4cm；三步 3×（–0.2cm）= –0.6cm。

从上面的数据分析可以看出，如果方向正确，大象行走的速度是最快的，人次之，最慢的是蚂蚁。这体现了标准差正波动的特点。相反，如果方向错误，行走最快的大象将会是偏离目的地最远的，人次之，而蚂蚁由于行走速度最慢，偏离目的地的距离则是最近的。这体现了标准差负波动的特点。由此可以看出，标准差体现了一种马太效应（Matthew effect）。

术语在线上将"马太效应"释义为："人类社会生活中优势累积与劣势巩固过程：一经存有优势，则这种优势局面会继续地强化；若曾处于劣势，则这种不利地位也会不断巩固。即强者愈强、弱者愈弱的现象或发展趋势。"①

《中国大百科全书》（第三版）中的释义为："在组织或个体发展过程中存在的两极分化现象，即组织或个体在某一环境下的优势或劣势会出现积累效应，导致强者愈强，弱者愈弱局面。"②

从上面对大象、人、蚂蚁的步幅分析可以看出，对于大象来说，如果行走方向正确，标准差大的大象则会出现强者愈强的趋势，行走的距离会远远超出人和蚂蚁。相反，如果行走方向错误，标准差越大，反而越拖累大象无法回到正确轨道上来，导致大象越走越远，出现离目的地越来越远的弱者愈弱的局面。

---

① https://www.termonline.cn/wordDetail?termName=%E9%A9%AC%E5%A4%AA%E6%95%88%E5%BA%94&subject=0c4d7f8b26af11ee9ffab068e6519520&base=1[2024-06-20].

② https://www.zgbk.com/ecph/words?SiteID=1&ID=317322&Type=bkzyb&SubID=165889[2024-06-20].

对于人来说，如果行走方向正确，标准差居中的人不会超过大象强者愈强的趋势，但也不会比蚂蚁弱，走出的距离是居于第二位的。相反，如果行走方向错误，人也不会比大象更惨，往往也是居于中间位置，但是偏离目的地的距离是超过蚂蚁的。人的这个特性也是由其自身行走步幅居中这个标准差决定的。

对于蚂蚁来说，如果行走方向正确，标准差小的蚂蚁无疑是最慢的，远远落后于大象和人，而且这种差距越来越大，即弱者愈弱。但是，如果行走方向错误，由于蚂蚁的步幅非常小，每走出错误的一步，付出的代价也非常小，而且随着步幅的增加，付出的代价总增加值也不是很大，这与行走方向错误的大象和人付出的巨大代价形成了鲜明对比。行走方向错误时的蚂蚁就成为三者中试错成本最小的佼佼者，这就是强者愈强。

大象、人、蚂蚁的步幅标准差的简单对比对我们理解波动数据具有先天优势。当股票市场处于上升的牛市时，高杠杆的股票类似于大象，标准差是最大的，盈利无疑也是最为丰厚的；其次是低杠杆的股票，类似人，盈利居中；而无杠杆的股票，标准差最小，盈利也如同蚂蚁一般是最小的。但是，在股票市场处于熊市时，高杠杆的股票同样类似于大象，急速下坠，亏损幅度是最大的；低杠杆的股票也同样类似人，没有高杠杆股票亏损多，但比无杠杆股票亏损多；无杠杆的股票由于标准差小，亏损则是最小的。由此可见，"成也萧何，败也萧何"用于指称标准差的正波动和负波动不足为过。正态分布中标准差奉行的三个标准差原则，也是对这种特性的解释。

4.3.2　三个标准差原则

正态分布的三个标准差原则是指钟形曲线的正负方向标准差是对称的，最大距离一般各是三个，而且各个标准差与均值的面积占比也是既定的。

正方向：

$[\mu：\mu+\sigma]$的占比是 34.1%；

$[\mu+\sigma：\mu+2\sigma]$的占比是 13.6%；

$[\mu+2\sigma：\mu+3\sigma]$的占比是 2.15%；

$\mu+3\sigma$ 以外的占比大约是 0.15%。

负方向：

$[\mu：\mu-\sigma]$的占比是 34.1%；

$[\mu-\sigma：\mu-2\sigma]$的占比是 13.6%；

[$\mu-2\sigma$：$\mu-3\sigma$]的占比是 2.15%；

$\mu-3\sigma$ 以外的占比大约是 0.15%。

从三个标准差原则可以看出，正负方向的数值标准是对称出现的。正波动和负波动的最大幅度也是大致对应的。也就是说，在一个高波动环境中，正波动的高幅度往往是我们所希望的，无论是分数还是股票市场盈利。但是，正波动所隐含的负波动风险就像事物的两个方面一样，在出现高幅度正波动的同时也意味着一旦出现负波动，幅度也是惊人的。而对于低波动环境，正波动幅度很小，其蕴含的负波动幅度也不会很大。所以，根据正态分布的标准差原则，我们可以发现，很多时候我们面临选择，是激进还是稳妥？而我们可利用的参数就是标准差数值。

例如，假定有 10 000 名学生的考试成绩呈现正态分布，均值是 60，标准差是 10，各分数段的学生人数大约如下：10 000×34.1%=3410 人（分数段 60—70 分）；10 000×13.6%=1360 人（分数段 70—80 分）；10 000×2.15%=215 人（分数段 80—90 分）；分数段 90 分以上的学生大约有 10 000×0.15%=15 人。

在负方向镜像中，50—60 分、40—50 分、30—40 分、30 分以下分数段的学生人数分别是 3410 人、1360 人、215 人、15 人。

函数背景下的三个标准差原则可方便我们构建正态分布体系。在前面我们讨论了均值的函数计算"=average（A1：An）"，以及标准差的函数计算"=stdev（A1：An）"。根据三个标准差原则和相应占比，利用这两个函数我们就可以构建一个正态分布体系，并根据各个临界点划定体系分布标准。具体所需的函数如下：

μ 函数："=average（A1：An）"

σ 函数："=stdev（A1：An）"

正一个标准差函数："=average（A1：An）"+"=stdev（A1：An）"

正两个标准差函数："=average（A1：An）"+2×"=stdev（A1：An）"

正三个标准差函数："=average（A1：An）"+3×"=stdev（A1：An）"

负一个标准差函数："=average（A1：An）"–"=stdev（A1：An）"

负两个标准差函数："=average（A1：An）"–2×"=stdev（A1：An）"

负三个标准差函数："=average（A1：An）"–3×"=stdev（A1：An）"

根据以上的函数表达，我们可以形成如下的区间占比（正方向）。

34.1%：["=average（A1：An）"，"=average（A1：An）"+"=stdev（A1：An）"]

13.6%：["=average（A1：An）"+"=stdev（A1：An）"，

"=average（A1：A*n*）"+2×"=stdev（A1：A*n*）"]

2.15%：["=average（A1：A*n*）"+2×"=stdev（A1：A*n*）"，"=average（A1：A*n*）"+3×"=stdev（A1：A*n*）"]

0.15%：["=average（A1：A*n*）"+3×"=stdev（A1：A*n*）"]以上。

负方向形成的是与正方向区间占比一致的镜像关系。

通过以上函数，我们可以构建一个正态分布体系，各个函数计算出来的结果就是这个体系的临界点，以均值为中心，正负方向各三个临界点，在各个不同区间所具有的实现概率也不同。这种体系在波动数据的应用中具有较好的直观性。下面我们以期权上证 50ETF 的 2022 年全年波动数据为例（表 4-9），说明三个标准差原则的波动应用。

表 4-9 期权上证 50ETF 的 2022 年全年波动数据

序号	价格/元	序号	价格/元	序号	价格/元	序号	价格/元
1	3.247	27	3.116	53	2.884	79	2.703
2	3.241	28	3.119	54	2.838	80	2.677
3	3.193	29	3.144	55	2.836	81	2.701
4	3.207	30	3.130	56	2.823	82	2.722
5	3.216	31	3.081	57	2.898	83	2.702
6	3.196	32	3.100	58	2.881	84	2.729
7	3.220	33	3.043	59	2.923	85	2.702
8	3.166	34	3.056	60	2.911	86	2.737
9	3.120	35	3.061	61	2.884	87	2.728
10	3.131	36	3.105	62	2.909	88	2.726
11	3.169	37	3.088	63	2.832	89	2.793
12	3.169	38	3.078	64	2.876	90	2.763
13	3.214	39	3.046	65	2.866	91	2.720
14	3.206	40	2.955	66	2.911	92	2.725
15	3.195	41	2.915	67	2.914	93	2.725
16	3.129	42	2.887	68	2.871	94	2.744
17	3.144	43	2.913	69	2.844	95	2.758
18	3.107	44	2.922	70	2.816	96	2.792
19	3.036	45	2.832	71	2.780	97	2.782
20	3.095	46	2.687	72	2.795	98	2.777
21	3.098	47	2.810	73	2.662	99	2.810
22	3.120	48	2.857	74	2.664	100	2.829
23	3.128	49	2.891	75	2.714	101	2.869
24	3.123	50	2.874	76	2.749	102	2.853
25	3.088	51	2.882	77	2.793	103	2.889
26	3.100	52	2.899	78	2.781	104	2.835

续表

序号	价格/元	序号	价格/元	序号	价格/元	序号	价格/元
105	2.874	140	2.770	175	2.691	210	2.615
106	2.913	141	2.750	176	2.670	211	2.600
107	2.886	142	2.777	177	2.672	212	2.590
108	2.929	143	2.815	178	2.654	213	2.557
109	2.923	144	2.800	179	2.681	214	2.570
110	2.929	145	2.801	180	2.651	215	2.575
111	2.898	146	2.768	181	2.651	216	2.558
112	2.939	147	2.826	182	2.650	217	2.585
113	2.978	148	2.836	183	2.586	218	2.540
114	3.016	149	2.820	184	2.578	219	2.648
115	3.043	150	2.807	185	2.594	220	2.645
116	3.018	151	2.823	186	2.564	221	2.632
117	3.069	152	2.797	187	2.625	222	2.617
118	3.058	153	2.792	188	2.623	223	2.680
119	3.063	154	2.793	189	2.608	224	2.688
120	3.063	155	2.774	190	2.557	225	2.671
121	3.011	156	2.746	191	2.544	226	2.677
122	3.002	157	2.793	192	2.527	227	2.708
123	3.006	158	2.794	193	2.439	228	2.676
124	2.961	159	2.772	194	2.431	229	2.679
125	2.944	160	2.768	195	2.439	230	2.696
126	2.935	161	2.801	196	2.419	231	2.682
127	2.915	162	2.775	197	2.365	232	2.693
128	2.872	163	2.752	198	2.333	233	2.653
129	2.911	164	2.741	199	2.436	234	2.607
130	2.899	165	2.764	200	2.455	235	2.612
131	2.908	166	2.754	201	2.425	236	2.629
132	2.874	167	2.748	202	2.506	237	2.622
133	2.887	168	2.800	203	2.515	238	2.612
134	2.878	169	2.808	204	2.497	239	2.642
135	2.891	170	2.788	205	2.478	240	2.649
136	2.867	171	2.784	206	2.482	241	2.635
137	2.866	172	2.724	207	2.555	242	2.649
138	2.828	173	2.719	208	2.576		
139	2.818	174	2.714	209	2.625		

　　从表 4-9 中的波动数据我们可以看出，从 2022 年 1 月 4 日到 12 月 30 日，全年共有 242 个交易日。价格从年初的 3.247 元下降到年底的

2.649 元，下降幅度是（3.247–2.649）/3.247=18.42%。根据前面讨论的函数，我们可以计算出这个全年波动数据的 7 个不同的临界点（假定波动曲线近似正态分布曲线），具体如下。

$[\mu-3\sigma]$临界点（2.23）：["=average（A1：A242）" –3× "=stdev（A1：A242）"]

$[\mu-2\sigma]$临界点（2.42）：["=average（A1：A242）" –2× "=stdev（A1：A242）"]

$[\mu-\sigma]$临界点（2.62）：["=average（A1：A242）" – "=stdev（A1：A242）"]

$[\mu]$临界点（2.81）： "=average（A1：A242）"

$[\mu+\sigma]$临界点（3.01）：["=average（A1：A242）" + "=stdev（A1：A242）"]

$[\mu+2\sigma]$临界点（3.21）：["=average（A1：A242）" +2× "=stdev（A1：A242）"]

$[\mu+3\sigma]$临界点（3.40）：["=average（A1：A242）" +3× "=stdev（A1：A242）"]

从上面的计算可以看出，7 个不同的临界点就是整个正态分布体系的节点。假定期权市场的价格波动近似正态的分布曲线，那么，各个阶段的价格区间占比情况如下。

在正方向：

$[\mu：\mu+\sigma]$=[2.81，3.01]占比是 34.1%；

$[\mu+\sigma：\mu+2\sigma]$=[3.01，3.21]占比是 13.6%；

$[\mu+2\sigma：\mu+3\sigma]$=[3.21，3.40]占比是 2.15%；

$\mu+3\sigma$=3.40 以上的占比大约在 0.15%。

在负方向：

$[\mu：\mu-\sigma]$=[2.81，2.62]占比是 34.1%；

$[\mu-\sigma：\mu-2\sigma]$=[2.62，2.42]占比是 13.6%；

$[\mu-2\sigma：\mu-3\sigma]$=[2.42，2.23]占比是 2.15%；

$\mu-3\sigma$=2.23 以下的占比大约在 0.15%。

从正负方向的计算结果和区间波动占比我们可以推断出，在一般情况下，价格从目前的 2.649 元向下波动会有三个主要的区间节点，即 2.62 元、2.42 元和 2.23 元。根据前面的区间占比分析可知，维持在[2.81，2.62]波动区间的概率是 34.1%，进入[2.62，2.42]波动区间的概率是 13.6%，进入[2.42，2.23]波动区间的概率是 2.15%，进入 2.23 以下波动区间的概率是 0.15%。从这个概率区间我们可以看到标准差数据评估的特点所提供给我们的信息。

同样，2.649 元向上的价格波动也面临不同的区间节点，即 2.81 元、3.01 元、3.21 元、3.40 元。进入不同区间，对应的概率水平也会发生变化，进入[2.81，3.01]的概率是 34.1%，进入[3.01，3.21]的概率是 13.6%，进入[3.21，3.40]的概率是 2.15%，进入 3.40 以上区间的概率大约在 0.15%。

这样，根据正态分布的三个标准差原则，我们就可以通过函数利用一定区间的交易数据测算出该体系的一些数据临界点，为我们最终的市场决策提供参考。这种数据评估可以辅助我们进行选择，帮助我们评估风险，最终决定是采取小概率的激进方法还是大概率的稳妥方法。

本 章 小 结

本章主要讨论了如下方面的内容。

在概念方面，标准差是离差平方和平均后的方根，是用于反映变量离散程度的一个指标，个体间的变异程度越大，标准差就越大。标准差越小，集中程度就越高，离散程度就越低。

在样本标准差公式中，x 为变量值，x' 为均值，n 为变量数。

$$s=\sqrt{\frac{\sum{(x-x')}^2}{n-1}}$$

在标准差函数计算方面，函数公式"=stdev（A1：An）"中的"="表示函数标记；"stdev"是 standard deviation 的缩略；"（A1：An）"表示区间取值范围，需要注意的是中间用冒号表示，两边用圆括号。

在标准差数据评估实践中，我们对研究生成绩进行了标准差计算，结果发现：考试成绩通常围绕均值上下波动，标准差越大，成绩波动幅度越大，成绩离散程度也越高。各个班级的成绩均值不同，标准差不同，体现出来的各个班级的分数特征也不同。

在标准差的应用中，我们列举了大象、人、蚂蚁的步幅标准差，并说明了方向的重要性。在正确的方向波动时，高标准差将带来行走距离的快速累加。相反，在错误的方向波动时，高标准差将导致行走出现较大偏差，越来越远离目的地，形成欲速则不达的负面效果。

在三个标准差原则方面，我们重点关注了钟形曲线的标准差对称，以及三个标准差与均值的概率占比等。在正方向，$[\mu：\mu+\sigma]$的占比是 34.1%；$[\mu+\sigma：\mu+2\sigma]$的占比是 13.6%；$[\mu+2\sigma：\mu+3\sigma]$的占比是 2.15%；$\mu+3\sigma$ 以上的占比大约在 0.15%；在负方向，$[\mu：\mu-\sigma]$的占比是 34.1%；$[\mu-\sigma：\mu-2\sigma]$的占比是 13.6%；$[\mu-2\sigma：\mu-3\sigma]$的占比是 2.15%；$\mu-3\sigma$ 以下的占比大约在 0.15%。静态数据的三个标准差原则可为我们提供不同分数段学生分数的出现概率，而动态波动数据的三个标准差原则为波动区间提供了存现概率。

第5章　常规数据标准化分数体系构建

常规数据标准化分数体系的构建是基于传统静态数据展开的。相关数据来源于传统语言测试中收集的分数数据。在常规数据标准化分数体系构建中，原始分数、百分等级、标准分数和导出分数等都将被纳入我们的讨论中。原始分数是语言测试中获得的初始分数，如果原始分数所在的比较系统不同，就没有比较意义。例如，相同课程、相同考次的分数可以用于语言能力的比较（例如张三某次语文考试的成绩 90 分比李四的成绩 85 分要高，根据分数一般可判定前者的语文能力比后者强），而不同课程、不同考次的分数由于涉及不同的考卷难度和相对位置，一般不具有比较意义。百分等级是在原始分数的基础上提出的具有比较意义的分数评估方法。本章中我们主要讨论百分等级的公式计算、各个参数的函数运算，以及在百分等级计算评估之后如何利用相关函数进行回证研究。标准分数是为了解决百分等级有比较意义但没有数据可计算性而提出的概念。正态分布情况下和非正态分布情况下的标准分数计算采用的是不同的方法。导出分数则是标准分数的线性处理，其目的是去除标准分数计算中的负数和零值。传统数据评估中的导出分数计算、IQ 计算、老 TOEFL 成绩计算、HSK 的部分成绩计算等都是通过导出分数进行的。常规数据标准化分数体系构建及其各参数如图 5-1 所示。

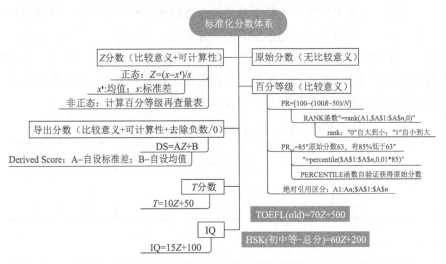

图 5-1　常规数据标准化分数体系参数

5.1 常规数据评估的多参数研究

原始分数是我们接触最多的分数。在传统教育中，被试通过参加考试进行相应答题，答对得分，答错扣分，最后将所得分数相累加，得到的总分就是当次考试的分数，即原始分数。这种分数体系简单易操作，但是面临的问题也无法回避。例如，考卷的难度系数不同，相同被试的原始分数可能出现较大的波动。考卷越难，原始分数越低；相反，原始分数则越高。如果我们只是以原始分数来评价被试的能力，那么较难考试中的 60分和较易考试中的 80 分都可能无法代表同一被试的语言能力。所以，研究者引入标准化分数体系的初衷就是为被试能力的测试提供一个标准化的模式，不同被试的分数、同一被试在不同考试中的分数、时间跨度不同的试卷分数都可以进行对比。这就要求我们建立的分数体系具有统一的单位和参照点功能，每次分数都以这个参照点进行转换，就可以实现横向和纵向分数的对比和计算了。原始分数、百分等级、标准分数和导出分数等是构建常规数据标准化分数体系的重要参数。

5.1.1 原始分数

原始分数是"被试在心理与教育测验项目上的原始得分"[①]。

原始分数作为传统的答题分数，其优点在于分数比较准确，缺点在于单独的原始分数不能直接比较，也不能确定排位情况。

从表 5-1 中某高校大一学生的高考总分原始分数可以看出，单独的分数没有意义，来自各省份的学生的录取分数是不一致的。对于高分数的省份，学生的高考分数总分就比较高，而对于低分数的省份，学生的高考分数总分就比较低。这就导致原始分数会出现比较大的偏差。高校在录取各个省份的学生时，通常按照分数的排位来进行。

表 5-1 大一 135 名新生的高考总分原始分数

序号	总分/分	序号	总分/分	序号	总分/分	序号	总分/分
1	565	4	475	7	566	10	497
2	479	5	601	8	570	11	578
3	474	6	597	9	591	12	322

---

① https://www.termonline.cn/wordDetail?termName=%E5%8E%9F%E5%A7%8B%E5%88%86%E6%95%B0&subject=2ceb036426a911eeb0e8b068e6519520&base=1[2024-06-20].

续表

序号	总分/分	序号	总分/分	序号	总分/分	序号	总分/分
13	571	44	601	75	601	106	540
14	575	45	409	76	597	107	556
15	408	46	586	77	490	108	400
16	596	47	513	78	504	109	570
17	519	48	580	79	441	110	577
18	586	49	605	80	597	111	599
19	562	50	597	81	563	112	412
20	548	51	475	82	599	113	421
21	604	52	552	83	570	114	589
22	578	53	570	84	553	115	603
23	602	54	566	85	410	116	563
24	560	55	570	86	588	117	605
25	599	56	598	87	565	118	563
26	569	57	565	88	596	119	605
27	598	58	601	89	599	120	555
28	597	59	605	90	601	121	597
29	605	60	559	91	566	122	565
30	600	61	537	92	598	123	598
31	532	62	596	93	577	124	518
32	563	63	578	94	516	125	577
33	547	64	599	95	570	126	591
34	591	65	599	96	575	127	597
35	569	66	562	97	537	128	599
36	480	67	591	98	591	129	453
37	517	68	594	99	595	130	485
38	591	69	558	100	551	131	502
39	469	70	563	101	557	132	601
40	575	71	605	102	556	133	570
41	563	72	605	103	598	134	567
42	597	73	490	104	601	135	559
43	433	74	482	105	566		

5.1.2 百分等级

百分等级是"在频率分布或分数群中低于给定值的那个分数的百分位数。与给定值对应"[①]。

[①] https://www.termonline.cn/wordDetail?termName=%E7%99%BE%E5%88%86%E7%AD%89%E7%BA%A7&subject=2bb0e95c26a911eeb80eb068e6519520&base=1[2024-06-20]。

百分等级分数是应用最广的表示测验分数的方法。一个测验分数的百分等级是指在常模样本中低于这个分数的人数百分比。因此，85 的百分等级就表示在常模样本中有 85%的人比这个分数要低。换句话说，百分等级指出的是个体在常模团体中所处的位置，百分等级越低，个体所处的位置越低。百分等级的计算关键在于确定常模团体中分数低于某一特别分数的人数比例[1]。

百分等级的计算公式[2]为：

$$PR = 100 - \frac{100R - 50}{N} \qquad （公式 5-1）$$

其中 R 表示原始分数的排列顺序数（自大到小），N 为样本总人数，适用于未分组的单项数列。百分等级常用于表示个体分数在整个分数群中的位置。如果个体分数较高，该分数在分数群中的位置就较高，不及该分数的低分就较多。相反，如果个体分数较低，则分数群中超过该分数的高分就较多，该分数就可能处于倒数的分数位置。

百分等级是从原始分数计算而来的，优点在于排位清楚，缺点在于不同百分等级的分数无法计算。

例如，小东的语文成绩是 80 分，在 30 名学生中排列第 5 名，则其百分等级为：PR=100–[（100×5–50）/30]=85。百分等级为 85，指如果在 100 名被试中，语文成绩低于小东的有 85 人。

如果参与排序的数据较少，R 的计算统计是比较简单的；如果参与排序的数据较多，则单纯的排序统计无法满足大数据的需要。排序函数的使用得当，可以帮助我们在最短时间内完成 R 的计算，为百分等级提供数据支撑。这个函数就是 RANK 函数。在使用该函数前，首先需要了解绝对引用的使用。

从表 5-2 中我们可以看出绝对引用的特点，即固定性。

表 5-2　绝对引用示例

序号	A	B	C（=An+Bn）A 列、B 列对应相加	D（=An$+B$n$）固定 A 列相加	E（=$A$1+Bn）固定 A1，后续每个 B 列数据均与 A1 相加	F（=$A$1+Bn$）固定 A1，固定 B 列相加	G（=$A$1+$B$1）同时固定 A1 和 B1，再相加
1	20	5	25	25	25	25	25
2	21	6	27	27	26	26	25

① https://www.zgbk.com/ecph/words?SiteID=1&ID=48184&Type=bkzyb&SubID=42831[2024-06-20]。
② 此处采用未分组资料的百分等级计算公式。

序号	A	B	C (=An+Bn) A列、B列对应相加	D (=$An+Bn) 固定A列相加	E (=$A$1+Bn) 固定A1，后续每个B列数据均与A1相加	F (=$A$1+$Bn) 固定A1，固定B列相加	G (=$A$1+$B$1) 同时固定A1和B1，再相加
3	22	7	29	29	27	27	25
4	23	8	31	31	28	28	25
5	24	9	33	33	29	29	25
6	25	10	35	35	30	30	25

具体的 9 列内容如下所示。

A 列：第一列加数包括 6 个，即 20、21、22、23、24、25。

B 列：第二列加数包括 6 个，即 5、6、7、8、9、10。

C 列：采用相加函数"=An+Bn"，实现 A 列和 B 列对应相加。结果分别为 20+5=25、21+6=27、22+7=29、23+8=31、24+9=33、25+10=35。

D 列：使用绝对引用符号"$"固定 A 列，形成$A（未固定第一行），继续采用相加函数"=$An+Bn"，实现 A 列和 B 列对应相加。结果分别为 20+5=25、21+6=27、22+7=29、23+8=31、24+9=33、25+10=35。这说明 A1 只固定列而没有固定行，不会对计算结果产生影响。

E 列：使用绝对引用符号"$"固定 A 列，形成$A。同时，使用绝对引用符号"$"固定第一行，形成$1。这样，$A$1 的合用就完全固定了 A1 的数值，后续的计算决定了只有 A1 的数值参与，即数值 20，其他 A 列的数值不参与。继续采用相加函数"=$A$1+Bn"，实现 A 列和 B 列对应相加。结果分别为 20+5=25、20+6=26、20+7=27、20+8=28、20+9=29、20+10=30。这说明$A$1 固定了 A1 之后，A 列和 B 列对应相加的函数实际上只是 B 列数值与 A1 数值的相加，其他 A 列的数值被排除在外，绝对引用符号"$"限定了相加函数的使用范围。

F 列："$A$1"表示绝对引用符号"$"使用了两次，分别固定 A 列和第一行。这种模式与 E 列及下列是一致的。$Bn 表示使用绝对引用符号"$"只固定 B 列而未固定第一行。利用相加函数"=$A$1+$Bn"进行两列的相加，其结果为 20+5=25、20+6=26、20+7=27、20+8=28、20+9=29、20+10=30。这说明绝对引用符号在$A$1 中表示只限定 A1 数值参加计算，其他 A 列的数值不参加计算，所以在使用函数后，每次都是数值 20 参加计算。绝对引用符号"$"虽然限定了 B 列，但没有限定第一行，随着函数的累加，B 列后续的数值仍参加计算，所以形成的计算结果与 E 列相同。

　　G 列："$A$1"表示绝对引用符号"$"同时固定 A 列和第一行。"$B$1"表示绝对引用符号"$"同时固定 B 列和第一行。继续采用相加函数"=$A$1+$B$1"，实现 A 列和 B 列对应相加。结果分别为 20+5=25、20+5=25、20+5=25、20+5=25、20+5=25、20+5=25。这说明 A 列和 B 列都实现了固定，相加函数计算结果没有变化，其结果都是 A1+B1=25。

　　从以上对绝对引用的分项分析中可以看出，绝对引用符号"$"既可以对列进行固定，也可以对行进行固定，只有同时对列和行进行固定，才能把固定的点变为不变化的锚点。例如，在函数中，"=average（A1：A10）"表示计算从 A1 到 A10 整个数列的均值，函数的变化特性决定了如果不采用绝对引用，在大数据的计算中，随着参数的变化，（A1：A10）可能会变化为（A2：A11）、（A3：A12）、（A4：A13）等等。所以，如果我们只计算 A1 到 A10 整个数列的值，则需要固定起点和终点，即"=average（$A$1：$A$10）"，这样就不会出现其他无关数据参与到计算中的情况。这种绝对引用符号的使用为 RANK 函数提供了使用便利。

　　RANK 函数是为数列提供排序值的函数。排序情况可以分为两种：自大而小排列（降序）和自小而大排列（升序）。通常情况下，我们默认降序是缺省状态，代码是 0；升序是备选状态，代码是 1。如果我们计算从 A1 到 A100 整个数列的每个数的排序值，则可以采用如下 RANK 函数。

　　自大而小排列的 RANK 函数："=RANK（A1，$A$1：$A$100，0）"
　　自小而大排列的 RANK 函数："=RANK（A1，$A$1：$A$100，1）"
　　从上面的两个函数可以看出，除了最后的代码 0 和 1 不同之外，其他都是一样的，这两个不同的代码就表示降序和升序情况。我们具体来分析函数的构成：

　　（1）"="表示这是函数，不是字符串。

　　（2）"RANK"表示这是排序函数。

　　（3）"A1"表示从数列的第一个数开始计算排序值，如果 A1 在整个数列中排第 6 位，则返回排序值为 6；如果排序是第 88 位，则返回排序值为 88。后续快速计算时，从 A1 开始拖动位于表格右下角的快速计算方块即可。

　　（4）"$A$1：$A$100"表示绝对引用符号固定起点 A1 和终点 A100，我们在计算 An 等各个数值的排序时，应用的数列都是从起点 A1 到终点 A100，其他无关项不参与计算。请注意，中间的符号"："

表示区间。

（5）"0/1"表示该函数是降序（0）还是升序（1），以返回排序值。请注意，如果是降序，排名第一位的项的返回排序值是 1；如果是升序，同一项的返回排序值则是 100。

这样，通过 RANK 函数我们就可以快速计算完成众多数据的排序值，为百分等级提供 R 值，以便为后续计算百分等级提供便利。系列函数的计算应用如表 5-3 所示。

表 5-3　RANK 函数和 PERCENTILE 函数的实际应用

序号 A	分数/分	RANK 函数	100R–50	（100R–50）/20	PR=100–（100R–50）/20（百分等级 B）	PERCENTILE 函数
1	95	15	1450	72.5	27.5	95.90
2	127	3	250	12.5	87.5	125.50
3	109	10	950	47.5	52.5	108.95
4	81	20	1950	97.5	2.5	82.43
5	102	13	1250	62.5	37.5	102.38
6	107	11	1050	52.5	47.5	107.05
7	92	18	1750	87.5	12.5	92.38
8	130	1	50	2.5	97.5	129.05
9	118	8	750	37.5	62.5	117.25
10	123	4	350	17.5	82.5	122.35
11	105	12	1150	57.5	42.5	105.15
12	99	14	1350	67.5	32.5	99.53
13	121	5	450	22.5	77.5	120.45
14	95	15	1450	72.5	27.5	95.90
15	93	17	1650	82.5	17.5	93.65
16	128	2	150	7.5	92.5	127.58
17	84	19	1850	92.5	7.5	87.40
18	112	9	850	42.5	57.5	111.78
19	119	6	550	27.5	72.5	119.00
20	119	6	550	27.5	72.5	119.00

从表 5-3 中可以看出，通过自大而小排列的 RANK 函数："=RANK（A1，\$A\$1：\$A\$20，0）"，我们可以快速取得每个分数的排序值。根据百分等级计算公式的分项，我们可以得到 100R–50 的各个分项结果。再利用（100R–50）/20 得到新的分项结果。最后，利用公式 PR=100–（100R–50）/20，我们就可以得到这 20 个分数的百分等级。

PERCENTILE 函数是可以对 RANK 函数进行验证的函数，它是对 RANK 函数的逆向计算，即在获知百分等级的情况下推断原始分数。在函数"=PERCENTILE($A$1：$A$20，0.01*B1)"中，"$A$1：$A$20"表示 PERCENTILE 函数原始分数的区间，这个区间是固定不动的。"0.01*B1"表示百分等级计算值要缩小为原来的 1/100 回原值（因为原来的百分等级是扩大了 100 倍的分数，所以要缩小为原来的1/100）。

例如，原始分数 95 分在这 20 个数据中，通过 RANK 函数自大而小计算的排序值是 15，通过计算得到的该原始分数的百分等级是 27.5（即27.5%的分数低于 95 分），通过 PERCENTILE 函数计算的百分等级为27.5 的对应原始分数是 95.90 分（存在一定误差，实际原始分数是 95分）。这样，就实现了从原始分数到百分等级，再从百分等级回到原始分数的计算循环。系统误差的存在是可控的，当样本足够大的时候，这种误差就会不断缩小。通过这种方法，我们就可以在最短时间内完成大数据的原始分数的百分等级计算，绘制出必要的量表，并同时利用相关函数回溯结果，防止出现计算错误。

在原始分数向百分等级的过渡中，以上的函数可以帮助我们完成相应的计算。我们以 135 名大一新生的高考总分原始分数来计算这些分数换算后的百分等级（表 5-4）。

表 5-4　大一新生高考总分原始分数的百分等级

序号	总分原始分数	RANK 排序	PR 百分等级	PERCENTILE 自验证分数
1	565	79	41.85	565
2	479	121	10.74	479
3	474	124	8.52	474
4	475	122	10.00	477
5	601	11	92.22	601
6	597	31	77.41	597
7	566	75	44.81	566
8	570	65	52.22	570
9	591	44	67.78	591
10	497	115	15.19	498
11	578	55	59.63	578
12	322	135	0.37	361
13	571	64	52.96	571
14	575	61	55.19	575
15	408	133	1.85	408
16	596	39	71.48	596
17	519	108	20.37	523
18	586	52	61.85	586
19	562	89	34.44	562

续表

序号	总分原始分数	RANK 排序	PR 百分等级	PERCENTILE 自验证分数
20	548	102	24.81	549
21	604	8	94.44	604
22	578	55	59.63	578
23	602	10	92.96	602
24	560	91	32.96	560
25	599	19	86.30	599
26	569	73	46.30	569
27	598	26	81.11	598
28	597	31	77.41	597
29	605	1	99.63	605
30	600	18	87.04	600
31	532	107	21.11	533
32	563	83	38.89	563
33	547	103	24.07	547
34	591	44	67.78	591
35	569	72	47.04	569
36	480	120	11.48	481
37	517	110	18.89	517
38	591	44	67.78	591
39	469	125	7.78	471
40	575	61	55.19	575
41	563	83	38.89	563
42	597	31	77.41	597
43	433	128	5.56	437
44	601	11	92.22	601
45	409	132	2.59	409
46	586	52	61.85	586
47	513	112	17.41	514
48	580	54	60.37	580
49	605	1	99.63	605
50	597	31	77.41	597
51	475	122	10.00	477
52	552	100	26.30	552
53	570	65	52.22	570
54	566	75	44.81	566
55	570	65	52.22	570
56	598	26	81.11	598
57	565	79	41.85	565
58	601	11	92.22	601
59	605	1	99.63	605
60	559	92	32.22	559
61	537	105	22.59	538

续表

序号	总分原始分数	RANK 排序	PR 百分等级	PERCENTILE 自验证分数
62	596	39	71.48	596
63	578	55	59.63	578
64	599	19	86.30	599
65	599	19	86.30	599
66	562	89	34.44	562
67	591	44	67.78	591
68	594	43	68.52	593
69	558	94	30.74	558
70	563	83	38.89	563
71	605	1	99.63	605
72	605	1	99.63	605
73	490	116	14.44	492
74	482	119	12.22	483
75	601	11	92.22	601
76	597	31	77.41	597
77	490	116	14.44	492
78	504	113	16.67	507
79	441	127	6.30	446
80	597	31	77.41	597
81	563	83	38.89	563
82	599	19	86.30	599
83	570	65	52.22	570
84	553	99	27.04	553
85	410	131	3.33	411
86	588	51	62.59	588
87	565	79	41.85	565
88	596	39	71.48	596
89	599	19	86.30	599
90	601	11	92.22	601
91	566	75	44.81	566
92	598	26	81.11	598
93	577	58	57.41	577
94	516	111	18.15	516
95	570	65	52.22	570
96	575	61	55.19	575
97	537	105	22.59	538
98	591	44	67.78	591
99	595	42	69.26	595
100	551	101	25.56	551
101	557	95	30.00	557
102	556	96	29.26	556
103	598	26	81.11	598

续表

序号	总分原始分数	RANK 排序	PR 百分等级	PERCENTILE 自验证分数
104	601	11	92.22	601
105	566	75	44.81	566
106	540	104	23.33	542
107	556	96	29.26	556
108	400	134	1.11	404
109	570	65	52.22	570
110	577	58	57.41	577
111	599	19	86.30	599
112	412	130	4.07	416
113	421	129	4.81	426
114	589	50	63.33	589
115	603	9	93.70	603
116	563	83	38.89	563
117	605	1	99.63	605
118	563	83	38.89	563
119	605	1	99.63	605
120	555	98	27.78	555
121	597	31	77.41	597
122	565	79	41.85	565
123	598	26	81.11	598
124	518	109	19.63	518
125	577	58	57.41	577
126	591	44	67.78	591
127	597	31	77.41	597
128	599	19	86.30	599
129	453	126	7.04	460
130	485	118	12.96	487
131	502	114	15.93	503
132	601	11	92.22	601
133	570	65	52.22	570
134	567	74	45.56	567
135	559	92	32.22	559

在表 5-4 中，我们利用 RANK 函数对 135 名大一学生的高考总分原始分数进行了排序，并在假定这些分数近似正态分布的情况下使用百分等级公式进行了百分等级的计算，最后利用 PERCENTILE 函数根据得到的百分等级回溯计算原始分数进行自验证。结果表明，我们前面讨论的函数计算方法可以快速完成大数据的排序和百分等级的计算，也能够快速进行自验证。

5.1.3　标准分数

标准分数是"以标准差为单位表示一个原始分数在团体中所处位置的相对位置量数"[1]。"标准分数是一种具有相等单位的量数,又称 Z 分数,用 Z 表示。"[2]

标准分数是一个数与均值的差再除以标准差的过程。在统计学中,标准分数是一个观测数据点的值高于被观测值或测量值的均值的标准差的符号数。标准分数可以回答这样一个问题:一个给定分数距离均值多少个标准差?(张凯,2013)

在均值之上的分数会得到一个正的标准分数,在均值之下的分数会得到一个负的标准分数。标准分数是一种可以看出某分数在分布中相对位置的方法。标准分数是以标准差为尺子去度量某一原始分数偏离均值的距离,这段距离中含有几个标准差,标准分数就是几,从而确定这一数据在全体数据中的位置。标准分数的计算过程就是实行标准化的过程。

1. 正态分布标准分数计算

在正态分布状况下,标准分数的公式为:

$$Z = \frac{x - x'}{s} \qquad (公式 5\text{-}2)$$

公式中的 Z 表示标准分数,x 表示原始分数,x′表示均值,s 表示标准差。

标准分数是以标准差为单位的离均差。从标准分数的计算可以看出,由于在运算过程中保留了原始数据与均值的差的关系(x–x′),均值的标准分数等于 0,其他数值的标准分数比均值大的为正值,比均值小的为负值。而且,任一原始数据与均值的差的大小,决定了它的位置。所以,标准分数既能表示比其他数大多少或小多少,也能表示该数的位置。在统计中,标准分数是一个非常重要的指标,当原始分数的分布形态是正态分布时,把所有原始分数都转化为标准分数,就形成了标准正态分布。

标准分数的使用目的在于使用标准差为度量单位,评估原始分数离开均值分数多少个度量单位。标准分数是一个抽象的概念,原始分数获取时测量单位的变化不会影响到标准分数的变化。标准分数独立于原始分数

---

[1]　https://www.termonline.cn/search?searchText=%E6%A0%87%E5%87%86%E5%88%86%E6%95%B0[2024-06-20]。

[2]　https://www.zgbk.com/ecph/words?SiteID=1&ID=48184&Type=bkzyb&SubID=42831[2024-06-20]。

的分布形态，不影响原始分数分布形态的变化。如果原始分数的分布形态是正态分布，标准分数转换完成后也会是正态分布。

在正态分布的情况下，标准分数由原始分数、均值和标准差计算而来。

在非正态分布的情况下，百分等级则是通过查询百分等级与正态化标准分数表获得数值的。

标准分数的优点在于排位清楚，可以计算；缺点在于存在负数、小数和零，不便于理解。

例如，一次语文考试成绩的均值为 60，标准差为 10。小李的语文成绩为 80 分，小王为 60 分，小张为 40 分。我们可以分别计算得出他们的标准分数。

Z（小李）＝（80–60）/10=2，即小李的分数从均值向正方向偏离了 2 个标准差。

Z（小王）＝（60–60）/10=0，即小王的分数离均值 0 个标准差，正好在均值上。

Z（小张）＝（40–60）/10＝ –2，即小张的分数达不到均值，而且距离均值的位置在负两个标准差。

2. 非正态分布标准分数计算

步骤一：根据原始分数计算百分等级，$PR=100-(100R-50)/N$。

步骤二：查阅标准分数与百分等级对照表，获取标准分数。

例如：小东在改进版 HSK（中级）听力理解分测验中的原始分数为 47 分，通过小东在本次考试中的排名 R 和参加考试的总人数 N，计算得出百分等级 PR=84.61，查阅标准分数与百分等级对照表，获得标准分数为 1.02[①]。

由上可知，标准分数的计算分两种情况：如果原始分数是正态分布，利用公式 $(x-x')/s$ 计算标准分数；如果原始分数是非正态分布，利用公式 $PR=100-(100R-50)/N$ 计算百分等级，再查阅对照表获得标准分数。

3. 标准分数的数据评估

下面我们以某高校大二学生的专业四级考试原始分数为例，进行标准分数的计算。在我们的数据中，参加专业四级考试的学生共 132 名，均值是 63.17，中位数是 63，标准差是 7.91，处于近似正态分布状态。根据正态分布情况下标准分数的计算公式，我们可以得到如下 132 名学生的标准分数（表 5-5）。

---

① 此处计算数值参考了《语言测试概论》（张凯，2013）。

表 5-5　大二学生专业四级考试成绩的标准分数

序号	专业四级考试成绩	标准分数	序号	专业四级考试成绩	标准分数	序号	专业四级考试成绩	标准分数
1	52	−1.41	45	69	0.74	89	63	−0.02
2	55	−1.03	46	68	0.61	90	61	−0.27
3	64	0.10	47	56	−0.91	91	60	−0.40
4	60	−0.40	48	56	−0.91	92	62	−0.15
5	60	−0.40	49	74	1.37	93	65	0.23
6	52	−1.41	50	60	−0.40	94	77	1.75
7	46	−2.17	51	60	−0.40	95	74	1.37
8	69	0.74	52	69	0.74	96	56	−0.91
9	60	−0.40	53	49	−1.79	97	61	−0.27
10	77	1.75	54	71	0.99	98	68	0.61
11	51	−1.54	55	54	−1.16	99	63	−0.02
12	60	−0.40	56	62	−0.15	100	73	1.24
13	47	−2.04	57	78	1.87	101	62	−0.15
14	64	0.10	58	51	−1.54	102	62	−0.15
15	62	−0.15	59	57	−0.78	103	79	2.00
16	56	−0.91	60	70	0.86	104	70	0.86
17	65	0.23	61	64	0.10	105	58	−0.65
18	71	0.99	62	60	−0.40	106	67	0.48
19	65	0.23	63	68	0.61	107	60	−0.40
20	56	−0.91	64	62	−0.15	108	74	1.37
21	64	0.10	65	52	−1.41	109	68	0.61
22	69	0.74	66	60	−0.40	110	53	−1.29
23	48	−1.92	67	54	−1.16	111	58	−0.65
24	58	−0.65	68	70	0.86	112	71	0.99
25	51	−1.54	69	74	1.37	113	65	0.23
26	76	1.62	70	47	−2.04	114	70	0.86
27	68	0.61	71	79	2.00	115	73	1.24
28	64	0.10	72	58	−0.65	116	81	2.25
29	68	0.61	73	60	−0.40	117	70	0.86
30	61	−0.27	74	56	−0.91	118	47	−2.04
31	63	−0.02	75	67	0.48	119	75	1.50
32	62	−0.15	76	62	−0.15	120	74	1.37
33	71	0.99	77	76	1.62	121	73	1.24
34	64	0.10	78	64	0.10	122	69	0.74
35	70	0.86	79	72	1.12	123	61	−0.27
36	64	0.10	80	72	1.12	124	66	0.36
37	50	−1.66	81	54	−1.16	125	61	−0.27
38	68	0.61	82	72	1.12	126	64	0.10
39	64	0.10	83	60	−0.40	127	68	0.61
40	66	0.36	84	62	−0.15	128	60	−0.40
41	64	0.10	85	56	−0.91	129	50	−1.66
42	57	−0.78	86	60	−0.40	130	67	0.48
43	73	1.24	87	58	−0.65	131	50	−1.66
44	60	−0.40	88	56	−0.91	132	56	−0.91

专业四级考试主要考查国内英语专业学生在听、说、读、写四个方面的能力。自首次实施至今，该考试进行了多次改革，在确保试卷的信度方面，多采取多项选择题形式；在确保效度方面，写作及听写部分为主观试题，旨在测试学生灵活运用语言的能力。总体来说，专业四级考试的成绩可用于分析被试的综合英语水平。

从表 5-5 中的标准分数计算可以看出，大二学生的专业四级考试成绩实现了标准分数的计算，提供了一个基于原始分数的排位概念。这些标准分数的结果，后续可以进行一系列的算法运算。

5.1.4　导出分数

导出分数是"测验的原始分数经过转化而成的具有统一的单位和参照点的分数"[1]。导出分数是"由无意义的原始分数转换而来的，具有一定的参照点和单位的测验量表上的有意义的分数。又称转换分数、转算分数"[2]。

导出分数源自标准分数。其优点在于在标准分数的基础上去除了负数、小数和零，易于理解。导出分数公式如下：

$$导出分数 = AZ + B \qquad （公式 5\text{-}3）$$

式中 A 表示为自设定标准差，B 表示为自设定均值，如果 B 是 A 的 4 倍及以上，可消除负数，Z 表示标准分数，即 Z 分数。

国外最常用的导出分数是 T 分数。T 分数是一种标准分常模，具体是指均值为 50、标准差为 10 的分数。T 分数的计算公式为：

$$T = 10Z + 50 \qquad （公式 5\text{-}4）$$

式中 Z 为标准分数，10 为给定的标准差，50 为给定的均值。

从上面的 T 分数分析可以看出，T 分数是一种变体形式，它的出现改变了标准分数带有小数或负值的状况，也让标准分数不符合传统评分形式的结果得到改正，变得更直观。10 倍的标准差消除了小数，50 的均值消除了负号。T 分数的命名就是为了纪念首先提出该理论的 L. M. 推孟（L. M. Terman）和爱德华·L. 桑代克（Edward L. Thorndike）[3]。

1965 年，TOEFL 由美国教育考试服务中心（Educational Testing

---

[1]　https://www.termonline.cn/wordDetail?termName=%E5%AF%BC%E5%87%BA%E5%88%86%E6%95%B0&subject=2ceed15a26a911eea6e8b068e6519520&base=1[2024-06-20].

[2]　https://www.zgbk.com/ecph/words?SiteID=1&ID=48219&Type=bkzyb&SubID=42837[2024-06-20].

[3]　https://www.zgbk.com/ecph/words?SiteID=1&ID=48184&Type=bkzyb&SubID=42831[2024-06-20].

Service，ETS）测评研发，采用导出分数形式。其转换过程为"原始分数—等值—导出分数"。老 TOEFL 的分数体系公式如下：

$$TOEFL=70Z+500 \qquad （公式 5-5）$$

式中，标准差为 70，均值为 500。从前面我们计算的大二学生的专业四级考试成绩的标准分数数值来看，我们也可以采用老 TOEFL 的分数体系将这些标准分数换算成导出分数，以实现标准化。也就是说，通过标准差为70、均值为 500，以及各个分数的标准分数得到各个分数的导出分数，具体如表 5-6 所示。

表 5-6 专业四级考试成绩的 TOEFL 成绩换算

序号	专业四级考试成绩	标准分数	TOEFL分数	序号	专业四级考试成绩	标准分数	TOEFL分数	序号	专业四级考试成绩	标准分数	TOEFL分数
1	52	-1.41	401.15	27	68	0.61	542.74	53	49	-1.79	374.60
2	55	-1.03	427.70	28	64	0.10	507.35	54	71	0.99	569.29
3	64	0.10	507.35	29	68	0.61	542.74	55	54	-1.16	418.85
4	60	-0.40	471.95	30	61	-0.27	480.80	56	62	-0.15	489.65
5	60	-0.40	471.95	31	63	-0.02	498.50	57	78	1.87	631.24
6	52	-1.41	401.15	32	62	-0.15	489.65	58	51	-1.54	392.30
7	46	-2.17	348.05	33	71	0.99	569.29	59	57	-0.78	445.40
8	69	0.74	551.59	34	64	0.10	507.35	60	70	0.86	560.44
9	60	-0.40	471.95	35	70	0.86	560.44	61	64	0.10	507.35
10	77	1.75	622.39	36	64	0.10	507.35	62	60	-0.40	471.95
11	51	-1.54	392.30	37	50	-1.66	383.45	63	68	0.61	542.74
12	60	-0.40	471.95	38	68	0.61	542.74	64	62	-0.15	489.65
13	47	-2.04	356.90	39	64	0.10	507.35	65	52	-1.41	401.15
14	64	0.10	507.35	40	66	0.36	525.04	66	60	-0.40	471.95
15	62	-0.15	489.65	41	64	0.10	507.35	67	54	-1.16	418.85
16	56	-0.91	436.55	42	57	-0.78	445.40	68	70	0.86	560.44
17	65	0.23	516.19	43	73	1.24	586.99	69	74	1.37	595.84
18	71	0.99	569.29	44	60	-0.40	471.95	70	47	-2.04	356.90
19	65	0.23	516.19	45	69	0.74	551.59	71	79	2.00	640.09
20	56	-0.91	436.55	46	68	0.61	542.74	72	58	-0.65	454.25
21	64	0.10	507.35	47	56	-0.91	436.55	73	60	-0.40	471.95
22	69	0.74	551.59	48	56	-0.91	436.55	74	56	-0.91	436.55
23	48	-1.92	365.75	49	74	1.37	595.84	75	67	0.48	533.89
24	58	-0.65	454.25	50	60	-0.40	471.95	76	62	-0.15	489.65
25	51	-1.54	392.30	51	60	-0.40	471.95	77	76	1.62	613.54
26	76	1.62	613.54	52	60	0.74	551.59	78	64	0.10	507.35

续表

序号	专业四级考试成绩	标准分数	TOEFL分数	序号	专业四级考试成绩	标准分数	TOEFL分数	序号	专业四级考试成绩	标准分数	TOEFL分数
79	72	1.12	578.14	97	61	−0.27	480.80	115	73	1.24	586.99
80	72	1.12	578.14	98	68	0.61	542.74	116	81	2.25	657.79
81	54	−1.16	418.85	99	63	−0.02	498.50	117	70	0.86	560.44
82	72	1.12	578.14	100	73	1.24	586.99	118	47	−2.04	356.90
83	60	−0.40	471.95	101	62	−0.15	489.65	119	75	1.50	604.69
84	62	−0.15	489.65	102	62	−0.15	489.65	120	74	1.37	595.84
85	56	−0.91	436.55	103	79	2.00	640.09	121	73	1.24	586.99
86	60	−0.40	471.95	104	70	0.86	560.44	122	69	0.74	551.59
87	58	−0.65	454.25	105	58	−0.65	454.25	123	61	−0.27	480.80
88	56	−0.91	436.55	106	67	0.48	533.89	124	66	0.36	525.04
89	63	−0.02	498.50	107	60	−0.40	471.95	125	61	−0.27	480.80
90	61	−0.27	480.80	108	74	1.37	595.84	126	64	0.10	507.35
91	60	−0.40	471.95	109	68	0.61	542.74	127	68	0.61	542.74
92	62	−0.15	489.65	110	53	−1.29	410.00	128	60	−0.40	471.95
93	65	0.23	516.19	111	58	−0.65	454.25	129	50	−1.66	383.45
94	77	1.75	622.39	112	71	0.99	569.29	130	67	0.48	533.89
95	74	1.37	595.84	113	65	0.23	516.19	131	50	−1.66	383.45
96	56	−0.91	436.55	114	70	0.86	560.44	132	56	−0.91	436.55

　　从表 5-6 的换算中可以看出，通过采用 TOEFL=70Z+500 的导出分数公式，我们可以把非标准化的成绩换算成 TOEFL 的标准化分数。由于我们这里采用的是 132 名抽样学生的数据，样本规模较小，可能存在较大误差。但是从换算方法来看，总体思路出入不大。后面，我们会通过 1000 份以上的波动数据对标准分数体系的拓展应用进行进一步分析。需要指出的是，标准分数计算中的均值和标准差通常是抽样样本的数据，而在导出分数的计算中均值和标准差都是既定的（如 TOEFL 的标准差确定为 70，均值确定为 500）。

5.2　常模参照测验和标准参照测验研究

　　根据解释分数时的参照标准不同，测验可分为常模参照测验（norm referenced test）和标准参照测验（criterion referenced test）[①]。

---

① 《中国大百科全书》（第三版）中"标准参照测验"的英译为 criterion-referenced test，本书中为保持形式的一致性，与常模参照测验（norm referenced test）一样，不采用连字符形式。

"在常模参照测验中，为了使原始分数有意义，或者使不同的原始分数可以作比较，需要将原始分数转换成具有一定的参照点和单位的测验量表上的数值（即导出分数），这样才可以对测验结果做出有意义的解释。在标准参照测验中，通常使用原始分数与测验满分的比值作为被试对测验内容掌握程度的指标。"[①]

常模参照测验是"检验被试某一心理特征水平在目标群体中的位置的测验或评估手段"。"它以经典测验理论为基础，以常模为参照标准，将被试的分数直接或间接地以在目标群体中的相对等级或相对位置来表示。也就是说，这种类型的测验可以将某一被试与群体中的其他被试相比较，从而区分出不同被试心理水平的高低。但该测验并不能知道和反映出被试的心理水平是否达到为了满足某一特定标准或目标而需具备的程度。"[②]

标准参照测验是"根据某一明确界定的内容范围而缜密编制的测验……又称目标参照测验"[③]。"标准参照测验是依据某种特定操作标准可以直接解释测量结果的测验。这种特定的操作标准一般可以通过界定个体所应该达到或完成的任务量来确定。标准参照测验的分数解释是以界定良好的任务或行为领域为基础进行的，可从较少的代表性测验题目反馈中，推断出被试的真实水平，因此标准参照测验可以用作鉴定与评价。而常模参照测验依其自身特性，则通常是用于选拔和比较。"[④]

从上面常模参照测验和标准参照测验的对比分析可以看出，常模参照测验是通过与其他被试的测验数据相比较而获得意义，单独被试的测验数据不能够说明该被试的相对位置或相对等级，因此就没有测量学方面的意义；标准参照测验则是自验证式的测验，如果被试能够达到一定的测验分数标准，而这个分数又能够说明被试具备了界定良好的任务或行为领域的标准，那么被试的分数就是有意义的，无须与其他被试进行分数比较。

举例来说，在大型的竞争性考试中，如高考、TOEFL、雅思考试（IELTS）、美国研究生入学考试、HSK 等，这些都是典型的常模参照测验。被试需要知道自己的相对等级或相对位置，以确定自己的能力水平或考试的效果。相应的分数常用于选拔或比较。具体的原始分数只是这个选

---

① https://www.zgbk.com/ecph/words?SiteID=1&ID=48218&Type=bkzyb&SubID=42837[2024-06-20]。

② https://www.zgbk.com/ecph/words?SiteID=1&ID=48220&Type=bkzyb[2024-06-20]。

③ https://www.zgbk.com/ecph/words?SiteID=1&ID=212282&Type=bkzyb&SubID=146271[2024-06-20]。

④ https://www.zgbk.com/ecph/words?SiteID=1&ID=48220&Type=bkzyb[2024-06-20]。

拔或比较过程中的一个环节，最终的目的是获得竞争上的优势。

而教师资格考试、执业医师资格考试、法律职业资格考试、证券从业人员资格考试等，都是较为典型的标准参照测验，被试只需要关注自己的考试成绩是否达到了规定的级别或任务量就可以了，不需要了解其他被试的考试情况。换句话说，被试只要达到一个既定分数，就通过了本次考试，因此被试更多关注的是鉴定与评价，而与竞争无关。分数体系具有以下几方面的作用。

首先，分数体系的确立可以提供参照体系。每一个被试可以将自己的成绩放到这个体系中确定自己的位置，以推断自己的语言水平。

其次，分数体系可以提供多元对比。在一个特定的分数体系中，不同时间的试卷之间和相同时间内不同被试的试卷之间能够进行纵向和横向的对比。分数体系为这种对比提供了可能。

最后，分数体系可以提供单个被试在不同语言点测验间的水平对比。例如，被试可以通过分数体系辨析自己在听、说、读、写四方面语言能力中哪方面更强以及哪方面更弱，便于有的放矢地提升和改进。

所以，合适的分数体系可以跨越原始分数，提供给研究者更详细的语言测试信息。影响较大、社会风险较高①的大型标准化考试多采用由一定分数体系支撑的导出分数。普通的、影响较小、社会风险较低、教师自命题的非标准化成绩测试，通常使用的是原始分数。

"参照"是指测验分数通过与某个衡量物比较才能获得意义。"标准参照测验"是通过与特定的"标准"比较而获得意义的，而"常模参照测验"是通过与特定的"常模"比较获得意义的。

在常模的建立中，针对特定群体的特定属性编制一项测验，当测验分数呈正态分布时，计算获得均值和标准差。均值就是"常模"，标准差就是"测量单位"。在实际分析时，根据具体分数与常模均值的比较，看二者相差多少个标准差，以此来确定具体分数在群体中的位置。

例如，在 HSK（高等）测验中，导出分数的计算公式是 15Z+50，其中，15 为标准差，50 为均值。也就是说，"测量单位"是 15，"常模"是 50。

---

① 此处的"社会风险较高"不是指考试过程中的风险较高，而是指这个测试通过一次考试就来确定被试的语言能力本身蕴含着较高风险。分数虽然在概率上能够说明被试语言能力的高低，但是被试的语言能力不能通过一次考试就得到确定性衡量，有一些无法纳入测试体系中的因素也可能影响到被试能力的发挥。所以，功利性强的考试，其社会风险就越高，因为考试本身负载了很多测试之外的参数，这些都可能影响到被试语言能力的测试。

再例如，标准分数转化后的公式为：

$$Z = \frac{x - x'}{s} \qquad \text{（公式 5-6）}$$

式中 x 为原始分数；x' 为均值，s 为标准差。如果均值为 60，标准差为 10，小李的语文成绩为 80 分，小王为 60 分，小张为 40 分，那么他们的标准分数分别为+2、0、–2。通过计算的标准分数结果就可以知道具体分数在群体中的位置。

总之，"常模"就是正态分布时计算所得的均值。常模参照测验就是以此来测算各分数与常模的距离，并通过标准差来表示。标准参照测验是以某种既定的标准为参照系进行解释的测验。这种测验是将每个人的成绩与所选定的标准做比较，达到标准即为合格，与考生总人数无关。

5.3 标准化分数体系的拓展研究

在我们的数据评估中，前面讨论的常规数据评估是本源，而波动数据评估是基于常规数据的评估方法展开的，是常规数据标准化分数体系的拓展研究。

通过借鉴常规数据的评估方法，我们也可以尝试将这种标准化分数体系构建研究拓展到波动数据的评估中。我们以每日更新的金融衍生品上证 50ETF 期权的波动数据为例，研究常规数据评估方法在波动数据中的评估应用。

从表 5-7 中可以看出，波动数据在 2022 年共有 242 个交易日，原始数据为分数体系提供了准确的数据。根据 RANK 函数，我们对原始数据进行了排序，并根据百分等级公式对原始数据进行了百分等级的计算。在 AVERAGE 函数、MEDIAN 函数、MODE 函数和 STDEV 函数中，我们可以获取整体波动数据的均值为 2.82，中位数为 2.80，众数为 2.87，标准差为 0.20。这种数据分布近似正态分布。

表 5-7 2022 年波动数据的分数计算

序号	波动数据	排序	百分等级	标准分数	导出分数	序号	波动数据	排序	百分等级	标准分数	导出分数
1	3.25	1	99.79	2.15	98.8	5	3.22	3	98.97	2.00	97.0
2	3.24	2	99.38	2.10	98.2	6	3.20	8	96.90	1.90	95.8
3	3.19	10	96.07	1.85	95.2	7	3.22	3	98.97	2.00	97.0
4	3.21	5	98.14	1.95	96.4	8	3.17	11	95.66	1.75	94.0

续表

序号	波动数据	排序	百分等级	标准分数	导出分数	序号	波动数据	排序	百分等级	标准分数	导出分数
9	3.12	20	91.94	1.50	91.0	49	2.89	75	69.21	0.35	77.2
10	3.13	16	93.60	1.55	91.6	50	2.87	87	64.26	0.25	76.0
11	3.17	11	95.66	1.75	94.0	51	2.88	81	66.74	0.30	76.6
12	3.17	11	95.66	1.75	94.0	52	2.90	71	70.87	0.40	77.8
13	3.21	5	98.14	1.95	96.4	53	2.88	81	66.74	0.30	76.6
14	3.21	5	98.14	1.95	96.4	54	2.84	98	59.71	0.10	74.2
15	3.20	8	96.90	1.90	95.8	55	2.84	98	59.71	0.10	74.2
16	3.13	16	93.60	1.55	91.6	56	2.82	108	55.58	0	73.0
17	3.14	14	94.42	1.60	92.2	57	2.90	71	70.87	0.40	77.8
18	3.11	25	89.88	1.45	90.4	58	2.88	81	66.74	0.30	76.6
19	3.04	42	82.85	1.10	86.2	59	2.92	58	76.24	0.50	79.0
20	3.10	27	89.05	1.40	89.8	60	2.91	63	74.17	0.45	78.4
21	3.10	27	89.05	1.40	89.8	61	2.88	81	66.74	0.30	76.6
22	3.12	20	91.94	1.50	91.0	62	2.91	63	74.17	0.45	78.4
23	3.13	16	93.60	1.55	91.6	63	2.83	103	57.64	0.05	73.6
24	3.12	20	91.94	1.50	91.0	64	2.88	81	66.74	0.30	76.6
25	3.09	31	87.40	1.35	89.2	65	2.87	87	64.26	0.25	76.0
26	3.10	27	89.05	1.40	89.8	66	2.91	63	74.17	0.45	78.4
27	3.12	20	91.94	1.50	91.0	67	2.91	63	74.17	0.45	78.4
28	3.12	20	91.94	1.50	91.0	68	2.87	87	64.26	0.25	76.0
29	3.14	14	94.42	1.60	92.2	69	2.84	98	59.71	0.10	74.2
30	3.13	16	93.60	1.55	91.6	70	2.82	108	55.58	0	73.0
31	3.08	33	86.57	1.30	88.6	71	2.78	132	45.66	−0.20	70.6
32	3.10	27	89.05	1.40	89.8	72	2.80	118	51.45	−0.10	71.8
33	3.04	42	82.85	1.10	86.2	73	2.66	187	22.93	−0.80	63.4
34	3.06	36	85.33	1.20	87.4	74	2.66	187	22.93	−0.80	63.4
35	3.06	36	85.33	1.20	87.4	75	2.71	165	32.02	−0.55	66.4
36	3.11	25	89.88	1.45	90.4	76	2.75	147	39.46	−0.35	68.8
37	3.09	31	87.40	1.35	89.2	77	2.79	124	48.97	−0.15	71.2
38	3.08	33	86.57	1.30	88.6	78	2.78	132	45.66	−0.20	70.6
39	3.05	41	83.26	1.15	86.8	79	2.70	168	30.79	−0.60	65.8
40	2.96	51	79.13	0.70	81.4	80	2.68	177	27.07	−0.70	64.6
41	2.92	58	76.24	0.50	79.0	81	2.70	168	30.79	−0.60	65.8
42	2.89	75	69.21	0.35	77.2	82	2.72	161	33.68	−0.50	67.0
43	2.91	63	74.17	0.45	78.4	83	2.70	168	30.79	−0.60	65.8
44	2.92	58	76.24	0.50	79.0	84	2.73	156	35.74	−0.45	67.6
45	2.83	103	57.64	0.05	73.6	85	2.70	168	30.79	−0.60	65.8
46	2.69	173	28.72	−0.65	65.2	86	2.74	153	36.98	−0.40	68.2
47	2.81	114	53.10	−0.05	72.4	87	2.73	156	35.74	−0.45	67.6
48	2.86	96	60.54	0.20	75.4	88	2.73	156	35.74	−0.45	67.6

续表

序号	波动数据	排序	百分等级	标准分数	导出分数	序号	波动数据	排序	百分等级	标准分数	导出分数
89	2.79	124	48.97	−0.15	71.2	128	2.87	87	64.26	0.25	76.0
90	2.76	144	40.70	−0.30	69.4	129	2.91	63	74.17	0.45	78.4
91	2.72	161	33.68	−0.50	67.0	130	2.90	71	70.87	0.40	77.8
92	2.73	156	35.74	−0.45	67.6	131	2.91	63	74.17	0.45	78.4
93	2.73	156	35.74	−0.45	67.6	132	2.87	87	64.26	0.25	76.0
94	2.74	153	36.98	−0.40	68.2	133	2.89	75	69.21	0.35	77.2
95	2.76	144	40.70	−0.30	69.4	134	2.88	81	66.74	0.30	76.6
96	2.79	124	48.97	−0.15	71.2	135	2.89	75	69.21	0.35	77.2
97	2.78	132	45.66	−0.20	70.6	136	2.87	87	64.26	0.25	76.0
98	2.78	132	45.66	−0.20	70.6	137	2.87	87	64.26	0.25	76.0
99	2.81	114	53.10	−0.05	72.4	138	2.83	103	57.64	0.05	73.6
100	2.83	103	57.64	0.05	73.6	139	2.82	108	55.58	0	73.0
101	2.87	87	64.26	0.25	76.0	140	2.77	139	42.77	−0.25	70.0
102	2.85	97	60.12	0.15	74.8	141	2.75	147	39.46	−0.35	68.8
103	2.89	75	69.21	0.35	77.2	142	2.78	132	45.66	−0.20	70.6
104	2.84	98	59.71	0.10	74.2	143	2.82	108	55.58	0	73.0
105	2.87	87	64.26	0.25	76.0	144	2.80	118	51.45	−0.10	71.8
106	2.91	63	74.17	0.45	78.4	145	2.80	118	51.45	−0.10	71.8
107	2.89	75	69.21	0.35	77.2	146	2.77	139	42.77	−0.25	70.0
108	2.93	56	77.07	0.55	79.6	147	2.83	103	57.64	0.05	73.6
109	2.92	58	76.24	0.50	79.0	148	2.84	98	59.71	0.10	74.2
110	2.93	56	77.07	0.55	79.6	149	2.82	108	55.58	0	73.0
111	2.90	71	70.87	0.40	77.8	150	2.81	114	53.10	−0.05	72.4
112	2.94	53	78.31	0.60	80.2	151	2.82	108	55.58	0	73.0
113	2.98	50	79.55	0.80	82.6	152	2.80	118	51.45	−0.10	71.8
114	3.02	45	81.61	1.00	85.0	153	2.79	124	48.97	−0.15	71.2
115	3.04	42	82.85	1.10	86.2	154	2.79	124	48.97	−0.15	71.2
116	3.02	45	81.61	1.00	85.0	155	2.77	139	42.77	−0.25	70.0
117	3.07	35	85.74	1.25	88.0	156	2.75	147	39.46	−0.35	68.8
118	3.06	36	85.33	1.20	87.4	157	2.79	124	48.97	−0.15	71.2
119	3.06	36	85.33	1.20	87.4	158	2.79	124	48.97	−0.15	71.2
120	3.06	36	85.33	1.20	87.4	159	2.77	139	42.77	−0.25	70.0
121	3.01	47	80.79	0.95	84.4	160	2.77	139	42.77	−0.25	70.0
122	3.00	49	79.96	0.90	83.8	161	2.80	118	51.45	−0.10	71.8
123	3.01	47	80.79	0.95	84.4	162	2.78	132	45.66	−0.20	70.6
124	2.96	51	79.13	0.70	81.4	163	2.75	147	39.46	−0.35	68.8
125	2.94	53	78.31	0.60	80.2	164	2.74	153	36.98	−0.40	68.2
126	2.94	53	78.31	0.60	80.2	165	2.76	144	40.70	−0.30	69.4
127	2.92	58	76.24	0.50	79.0	166	2.75	147	39.46	−0.35	68.8

续表

序号	波动数据	排序	百分等级	标准分数	导出分数	序号	波动数据	排序	百分等级	标准分数	导出分数
167	2.75	147	39.46	-0.35	68.8	205	2.48	232	4.34	-1.70	52.6
168	2.80	118	51.45	-0.10	71.8	206	2.48	232	4.34	-1.70	52.6
169	2.81	114	53.10	-0.05	72.4	207	2.56	221	8.88	-1.30	57.4
170	2.79	124	48.97	-0.15	71.2	208	2.58	217	10.54	-1.20	58.6
171	2.78	132	45.66	-0.20	70.6	209	2.63	200	17.56	-0.95	61.6
172	2.72	161	33.68	-0.50	67.0	210	2.62	204	15.91	-1.00	61.0
173	2.72	161	33.68	-0.50	67.0	211	2.60	212	12.60	-1.10	59.8
174	2.71	165	32.02	-0.55	66.4	212	2.59	213	12.19	-1.15	59.2
175	2.69	173	28.72	-0.65	65.2	213	2.56	221	8.88	-1.30	57.4
176	2.67	184	24.17	-0.75	64.0	214	2.57	220	9.30	-1.25	58.0
177	2.67	184	24.17	-0.75	64.0	215	2.58	217	10.54	-1.20	58.6
178	2.65	189	22.11	-0.85	62.8	216	2.56	221	8.88	-1.30	57.4
179	2.68	177	27.07	-0.70	64.6	217	2.59	213	12.19	-1.15	59.2
180	2.65	189	22.11	-0.85	62.8	218	2.54	226	6.82	-1.40	56.2
181	2.65	189	22.11	-0.85	62.8	219	2.65	189	22.11	-0.85	62.8
182	2.65	189	22.11	-0.85	62.8	220	2.65	189	22.11	-0.85	62.8
183	2.59	213	12.19	-1.15	59.2	221	2.63	200	17.56	-0.95	61.6
184	2.58	217	10.54	-1.20	58.6	222	2.62	204	15.91	-1.00	61.0
185	2.59	213	12.19	-1.15	59.2	223	2.68	177	27.07	-0.70	64.6
186	2.56	221	8.88	-1.30	57.4	224	2.69	173	28.72	-0.65	65.2
187	2.63	200	17.56	-0.95	61.6	225	2.67	184	24.17	-0.75	64.0
188	2.62	204	15.91	-1.00	61.0	226	2.68	177	27.07	-0.70	64.6
189	2.61	208	14.26	-1.05	60.4	227	2.71	165	32.02	-0.55	66.4
190	2.56	221	8.88	-1.30	57.4	228	2.68	177	27.07	-0.70	64.6
191	2.54	226	6.82	-1.40	56.2	229	2.68	177	27.07	-0.70	64.6
192	2.53	228	5.99	-1.45	55.6	230	2.70	168	30.79	-0.60	65.8
193	2.44	235	3.10	-1.90	50.2	231	2.68	177	27.07	-0.70	64.6
194	2.43	238	1.86	-1.95	49.6	232	2.69	173	28.72	-0.65	65.2
195	2.44	235	3.10	-1.90	50.2	233	2.65	189	22.11	-0.85	62.8
196	2.42	240	1.03	-2.00	49.0	234	2.61	208	14.26	-1.05	60.4
197	2.37	241	0.62	-2.25	46.0	235	2.61	208	14.26	-1.05	60.4
198	2.33	242	0.21	-2.45	43.6	236	2.63	200	17.56	-0.95	61.6
199	2.44	235	3.10	-1.90	50.2	237	2.62	204	15.91	-1.00	61.0
200	2.46	234	3.51	-1.80	51.4	238	2.61	208	14.26	-1.05	60.4
201	2.43	238	1.86	-1.95	49.6	239	2.64	198	18.39	-0.90	62.2
202	2.51	230	5.17	-1.55	54.4	240	2.65	189	22.11	-0.85	62.8
203	2.52	229	5.58	-1.50	55.0	241	2.64	198	18.39	-0.90	62.2
204	2.50	231	4.75	-1.60	53.8	242	2.65	189	22.11	-0.85	62.8

通过正态分布的标准分数公式，我们可以计算得出各个原始数据所对应的标准分数。正数表示波动数据在均值 2.82 以上，负数表示波动数据在均值以下。在导出分数的计算方面，我们根据排名第一的波动数据 3.25 设定标准差 A 和均值 B，经过测算，我们发现 A=12，B=73，可以最大限度对应百分等级、标准分数和导出分数。

从 2022 年波动数据中可以看出，第一个交易日的原始数据 3.25 是全年最高的数据，按照自大到小的排序来看，这个数据排名第一，通过计算可知该数据对应的百分等级是 99.79（即 99.79% 的数据小于该数据），而且该数据对应的标准分数是 2.15，其所在的位置在正两个标准差以上。我们设定 A=12，B=73，可获得该数据的导出分数为 98.8。

同样，我们可以计算获得全年波动数据的导出分数。这些导出分数就是标准化之后的分数，具有运算的特性。例如，2.65 是 2022 年最后一个交易日的数据，通过排序和计算我们可以发现，该数据自大到小的排序是第 189 位，对应的百分等级是 22.11，这个较低的数值意味着全年数据中只有 22.11% 的数据小于该数据，其他 77.89% 的数据均超过该数据。而且，2.65 所对应的标准分数是–0.85，这个负值结果表明该数据处于均值（2.82）以下，具体位置在均值和负一个标准差之间。2.65 所对应的导出分数是 62.8，通过线性处理我们已经消除了标准分数中的负数。

根据标准化之后的导出分数，我们可以构建全年波动数据的变化趋势图（图 5-2）。

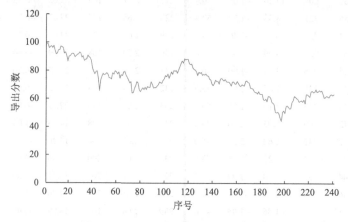

图 5-2　2022 年波动数据的导出分数趋势

从 2022 年波动数据的导出分数趋势图中可以看出，波动数据全年在导出分数的 40—100 分区间波动，年初处于全年最高水平，年底实现了触底反弹。每个波动数据在标准化的导出分数体系中都可以找到对应的百分等级、标准分数、导出分数。这种波动数据标准化分数体系的构建与数据评估，可从数据层面加深人们对波动的理解。

基于实例的波动数据拓展研究验证了传统语言测试中标准化分数体系的应用广泛性。波动数据的评估方法在借鉴采用常规数据标准化分数体系的评估方法方面取得了有效进展。除了评估方法之外，传统语言测试中标准化分数体系的评估参数也在波动数据评估中得到应用并取得了较为满意的效果，这些都为波动数据的评估实践提供了理论基础。

本 章 小 结

在常规数据中，原始分数、百分等级、标准分数和导出分数是标准化分数体系构建中的重要参数。单纯的原始分数虽然没有意义，但为标准体系提供了准确的分数，这也是标准化分数体系构建的第一步。

百分等级是在原始分数的基础上计算出来的，目的在于提供一个对比的排位概念，让原始分数获得排位意义。但是，百分等级代表的是一个百分比，无法在后续的深入计算中进行相应的运算。

标准分数是对百分等级的升级计算，既保留了百分等级的排位概念，同时引入标准差量度，让计算结果可以进行数学运算。但是，标准分数由于引入了标准差，自然有正负和零的存在，这与传统认知中考试不会出现零分和负值的观点相背离。这种认知背离给分数体系的推广造成了较大的障碍。

导出分数的提出主要是为了解决标准分数中负值和零的问题。通常情况下，在公式 $AZ+B$ 中，只要保证 B 是 A 的 4 倍及以上就可以消除负数。所以，我们可以看到国际上很多的标准化分数都是采用这种方法消除负数的。例如 T 分数$=10Z+50$，$IQ=15Z+100$，CEEB（College Entrance Examination Board）$=100Z+500$，MET（Matriculation English Test）$=12Z+60$，HSK（初、中等）（总分）$=60Z+200$ 等。

从上面的 A 和 B 的数值选择中可以看出，这些既定的数值一般都是经过大规模计算之后给出的，秉承的是计算便利的原则。从整体的分数运行情况来看，A 和 B 的数值给定是前置的，在具体的某次测验之前就已经确定好了既定标准差和既定均值。

常规数据标准化分数体系构建是否可以应用于波动数据评估并获得与常规数据评估近乎一致的评估效果呢？我们在本章的拓展研究部分，将波动数据创新性地引入研究，并利用常规数据的评估参数对波动数据进行了简单评估，取得了较为理想的评估效果。但是，由于波动数据的获取和评估要比常规数据的获取和评估更复杂，涉及的相关参数更多，所以在本章的拓展研究中，我们只是简单尝试了这种创新性评估的可能。更为翔实具体的波动数据评估将在后文第 7 章进行讨论。

第6章 题目难度和区分度研究

在规模性标准化考试中，测验题目需要对难度和区分度进行预测，同时需要将相关题目的难度值和区分度值进行标注，以为后期的选题和拼卷提供数据支撑。例如，我们可以对 1000 道题目进行预测并组建题库，标注出不同的难度值和区分度值。如果我们想进行一次难度值为 0.15 的考试（15%的被试可以通过考试），那么我们就可以筛选题库中难度值为 0.15 的题目，并将这些题目组成一张试卷。通常情况下，由于这些题目都是经过预先测试的，并且预测中 15%的通过率也是得到确认的，所以筛选后组卷的难度也在 0.15 左右，保证了通过率与我们的目标相一致，实现了有计划的语言测试。同样，如果我们想进行一次区分度比较大的测试，我们也可以在题库中筛选出区分度值较为一致的题目，就可以实现区分度比较大的组卷。

但是，在题目难度和区分度研究中，有学者发现考试的信度和效度很难同时得到较大的提升。信度是对被试语言能力的可信程度的度量。如果一个被试的语言能力在某一个时间区间能够在多次测验中保持稳定，那么这个测试就是有较高信度的测试。信度高的测试不会受到评委的评判能力等外在因素的影响。在科学设计的多项选择题中，测试往往具有较高的信度。但是，考虑到选择题有一定程度的猜测成分，此类高信度的测试的效度却难以达到较高的水平。效度是对被试语言能力的有效度量。如果测试能够完成对被试语言能力的有效度量，我们就说这个测试是有效度的。作文、口试等考试类型通常被认为是效度较高的测试，但是同一被试在不同次的作文和口试等考试中的成绩未必能够保持相对稳定，有时候评委的评判标准也难以保持恒定，这就导致作文和口试等考试的效度高但是信度却不是很高，评分的客观性和一致性可能受到影响。

6.1 题 目 难 度

难度是"心理学上指心理测验项目的难易程度。即答对某题的人数比率"[①]。

题目难度指数（item difficulty index）是"测验题目难易程度的度量指标"。"题目难度指数定量描述题目的难度，是衡量题目质量的主要指标之一，是试卷分析和题目筛选的主要依据。""当测验项目是采用二分法记分（即通过记 1 分，未通过记 0 分）时，项目难度指数[②]定义如下：$P=R/N$。式中 P 为项目难度指数；R 为答对该项目的被试总数；N 为参加测验的被试总数。该指数即通过率与项目实际困难程度相反：项目通过率越大，项目越容易，困难程度越低；项目通过率越小，项目越难，困难程度越高。因此指数 P 实为容易度，$1-P$ 实为困难度。当测验项目为非二分法记分时，也就是说，对项目无法简单地判定对、错或通过、不通过时，项目难度指数定义如下：$P=X'/W$。式中 P 为项目难度指数；X' 为被试在该项目上的平均得分；W 为该项目满分。"[③]

"在经典测验理论中，每道题目都有自己的难易度（item facility），通常称作难度。题目的难度就是这道题目的答对率，所以难易度其实是题目的'易度'。"[④] 题目难易度（item facility）实际上侧重的是"容易度"，即答对题目的简单程度。英语 facility 的释义为 "a natural ability to do something easily and well"[⑤]。国内学者在解释"难易度"时，习惯用其指代国外的"容易度"。此处的"难易度""难度""容易度"在二值计分时均指称的是"答题正确的人数与总人数之比"，即答对率（难度系数）。

"题目难易度"的英译具有不统一的情况，主要是 item facility、item difficulty。我们将这两个英语翻译在 BNC 中进行使用率检索，其结果如下：item facility 不存在匹配项；item difficulty 的检索项有 5 个，详情如表 6-1 所示。

表 6-1　BNC 中的 item difficulty 检索项

Your query "item difficulty" returned 5 hits in 1 text (98,313,429 words [4,048 texts]; frequency: 0.05 instances per million words) 0.252 seconds					
k<	<< > >>	>	[Show Page:	[Show KWIC View	[Show in random order	[Show extended audio data controls [New Query	Go!
No.	Filename		Hits 1 to 5　Page 1 / 1		
1	FAM 1030	This model, as indicated earlier, makes three assumptions: that ability is unidimensional (a trait); that **item difficulty** is independent of the other items in the test; that item difficulty is independent of the student i.e. it does not vary with the different learning experiences of students and hence it does not vary over time.			

① https://www.cihai.com.cn/baike/detail/72/5469386?q=%E9%9A%BE%E5%BA%A6[2024-06-20]。
② 与本书中的"题目难度指数"概念相同，为保证与引文原文的一致性，本段未做修改。
③ https://www.zgbk.com/ecph/words?SiteID=1&ID=52551&Type=bkzyb&SubID=59873[2024-06-20]。
④ 张凯. 语言测试概论. 北京：商务印书馆，2013：67.
⑤ https://www.ldoceonline.com/dictionary/facility[2024-06-20]。

续表

	Your query "item difficulty" returned 5 hits in 1 text (98,313,429 words [4,048 texts]; frequency: 0.05 instances per million words) 0.252 seconds				
k<	<< > >>	>	[Show Page:	[Show KWIC View	[Show in random order
No.	Filename		Hits 1 to 5　Page 1 / 1		
2	FAM 1030	This model, as indicated earlier, makes three assumptions: that ability is unidimensional (a trait); that item difficulty is independent of the other items in the test; that **item difficulty** is independent of the student i.e. it does not vary with the different learning experiences of students and hence it does not vary over time.			
3	FAM 1032	But to test, for example, the assumption about **item difficulty** being independent of the student requires assuming that ability is unidimensional; in other words it cannot be tested!			
4	FAM 1036	Both of these ideas contravene the model, which assumes that **item difficulty** is invariant under these conditions.			
5	FAM 1042	An "appropriate test" will mean one which suits the curriculum studied by the pupils in question; but **item difficulty** does not depend upon what the pupils have studied so the whole idea of an appropriate test is nonsense—according to the Rasch model.			

（注：上表第二行右侧还有 [Show extended audio data controls [New Query 及 Go! 两栏，为保持对齐此处合并处理）

从表 6-1 中的检索项列表可以看出，在 BNC 中，共出现了 5 条 item difficulty 检索项，而且内容都讨论的是语言测试。这说明 item difficulty 在英语国家中已经得到了较为广泛的使用。item facility 虽然也有学者在使用，但是从统计学角度来说，"题目难易度"翻译为 item difficulty 比翻译为 item facility 更妥当。

6.1.1　二值计分的题目难度

对于选择题，其题目分数处理采用二值计分方法，答对得 1 分，答错为 0 分。题目难度计算采用的方法是：p = 答对人数/总人数（p 为答对率）。

例如，100 个考生中，题目 1—3 的答对人数分别为 70 人、50 人和 30 人。答对率分别计算如下。

题目一：70/100=0.7

题目二：50/100=0.5

题目三：30/100=0.3

由此可知，题目一是最容易的，题目三是最难的，题目二适中。

在选拔性考试（即能力测试）中，如果测验的组织者想选拔 30% 的人，那么就可以把试卷的题目难度设定在 0.3（30/100 答对率），被试的总分分布就呈现为尾巴在右侧的正偏度形态（尾巴在正负哪侧，就是哪个偏度）。这种考试分数形成的图形就是题目三的分数图形（图 6-1）。

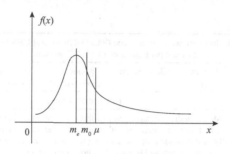

图 6-1   选拔性考试偏度示意图

在通过性考试（即成绩测试）中，考试往往是达标性的，通过的比例是比较高的，测验总分呈现的是尾巴在左侧的负偏度形态。这种考试分数形成的图形（图 6-2）类似题目一的分数形成的图形。

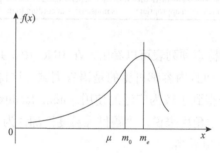

图 6-2   通过性考试偏度示意图

6.1.2   非二值计分的题目难度

非二值计分题目与二值计分题目的难度计算方法是不一样的。通常情况下，非二值计分题目（如问答题）所给出的分数不是二元的，形成的分数是分布在一个区间内的。如果某道问答题的满分是 10 分，被试的分数是分布在 0—10 分这样的区间之内的，分数可能从 0 分到满分均有排列。所以，我们对于此类题目的难度计算方式不是采用答对人数和总人数之比，而是采用该题目的答对平均分与满分之比。

对于较难的非二值计分题目，被试获得的题目平均分数就比较低。相反，如果题目比较容易，被试获得的平均分数就比较高。所以，平均分与满分之比可以用来表示非二值计分题目的难度。比值越高，表示平均分越高，题目越容易；比值越低，表示平均分越低，题目越难。

$$p=平均分/满分 \qquad （公式 6-1）$$

例如，某问答题的满分为 30 分，考生 A 组的平均分为 15 分，则题目难度为 15/30=0.5；考生 B 组的平均分为 18 分，则题目难度为

18/30=0.6。由此可见，该问答题对于考生 A 组来说相对较难，对于考生 B 组来说相对容易一些。

6.2 试卷总难度

语言测试的试卷总难度计算总是与各个单项题目的难度有关。通常情况下，试卷总难度是各题目难度的平均值，即各题目的难度值相加再除以题目数。

$$p' = \Sigma p_i / m \qquad （公式 6-2）$$

式中，p' 表示试卷总难度；$\sum p_i$ 表示各个题目难度值的总和；m 表示全卷中的题目数。

例如，在一次大型标准化测验中，共有 200 道题目（m=200）。这些题目的难度值都经过预测，每个值都得到了标注。我们假定所有题目的难度值总和为 100（$\sum p_i$=100），试卷总难度就等于所有题目难度值的均值，即 p'=100/200=0.5。根据语言测试的区分度原则，在大型考试中，总试卷难度值控制在 0.5 是较为理想的，即有一半被试能够答对，区分度也是最大的。

6.3 区 分 度

区分度（discrimination）是"测验项目对被试心理品质水平差异的区分能力。又称鉴别能力。测验一般都希望能区分被试水平的高低，测验中的项目都应为此目标服务，因此区分度就是衡量测验中每个项目区分被试水平高低的试题质量指标。区分度计算方法一般有鉴别指数法和相关系数法"[①]。

在语言测试中，如果题目具有较好的区分度，我们就能根据分数有效区分被试的能力。通常情况下，能力强的被试得分高，能力弱的被试得分低。我们就可以据此筛选出能力较强的被试。

一般来说，计算区分度的方法适用于能力测试，不适用于成绩测试。这是因为成绩测试通常是用于检测被试对特定内容的理解程度。例如，大学的期中和期末考试一般都属于成绩测试。这些测试形成的分数图

---

① https://www.zgbk.com/ecph/words?SiteID=1&ID=212047&Type=bkzyb&SubID=146275[2024-06-20]。

形通常是有偏度的，而且多为负偏度，即绝大多数被试都能够通过测试。而能力测试的主要任务是确定被试在常模团体中的相对位置，同时根据被试的相对位置来有效区分被试的能力高低，并尽可能把被试的识别度差距拉大。因此，能力测试通常选用区分度高的题目。

6.3.1　题目区分度（方差法）

$$\sigma^2 = pq \qquad （公式 6-3）$$

式中，σ 表示标准差；σ^2 表示标准差的平方，即题目的方差；p 表示被试的答对率；q 表示被试的答错率。

根据以上公式我们可以看到，题目的方差就是标准差的平方。在语言测试中，题目的方差用于表示被试在具体题目测试中的离散程度。如果题目的方差越大，说明被试所在群体的离散程度越大，可以较为容易地区分被试水平，区分度就比较明显。如果题目的方差较小，说明被试的离散程度比较小，各个被试得到有效区分的程度就比较弱，说明该题目在区分被试能力方面不具有有效性。所以，题目的方差可以作为计算题目区分度大小的指标。

在具体的测验中，当被试的答对率和答错率各占一半时，题目的区分度就是最高的。也就是说，在能力测试中，如果题目太难或者题目太容易，区分度都不高，只有中等难度的题目才能出现对错各半的情况，形成的题目区分度才是最高的。因此，一些重要考试中一般都采用中等难度的试卷，根本原因在于考试是为了将整个测验的难度大体保持在题目区分度最高的 0.5 水平。

例如，有 100 个考生参与测试，在二值计分的题目中，第一题、第二题和第三题的答对人数分别为 70 人、50 人和 30 人。根据前面的讨论可知，在二值计分的题目中，难度值（即答对率 p）就等于答对人数与总人数之比。答错率（q）等于答错人数与总人数之比。所以，第一题 $p_1=70/100$，$q_1=30/100$；第二题 $p_2=50/100$，$q_2=50/100$；第三题 $p_3=30/100$，$q_3=70/100$。

各个题目的方差如下所示。

第一题：$\sigma^2=p_1q_1=70/100\times30/100=0.7\times0.3=0.21$

第二题：$\sigma^2=p_2q_2=50/100\times50/100=0.5\times0.5=0.25$

第三题：$\sigma^2=p_3q_3=30/100\times70/100=0.3\times0.7=0.21$

从上面的计算结果可以看出，中等难度的第二题的方差 0.25 是最高的；最容易的第一题和最难的第三题具有相同的方差 0.21，因此在被试区分度方面是一致的。由此可以看出，当试卷难度适中时，即有一半被试答对和一半被试答错的时候，试卷的题目区分度是最高的。无论是偏难还是偏易的题目，其题目区分度都随题目难度或容易度的增加呈现下降趋势。

6.3.2　二值题目与总分点双列相关系数

在计算题目区分度的方差时，我们通常讨论的是某个题目的区分度值，涉及的也只有被试的答对率和答错率。在具体操作中我们发现，某个题目的区分度如果不涉及与被试总分的关联计算，其结果只能是"只见树木，不见森林"。也就是说，某个题目的区分度要放到总分关联中才能看到这个题目对总分的贡献。总分是被试综合能力的体现，某个题目的答对与否在被试语言能力的区分度方面的贡献程度要远远小于总分对被试能力的区分。所以，既涉及某个题目又涉及总分的区分度值计算是比简单的方差法更为精准的区分度计算方法。

在语言测试中，对于二值计分的选择题，其题目和总分之间有一个既定的关联公式可以用于表示区分度的变化，即点双列相关系数（point biserial correlation coefficient）。该系数可用于解释题目和总分的区分度。点双列相关系数的计算公式如下：

$$r_{\mathrm{pbis}} = \frac{X'_p - X'_q}{\mathrm{SD}} \sqrt{pq} \qquad （公式 6\text{-}4）$$

式中，r_{pbis} 表示点双列相关系数；X'_p 表示答对该题目的所有被试的总分平均分；X'_q 表示答错该题目的所有被试的总分平均分；SD 表示所有被试的总分标准差；p 为答对率；q 为答错率。

从这个公式中我们可以看到，点双列相关系数不仅涉及被试在某道题目中的答对率、答错率，还涉及答对的被试的总分平均分、答错的被试的总分平均分，甚至还涉及所有参与测试的被试的总分标准差。这五个参数共同用于题目区分度的计算。

从理论分析上来看，语言能力比较强的被试，通常测试总分是比较高的，对于区分度高的题目，被试的得分就比较高。相反，语言能力比较差的被试，通常测试总分也比较低，对于区分度高的题目，被试的得分也就比较低。如果题目对总分的贡献度比较高，两者的分数就具有一致性，高题目得分对应高总分，高总分也对应高题目得分。如果题目对总分的贡献度比较低，通常会出现高总分被试的题目得分较低的情况，或者出现低总分被试的题目得分较高的情况。

通常情况下，点双列相关系数表示的区分度绝对值为 0—1.0。具体分析时，如果在 0.8—1.0，表示题目与总分极强相关；如果在 0.6—0.8，表示题目与总分强相关；如果在 0.4—0.6，表示题目与总分中度相关；如果在 0.2—0.4，表示题目与总分弱相关；如果在 0—0.2，表示题目与总分弱相关或无关。在强相关以上水平时，题目对总分的贡献度就比较大，做对该题目的被试拥有高总分的概率也是比较大的。

为进一步测试二值计分题目和总分点双列相关系数，我们对某高校大一学生进行了一次区分度的相关测验，具体如下。

例 6-1　Because he always jogs, a mile seems a short distance to him.

该题考生总数为 126 人，题目难度为 0.4444，区分度为 0.0107，所有学生都进行了相关测验（表 6-2）。

表 6-2　测验总分与二值题目成绩列表 1

序号	总分/分	题目成绩/分	序号	总分/分	题目成绩/分	序号	总分/分	题目成绩/分
1	77	0	25	61	0	49	56	0
2	65	0	26	63	0	50	56	0
3	70	0	27	62	0	51	61	0
4	71	0	28	64	0	52	62	0
5	60	0	29	66	0	53	65	0
6	64	0	30	57	0	54	77	0
7	62	0	31	60	0	55	68	0
8	65	0	32	68	0	56	63	0
9	58	0	33	69	0	57	73	0
10	76	0	34	54	0	58	62	0
11	70	0	35	51	0	59	70	0
12	52	0	36	57	0	60	58	0
13	55	0	37	64	0	61	60	0
14	64	0	38	60	0	62	68	0
15	52	0	39	68	0	63	53	0
16	46	0	40	74	0	64	71	0
17	60	0	41	47	0	65	73	0
18	51	0	42	56	0	66	75	0
19	71	0	43	67	0	67	66	0
20	56	0	44	64	0	68	64	0
21	64	0	45	72	0	69	60	0
22	51	0	46	72	0	70	67	0
23	68	0	47	60	0	71	60	1
24	68	0	48	62	0	72	60	1

续表

序号	总分/分	题目成绩/分	序号	总分/分	题目成绩/分	序号	总分/分	题目成绩/分
73	64	1	91	60	1	109	72	1
74	71	1	92	47	1	110	54	1
75	64	1	93	56	1	111	63	1
76	50	1	94	69	1	112	74	1
77	64	1	95	48	1	113	61	1
78	56	1	96	68	1	114	79	1
79	49	1	97	64	1	115	67	1
80	62	1	98	56	1	116	74	1
81	52	1	99	74	1	117	65	1
82	54	1	100	60	1	118	81	1
83	60	1	101	60	1	119	70	1
84	60	1	102	78	1	120	74	1
85	58	1	103	70	1	121	73	1
86	56	1	104	60	1	122	69	1
87	62	1	105	79	1	123	61	1
88	70	1	106	58	1	124	50	1
89	68	1	107	62	1	125	50	1
90	69	1	108	76	1	126	56	1

在对上述题目的判断中，答对人数和答错人数的比例是 56：70。

答对率 p=56/126=0.4444。

答错率 q=70/126=0.5556。

开方函数 "=sqrt（0.4444×0.5556）" 的计算结果是 0.4969。

答对学生的均值函数 "=average（A71：A126）" 的计算结果为 63.34（答对学生的总分平均分为 X_p）。

答错学生的均值函数 "=average（A1：A70）" 的计算结果为 63.17（答错学生的总分平均分为 X_q）。

标准差函数 "=stdev（A1：A126）" 的计算结果是 7.88。

根据点双列相关系数公式可知，这道选择题和总分的点双列相关系数结果如下：

$$r_{\text{pbis}}=（63.34-63.17）/7.88×0.4969=0.0107$$

从这个点双列相关系数计算结果 0.0107 来看，该题对总分的贡献度很低，区分度也很弱。从测试角度来说，该题阻碍了我们对能力测试的考量，区分度达不到相关要求。我们对该题进行了微调，去除了逗号，将题目穿插在考试中进行测验。新的测验结果如下。

例 6-2　Because he always jogs a mile seems a short distance to him.

该题被试考生数为 126 人，题目难度为 0.3730，区分度为−0.1884，测试结果如表 6-3 所示。

表 **6-3**　测验总分与二值题目成绩列表 **2**

序号	总分/分	题目成绩/分	序号	总分/分	题目成绩/分	序号	总分/分	题目成绩/分
1	77	0	38	68	0	75	70	0
2	71	0	39	60	0	76	68	0
3	64	0	40	60	0	77	67	0
4	68	0	41	69	0	78	56	0
5	78	0	42	60	0	79	64	0
6	70	0	43	58	0	80	64	1
7	74	0	44	68	0	81	56	1
8	69	0	45	62	0	82	74	1
9	64	0	46	64	0	83	60	1
10	60	0	47	70	0	84	50	1
11	72	0	48	60	0	85	56	1
12	62	0	49	58	0	86	71	1
13	62	0	50	62	0	87	71	1
14	47	0	51	58	0	88	56	1
15	65	0	52	68	0	89	60	1
16	61	0	53	72	0	90	57	1
17	70	0	54	60	0	91	52	1
18	60	0	55	71	0	92	47	1
19	79	0	56	73	0	93	56	1
20	76	0	57	52	0	94	48	1
21	54	0	58	64	0	95	64	1
22	63	0	59	54	0	96	51	1
23	68	0	60	67	0	97	64	1
24	56	0	61	56	0	98	67	1
25	70	0	62	56	0	99	74	1
26	65	0	63	68	0	100	66	1
27	76	0	64	62	0	101	64	1
28	81	0	65	69	0	102	69	1
29	72	0	66	64	0	103	60	1
30	74	0	67	60	0	104	49	1
31	70	0	68	55	0	105	62	1
32	73	0	69	46	0	106	60	1
33	61	0	70	51	0	107	61	1
34	54	0	71	65	0	108	68	1
35	53	0	72	64	0	109	63	1
36	57	0	73	74	0	110	62	1
37	62	0	74	56	0	111	58	1

序号	总分/分	题目成绩/分	序号	总分/分	题目成绩/分	序号	总分/分	题目成绩/分
112	63	1	117	66	1	122	60	1
113	77	1	118	60	1	123	65	1
114	61	1	119	52	1	124	79	1
115	73	1	120	51	1	125	50	1
116	75	1	121	50	1	126	60	1

从表 6-3 中我们可以看到，共有 126 名学生参加了测验。在对上述题目的可接受度选择题回答中，共有 79 名学生答错了，认为该英语句子不可接受，得分为 0 分。答对的学生共 47 名，认为该英语句子符合句法要求，可以接受，得分为 1 分。

答对率 p=47/126=0.3730。

答错率 q=79/126=0.6270。

开方函数"=sqrt（0.3730×0.6270）"的计算结果为 0.4836。

答错学生的均值函数"=average（A1：A79）"计算结果为 64.39（答错学生的总分平均分为 X'_q）。

答对学生的均值函数"=average（A80：A126）"计算结果为 61.32（答对学生的总分平均分为 X'_p）。

标准差函数"=stdev（A1：A126）"的计算结果为 7.88。

这道选择题和总分的点双列相关系数结果如下：

$$r_{pbis}=（61.32-64.39）/7.88×0.4836=-0.1884$$

从这个结果可以看出，经过微调，该选择题对总分的贡献度比第一次测试有了明显提升，区分度从 0.0107 上升到 0.1884（绝对值）。调整后的题目虽然仍达不到能力测试的考量标准，但是已经有了改善。从题目难度来说，调整后的题目难度是 0.3730，表示只有 37.30% 的学生能够答对，题目偏难，不适合作为大型考试的备选题目。

从以上对题目难度和区分度的分析中可以看出，一个好的题目往往需要反复调试，最后才可能被纳入大型标准化考试题库中。每道题目通常都需要标注出题目难度、区分度等相关信息，以便根据后期的考试需要提取不同类型的题目。

对于二值计分题目来说，被试在每个题目上的得分是二分变量（1 或 0），而对于测验总分来说，得分是连续变量（从 0 到满分）。所以，二分变量的题目和连续变量的总分间的计算可采用点双列相关系数公式。如果题目的分值不是二值计分而是连续计分（从 0 到满分），那么在处理连续计分的非二值题目和连续计分的总分时，我们就不能使用点双列相关系数，而需要使用双列相关系数来进行区分度计算。

6.3.3　非二值题目与总分双列相关系数

双列相关系数的计算通常采用皮尔逊积矩相关系数。这种计算方法可解释两个变量之间的相关程度。根据双列相关系数的计算，我们可以从一个变量推断出另一个变量的变化。通常情况下，两个变量间的关系是线性变化的。变量的变化分为正相关和负相关。正相关表示变量间的一致性波动，负相关则表示变量间的非一致性的相反波动。双列相关系数的绝对值越大，变量间的相关性就越强。

与二值计分的选择题不同，主观性题目采用的是非二值计分的"零-满分"的多值计分方式，被试可以根据能力获得从零分到满分的不同连续值。题目与总分的双列相关系数的计算公式如下（皮尔逊积矩相关系数公式）：

$$P_{X,Y} = \frac{N\sum XY - \sum X \sum Y}{\sqrt{N\sum X^2 - \left(\sum X\right)^2}\sqrt{N\sum Y^2 - \left(\sum Y\right)^2}} \qquad （公式 6-5）$$

式中，$P_{X,Y}$ 表示变量 X 和 Y 的相关系数，N 表示样本的规模或数量，X 是第一个变量的具体数值，Y 是第二个变量的具体数值，XY 是两个变量数值的乘积，$\sum XY$ 是两个变量数值的乘积之和，$\sum X$ 是变量一的数值之和，$\sum Y$ 是变量二的数值之和，X^2 是变量一数值的平方，Y^2 是变量二数值的平方，$\sum X^2$ 是变量一数值的平方之和，$\sum Y^2$ 是变量二数值的平方之和，$\left(\sum X\right)^2$ 是变量一数值之和的平方，$\left(\sum Y\right)^2$ 是变量二数值之和的平方。

在区分度的计算中，X 指的是被试在问答题目中的得分；Y 指的是被试的测验总分；N 表示被试的总人数。测试的内容是连续变量的问答题题目得分与测验总分的相关系数，这里用来进行区分度分析。

皮尔逊积矩相关系数函数"=correl（数组 1 区域，数组 2 区域）"的使用可以取得与上面公式方法相一致的计算结果。某高校 132 名大学一年级学生的高考总分和某连续变量的问答题目的相关系数计算结果如表 6-4 所示。

表 6-4　问答题目与总分成绩

序号	问答题目/分	总分/分	序号	问答题目/分	总分/分	序号	问答题目/分	总分/分
1	9.5	400	45	12.5	586	89	12.7	601
2	12.7	605	46	12.4	600	90	12.6	597
3	10.9	490	47	12.9	603	91	13.5	596
4	10.8	482	48	10.7	569	92	12.1	566
5	8.1	421	49	12.4	453	93	12.8	578
6	10.2	479	50	12.3	591	94	12.6	598
7	10.7	591	51	13.7	597	95	13.2	570
8	9.2	408	52	12.0	591	96	13.2	556
9	13.0	605	53	12.9	571	97	13.6	605
10	11.8	518	54	12.1	563	98	13.5	597
11	12.3	577	55	13.1	595	99	12.7	552
12	10.5	485	56	9.4	475	100	13.2	594
13	9.9	516	57	12.4	598	101	12.4	504
14	12.1	540	58	12.8	575	102	13.8	596
15	9.5	441	59	12.2	560	103	11.8	570
16	9.3	469	60	13.2	605	104	12.0	569
17	12.8	570	61	13.5	562	105	13.2	599
18	8.4	409	62	11.6	480	106	12.5	555
19	11.2	563	63	12.7	601	107	12.0	497
20	11.9	597	64	12.7	597	108	12.7	598
21	11.9	570	65	12.5	580	109	13.5	596
22	10.0	412	66	12.9	517	110	12.2	591
23	12.4	602	67	13.0	559	111	13.9	601
24	12.2	513	68	13.5	588	112	12.7	605
25	12.0	563	69	13.1	591	113	13.0	599
26	12.9	601	70	12.2	563	114	12.5	474
27	11.7	563	71	11.7	563	115	13.0	565
28	13.1	599	72	13.5	601	116	13.5	575
29	12.3	502	73	12.3	591	117	13.4	605
30	9.4	410	74	12.5	566	118	13.5	562
31	13.2	558	75	12.6	597	119	13.4	597
32	11.8	532	76	13.0	537	120	13.3	599
33	12.8	598	77	12.5	598	121	13.0	578
34	12.4	566	78	13.1	551	122	13.2	605
35	9.1	322	79	12.4	490	123	12.1	565
36	13.4	599	80	13.2	577	124	12.8	586
37	12.4	597	81	13.0	570	125	13.9	557
38	12.9	599	82	13.1	556	126	12.6	553
39	13.0	604	83	13.2	601	127	12.4	547
40	13.8	559	84	12.3	566	128	13.4	599
41	12.4	548	85	13.5	565	129	13.4	578
42	13.1	565	86	14.2	575	130	13.7	601
43	13.7	537	87	13.1	577	131	13.2	589
44	11.6	519	88	12.9	570	132	13.3	567

根据前面的公式，我们可以计算出相关项的数值：

N=132，$\sum XY$=919 028.06，$\sum X$=1636.1，$\sum Y$=73 616.1，$\sum X^2$=20 468.09，$\sum Y^2$=41 433 532.69，$(\sum X)^2$=1636.1×1636.1=2 676 823.21，$(\sum Y)^2$=73 616.1×73 616.1=5 419 330 179。

根据前面的公式，具体的运算结果如下：

$N\sum XY-\sum X\sum Y$=132×919 028.06−1636.1×73 616.1=868 402.71

$N\sum X^2-(\sum X)^2$=132×20 468.09−2 676 823.21=24 964.67

"=SQRT（24 964.67）"=158.00

$N\sum Y^2-(\sum Y)^2$=132×41 433 532.69−5 419 330 179=49 896 135.87

"=SQRT（49 896 135.87）"=7063.72

$P_{X,Y}$=868 402.71/（158.00×7063.72）=0.7781

在用公式计算的同时，我们也可以采用相关系数函数进行计算。根据函数"=correl（A1：A132，B1：B132）"，我们也可同时计算出问答题目与总分成绩的相关系数为 0.7781。这说明相关系数的公式方法和函数方法具有一致的计算结果。

从最终的计算结果来看，问答题目与总分成绩的相关系数达到 0.7781，这个系数处于 0.6—0.8 区间，表示二者具有强相关性。该问答题目对总分的贡献度很高，区分度也很高。

6.3.4　非二值题目间的相关系数

在前面的讨论中，我们可以看到区分度值的计算有比较简单的方差法计算（二值计分题目）、点双列相关系数计算（二值计分题目和连续计分的总分之间）、双列相关系数计算（连续计分题目和连续计分的总分之间）。区分度值的大小在一定程度上能够说明试卷对被试的区分程度。

在语言测验过程中，我们不仅需要看题目与总分的关联度，还要看题目之间的关联度。尤其在组卷时，我们要计算各个题目之间的关联度指数，如果两个题目之间的关联度过高，就会出现被试由此及彼的情况，测试的效度就会受较大影响。所以，如何计算不同题目之间的关联度值是我们不可回避的研究内容。

二值计分题目是连续计分题目的特殊情况。在研究过程中，我们更关注的是连续计分的、非二值计分题目间的关联度计算。从前面连续计分题目和连续计分的总分之间的关联度计算可知，皮尔逊积矩相关系数可用来表示这种关联程度。在非二值计分情况下，连续计分题目之间的组间相关系数也可以采用皮尔逊积矩相关系数进行计算。具体公式如下：

$$P_{XY} = \frac{N\sum XY - \sum X \sum Y}{\sqrt{N\sum X^2 - \left(\sum X\right)^2}\sqrt{N\sum Y^2 - \left(\sum Y\right)^2}} \qquad (\text{公式 6-6})$$

从式中的组间相关系数公式可以看出，该公式与连续计分题目和总分双列相关系数的公式是一致的，但是 X 和 Y 各自代表的意义发生了变化。我们来对比一下前面讨论的连续计分题目与连续计分总分之间的双列相关系数公式与连续计分题目间的相关系数公式的异同。

相同点：两个公式都适用于非二值计分情况下的计算，形成的是连续变量，而不是二值变量。公式要么适用于非二值计分题目与非二值计分总分之间的相关度计算，要么适用于非二值计分题目间的相关度计算。

不同点：题目与总分的双列相关系数计算涉及不同意义的参数，即被试在该题目中的得分 X 和被试测验总分 Y；这两个参数计算形成的是题目和总分的相关系数。该相关系数表明的是某个题目对总分的贡献，即答对该题目的被试一般总分较高，而答错该题目的被试一般总分较低，这种关系就形成了题目和总分之间的区分度。

此外，不同题目间的相关系数计算所涉及的 X 和 Y 参数意义也不同。其中，题目一中的得分为 X，题目二中的得分为 Y，基于这两个参数计算形成的是两个题目之间的相关系数。在题目选定时有时会出现这样的情况：两个题目具有内在联系，答对了前一个自然能答对后一个，这导致后一个题目的效度锐减。这时，两个题目所形成的双列相关系数就很高。组间相关系数可以用来检测试卷中高度相关、相互依赖的题目。

我们对某高校大学一年级 132 名学生在某次考试中的两个问答题分数进行了测试研究（为了分析，所有数据保留至小数点后一位），并根据分数简单分析了这两个非二值计分题目之间的相关系数。题目一的满分是 15 分，题目二的满分是 10 分，详见表 6-5。

表 6-5　题目一与题目二成绩　　　　　　　　　　　单位：分

序号	题目一成绩	题目二成绩	序号	题目一成绩	题目二成绩	序号	题目一成绩	题目二成绩
1	9.5	4.6	9	13.0	5.0	17	12.8	5.4
2	12.7	4.7	10	11.8	5.1	18	8.4	5.4
3	10.9	4.7	11	12.3	5.1	19	11.2	5.4
4	10.8	4.7	12	10.5	5.1	20	11.9	5.5
5	8.1	4.8	13	9.9	5.2	21	11.9	5.6
6	10.2	4.9	14	12.1	5.2	22	10.0	5.6
7	10.7	5.0	15	9.5	5.2	23	12.4	5.6
8	9.2	5.0	16	9.3	5.3	24	12.2	5.6

续表

序号	题目一成绩	题目二成绩	序号	题目一成绩	题目二成绩	序号	题目一成绩	题目二成绩
25	12.0	5.6	61	13.5	6.2	97	13.6	6.9
26	12.9	5.6	62	11.6	6.2	98	13.5	6.9
27	11.7	5.6	63	12.7	6.2	99	12.7	6.9
28	13.1	5.6	64	12.7	6.2	100	13.2	6.9
29	12.3	5.6	65	12.5	6.2	101	12.4	6.9
30	9.4	5.7	66	12.9	6.3	102	13.8	7.0
31	13.2	5.7	67	13.0	6.3	103	11.8	7.0
32	11.8	5.8	68	13.5	6.3	104	12.0	7.0
33	12.8	5.8	69	13.1	6.4	105	13.2	7.0
34	12.4	5.8	70	12.2	6.4	106	12.5	7.0
35	9.1	5.8	71	11.7	6.4	107	12.0	7.0
36	13.4	5.8	72	13.5	6.4	108	12.7	7.1
37	12.4	6.0	73	12.3	6.4	109	13.5	7.1
38	12.9	6.0	74	12.5	6.4	110	12.2	7.1
39	13.0	6.0	75	12.6	6.4	111	13.9	7.1
40	13.8	6.0	76	13.0	6.4	112	12.7	7.2
41	12.4	6.0	77	12.5	6.4	113	13.0	7.2
42	13.1	6.0	78	13.1	6.4	114	12.5	7.2
43	13.7	6.0	79	12.4	6.4	115	13.0	7.3
44	11.6	6.0	80	13.2	6.5	116	13.5	7.3
45	12.5	6.0	81	13.0	6.5	117	13.4	7.3
46	12.4	6.0	82	13.1	6.5	118	13.5	7.3
47	12.9	6.0	83	13.2	6.5	119	13.4	7.4
48	10.7	6.0	84	12.3	6.6	120	13.3	7.4
49	12.4	6.0	85	13.5	6.6	121	13.0	7.4
50	12.3	6.0	86	14.2	6.7	122	13.2	7.4
51	13.7	6.0	87	13.1	6.7	123	12.1	7.4
52	12.0	6.1	88	12.9	6.7	124	12.8	7.5
53	12.9	6.1	89	12.7	6.8	125	13.9	7.6
54	12.1	6.1	90	12.6	6.8	126	12.6	7.6
55	13.1	6.1	91	13.5	6.8	127	12.4	7.7
56	9.4	6.1	92	12.1	6.8	128	13.4	7.7
57	12.4	6.2	93	12.8	6.8	129	13.4	7.8
58	12.8	6.2	94	12.6	6.8	130	13.7	7.9
59	12.2	6.2	95	13.2	6.8	131	13.2	7.9
60	13.2	6.2	96	13.2	6.8	132	13.3	8.1

在表 6-5 的成绩列表中，题目一与题目二的分数可通过函数计算其相关系数。使用相关系数函数"=correl（A1：A132，B1：B132）"，我们得出两个题目的相关系数为 0.5876。该结果落在 0.4—0.6 的中度相关区

间。这表示两个问答题之间的分数存在中等程度的相关性。该结果表明我们设定的两个问答题在内容上有较高的重合度，导致被试在这两个问答题的分数中出现了较高的关联度，进而可能影响了测试的效度。

本 章 小 结

本章主要讨论了题目难度的计算和区分度的计算。

在题目难度的计算中，主要分为二值计分的题目难度计算和非二值计分（即连续计分）的题目难度计算。对于二值计分的题目（如单项选择题等），其难度计算等于答对人数与总人数之比。例如，有 100 名被试，在某道选择题中如果有 60 人答对了，则该选择题的难度为 0.6。

对于非二值计分的题目（如写作题等），其难度计算不同于二值计分的题目，题目难度等于该题平均分与该题满分之比。例如，在某道满分为 10 分的问答题中，被试的总平均分是 5.8 分，则该问答题的难度为 0.58。

试卷总难度的计算涉及各个题目的难度。通常情况下，各个题目的平均难度就是组卷的总难度。例如，如果 100 道题目的平均难度值是 0.48，那么总试卷的难度就是 0.48。

区分度是用来区分被试能力水平的重要指标。对于区分度高的试卷，能力高的被试就可能得到高分，能力低的被试得到的则是低分，凭借分数我们就可以完成对被试能力的区分。

方差法是比较简单的二值计分题目区分度计算方法，题目方差等于被试总人数中答对率和答错率的乘积。题目方差可用于表示被试在题目上的离散程度，方差越大，表示所有被试群体的离散程度越大，区分度也就越大。简单来说，二值计分题目中答对率和答错率乘积最大的状态是对错各半时，其乘积为 0.25。题目太难或太容易都会降低题目的方差，从而降低区分度。

题目和总分之间的关联计算也可以用于区分度计算。一般来说，能力高的被试在某个题目上的得分高，他的总分就应该高，相反亦成立。所以，好的题目能够区分出总分不同的被试。题目和总分的关联度越高，题目对总分的贡献度就越大，区分能力就越强。

在题目和总分关联计算中，有两种情况，即二值计分题目与总分的关联计算以及非二值计分题目与总分的关联计算。前者是后者的一种特殊情况，采用的公式是点双列相关系数计算公式，后者采用的是双列相关系数计算公式（即皮尔逊积矩相关系数公式）。

在点双列相关系数计算公式中，相关参数包括答对题目的被试总分平均分、答错题目的被试总分平均分、所有被试总分标准差、答对被试人数与总人数比例、答错被试人数与总人数比例。

在双列相关系数计算公式中，相关参数与皮尔逊积矩相关系数计算所需的参数是一致的。EXCEL 表格中的相关系数函数"=correl（数组 1 区域，数组 2 区域）"可用于计算皮尔逊积矩相关系数。

在非二值计分题目间的关联计算中，被试在某个题目上的得分可以看作是正态的连续变量，所形成的是连续计分的题目一与连续计分的题目二之间的关联。这种情况类似非二值计分题目与连续计分总分的双列相关系数的计算。所以，非二值计分题目间的关联计算采用的也是双列相关系数（即皮尔逊积矩相关系数）计算，也可以采用 EXCEL 表格中的相关系数函数"=correl（数组 1 区域，数组 2 区域）"进行计算。

第7章 波动数据的计算评估

从前面对常规数据标准化分数体系的构建与数据评估可以看出，数据分析可以有效测量被试的语言能力，数据评估所代表的能力大小可以在一定程度上辅助教师判定被试的水平，为教师制订进一步的教学计划提供数据支持。

在常规数据研究中，标准化分数体系的数据源是静态的。代表被试语言能力的测试数据具有一定的信度和效度。被试的语言能力不可能在短时间内出现较大提升或降低。所以，这种标准化分数体系测量得到的能力数值通常在一定时期内是稳定的。以 IELTS 为例，能力证书的有效期是两年，也就是说 IELTS 语言测试模型显示被试的语言能力在两年内是相对稳定的。

但是，在现实中，波动数据是否也符合这种基于静态数据而构建的标准化分数体系呢？如果符合，特点是什么？如果不符合，是否有更好的衡量标准可用于波动数据的计算评估？

从心理测量的角度来说，任何测试都可能只是一种随机采样。在有限的时间内不可能对构成语言的全部元素逐一进行测验，而只可能也只需要进行随机采样，即通过随机采样对全部构成元素的一部分进行测验，然后推断对构成元素全体的掌握程度（杨惠中，1999）。因此，我们只需要选取一个波动数据样本进行研究，只要这个波动样本符合随机采样的条件即可。与静态数据的采样不同，波动数据是每天发生变化的数据，而且这种波动是不确定的上下波动。在数据分析中，为了便利性方面的考虑，样本最好本身就实现了方向标注，即向上波动赋予正值，向下波动赋予负值。这种样本数据的天然标注可为我们后期分析波动数据的变化提供客观性支持。

在我国的波动数据中，最理想的已经客观实现方向性数据标注的样本是期货市场数据和期权市场数据。无论是期货还是期权，每天收盘后交易所同时提供做多和做空的数据。这种客观的交易数据为我们的实践分析提供了便利。我们把传统语言测试的标准化分数体系评估方法引入波动数据评估中，这种尝试在语言测试研究中鲜有国内外学者讨论。

　　期权市场研究在我国是相对新颖的金融衍生品研究。自 2015 年 2 月引入我国后，期权获得了迅猛发展。上海证券交易所提供的每日即时更新的波动数据及时而有效，非常适合作为我们波动数据研究的样本。在具体采用中，我们只选择期权交易收盘价作为当天波动数据的计分，而不关注当天交易中其他时段的波动价格。

　　早在 20 世纪 90 年代就有国外学者提出语言能力的动态化。Bachman（1990）及 Bachman 和 Cohen（1998）提出，语言的使用是一个动态的过程，语言在具体环境、社会文化背景下的使用也是动态的，突出语言能力不仅指对语言知识的掌握，更重要的是运用所掌握的知识进行有效交际。这就意味着测试时要把涉及交际能力的各种因素结合成一个整体加以测试。简单地说，语言能力并不是静态的，相反它受到诸多因素的影响，因而会呈现出动态变化的特点（陈菁，2002）。

　　传统的语言测试认为语言能力在某一阶段是相对稳定的，这一观点是一种理想化的观点。语言能力并不是处于一成不变的静止状态。我们认为 Bachman 提出的语言的使用是一个动态过程这个观点符合实际的推断。在传统语言测试研究中，之所以要限定语言能力的相对静止状态，其根本原因或许在于数据采集的复杂性。研究者无法时时刻刻对被试进行测试并获取相关数据。即使是配对 T 检验等测试，也是要间隔一段时间再对同一组被试进行数据评估。否则，被试在反复测试的情况下其测试效度和信度都可能失真。因此，关于传统语言测试中的标准化分数体系的数据评估方法是否也可以应用于波动数据的评估鲜有报道。在 Bachman 的测试动态观和整体观的影响下，我们尝试将语言测试的数据计算和评估方法应用到期权衍生品波动数据中，将某个区间内的每天收盘数据作为波动数据进行计分，并对相关分数进行计算和评估，实现语言测试量化方法在量化交易中的跨域使用。本章将重点讨论波动数据的计算评估，并尝试验证经典标准化分数体系在波动数据计算评估中的适用性。

　　在拓展性研究开始之前，我们模拟传统语言测试中的静态数据评估方法来确定波动数据的常模。在四、六级考试研究中，常模是在我国 6 所重点大学的几万名本科生的基础上产生的（韩宝成等，2004）。在波动数据的常模确定中，我们的波动数据集采样限定在上海证券交易所提供的自 2015 年 2 月 9 日至 2023 年 1 月 9 日的每日上证 50ETF 的收盘价。期权衍生品价格数据以市场价为基准，看涨数据为正值，看跌数据为负值。我们对市场连续波动的收盘数据进行采样分析，并利用标准化分数体系的数据评估方法来分析波动数据的变化规律，验证这些数据评估方法在实践中的可适用性。如果说常规数据标准化分数体系的数据评估可以用于显示被试的语言能力变化的强弱，那么波动数据标准化分数体系的数据评估也应该可以显示衍生品市场价格波动变化的强弱。

我国自 2015 年 2 月 9 日首次推出期权交易以来，以期权交易为代表的波动数据一直占据金融衍生品市场中非常重要的地位。"金融衍生工具通常是指从原生资产派生出来的金融工具，也称为基础性金融工具之上派生出来的金融工具，其形式是载明买卖双方交易品种、价格、数量、交割时间和地点等内容的规范化或标准化合约（contract）与证券。20 世纪 80 年代以来，西方国家政府纷纷放松金融管制，出现了金融体系自由化的趋势，再加上计算机和电信技术的不断发展，金融衍生品市场获得了快速发展。"[①]

我们本章以金融衍生品期权（上证 50ETF）的波动数据为例，讨论价格波动的正态分布、交易量波动的正态分布、困惑商的正态分布，以及持仓量的正态分布。在衍生品研究中，价格参数、交易量参数、看涨量参数、看跌量参数、困惑度参数是最常见的五个参数。为了数据评估和计算的简便性需要，我们将这五个参数分别简化为价能、量能、购能、沽能、惑能。

数据采集区间在常规数据评估和波动数据评估中有不同。在传统的语言测试研究中，被试的数据采集通常限定在两年之内，无论是 TOEFL 还是 IELTS 一般都设定被试的语言能力在此期间能够保持相对稳定。但是，波动数据由于其实时变动的特性决定了对其展开的数据评估会因为数据采集时间段的不同展现出不同的数据特点。鉴于此，我们在数据评估时，采用金融市场普遍认同的短期（22 天）、中期（66 天）、长期（264 天）三种数据采集方式进行评估。

7.1　价能波动数据的计算评估

价能波动数据的评估就是对波动价格能量的评估。价格的波动形成了数据的动态变化。由于波动数据随着市场交易的进行每分钟都可能发生变化，只有收盘价才是多空双方最终认可的价格，所以我们以上证 50ETF 每天的收盘价格作为当天的波动数据进行采集是符合数据评估的

---

① 　https://www.zgbk.com/ecph/words?SiteID=1&ID=550346&Type=bkzyb&SubID=223756[2024-06-20]。

相关要求的。我们以 2023 年 1 月 9 日收盘价为数据限定，短期价能波动评估的数据采样自 2022 年 12 月 8 日至 2023 年 1 月 9 日共 22 个交易日，中期价能波动评估的数据采样自 2022 年 9 月 30 日至 2023 年 1 月 9 日共 66 个交易日，长期价能波动评估的数据采样自 2021 年 12 月 9 日至 2023 年 1 月 9 日共 264 个交易日。

7.1.1　短期价能波动的数据评估

月度波动数据的采集属于短期数据评估范围。在期权市场交易中，每个月的交易日大约为 22 天，所以我们以 22 天的收盘价格为波动数据源进行评估。2022 年 12 月 8 日至 2023 年 1 月 9 日共 22 个交易日的价格能量（月度价能）的波动数据如表 7-1 所示。

表 7-1　月度价能波动数据

序号	价能波动	序号	价能波动	序号	价能波动
1	2.677	9	2.607	17	2.649
2	2.708	10	2.612	18	2.651
3	2.676	11	2.629	19	2.660
4	2.679	12	2.622	20	2.710
5	2.696	13	2.612	21	2.725
6	2.682	14	2.642	22	2.750
7	2.693	15	2.649		
8	2.653	16	2.635		

在常规数据的语言测试中，均值、中位数和标准差的计算是最基本的计算参数。在波动数据评估中，我们也借鉴这些参数的计算方法。均值函数 "=average（A1：A22）" 的计算结果为 2.6644。中位数函数 "=median（A1：A22）" 的计算结果为 2.6565。标准差函数 "=stdev（A1：A22）" 的计算结果为 0.0388。

在常模参照的语言测试中，通常情况下总体测试分数是近似正态分布的。也就是说，经过科学组卷和设定的大型常模参照测验形成的测试得分分布是符合正态分布曲线的。其均值位于曲线中心，正负方向各自偏离三个标准差距离。从均值到正一个标准差是 34.1%，从正一个标准差到正两个标准差是 13.6%，从正两个标准差到正三个标准差是 2.15%。根据正态分布曲线，正三个标准差以外的部分（大约 0.15%）忽略不计。负方向与此相同。在波动数据评估中，首先，我们假定这些波动数据与常规数据一样，具有近似正态分布的曲线变化趋势。其次，我们将建立的波动数据正态分布曲线模型应用于实践数据进行验证。如果验证成功，就说明我们的假定是成立的，即常规数据正态分布计算方法可以用于波动数据的评估中。

常规数据正态分布计算符合"三个标准差原则"。这个原则表明，在正方向，均值到正一个标准差的总占比是 34.1%，正一个标准差到正两个标准差的总占比是 13.6%，正两个标准差到正三个标准差的总占比是 2.15%。由于是钟形曲线，负方向的占比与正方向的占比形成的是镜像关系。这样，均值到正负方向的三个标准差中，总占比达到了 99.7%左右，三个标准差之外的正负部分仅仅占到 0.3%左右，正负两边各自占 0.15%左右，可以忽略不计。所以，在数据评估中，一般主要讨论的是正负三个标准差之内的占比，因为这部分数据的评估就能够实现对整体数据状况的特征分析。

在现实的数据评估中，如果出现了三个标准差之外的大比例数据，通常说明这个数据曲线不再是正态分布了。根据"偏度=均值−中位数"的公式，如果均值大于中位数，形成的就是正偏度；如果均值小于中位数，形成的就是负偏度。正偏度通常是选拔性考试，题目比较难，通过率比较低，多数分数集中在低分区；负偏度通常是通过性考试，题目比较容易，通过率比较高，分数多在高分区。

根据以上分析，我们假定 22 日波动数据与常规数据一样，具有近似正态分布特征，我们需要计算出正负一个标准差、正负两个标准差的具体数值，并根据这些数值组建波动数据的月度价能正态分布曲线。根据正态分布的区间占比，我们可知正两个标准差到正三个标准差的区间占比与负两个标准差到负三个标准差的区间占比形成的是镜像关系，各自都在 2.15%左右。正三个标准差之上的部分和负三个标准差之下的部分合计仅占 0.3%左右，这部分占比非常小，可以忽略不计。所以，在月度价能正态分布曲线中，我们不进行正负三个标准差节点的标注。在曲线中，我们只标注六个主要的数据节点即可，分别是：负两个标准差节点、负一个标准差节点、均值节点、中位数节点、正一个标准差节点、正两个标准差节点。这样，如果期权波动数据是符合正态分布曲线的话，所有的数据就会在三个标准差之内进行波动。

根据 22 日波动数据的采样，我们可以完成六个数据节点的计算。根据均值函数，我们计算得到 22 日波动数据的均值为 2.6644。根据中位数函数，我们计算得到的中位数为 2.6565。正一个标准差函数"=average（A1：A22）+ stdev（A1：A22）"的计算结果为 2.7032。正两个标准差函数"=average（A1：A22）+2×stdev（A1：A22）"的计算结果为

2.7420。负一个标准差函数"=average（A1∶A22）–stdev（A1∶A22）"的计算结果为 2.6256。负两个标准差函数"=average（A1∶A22）–2×stdev（A1∶A22）"的计算结果为 2.5868。据此，我们就完成了六个数据节点的数据计算。形成的月度价能正态分布曲线如图 7-1 所示。

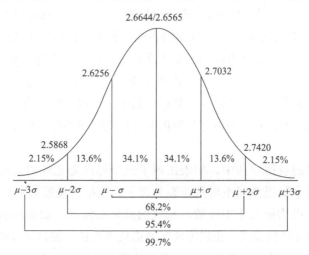

图 7-1　月度价能正态分布曲线

从图 7-1 中可以看出，均值（2.6644）略大于中位数（2.6565），形成曲线是略偏正向的正偏度。这说明在 22 日数据波动中，整体数据的数值多处于低分区，期权市场的价格波动整体是位于低位的，市场处于下行阶段的概率较大。正负两个标准差的波动区间为 2.5868—2.7420，总占比为 95.4%。正负一个标准差的波动区间则为 2.6256—2.7032，总占比为 68.2%。

以上数据评估说明，波动数据的总波动区间（不含正负三个标准差）为 2.5868—2.7420。如果数据波动接近或低于 2.5868，分布曲线的出现概率就是 2.15%，即在 100 次数据波动中只有 2.15 次会出现 2.5868 这样极低的数值，表示波动出现了负极扭曲的情况。通常情况下，这种负极扭曲的数据波动会通过均值回归实现低值数据向高值数据的变化，在期权市场中对应的就是超卖现象之后的价格回归。同理，如果超高值数据波动到 2.7420 这个正两个标准差的位置，对应的期权价格出现的就是超买现象，这种超越常规波动的超高值数据波动出现的概率是 2.15%，大概率这种超高值数据会出现回归，从超高值数据回归到均值数据附近，这就是期权市场交易价格的回调。

为了更好地说明这种趋势变化，我们借鉴常规数据评估方法，对这

22 日月度价能数据进行百分等级、标准分数和导出分数的计算。根据常模参照的特点，我们设定标准差为 10，均值为 75，通过线性变化去除标准分数中的负数和零，形成的导出分数公式为 10Z+75。这样就形成了 22 日月度价能波动数据的标准分数和导出分数数据集，具体请见表 7-2。由于系统计算原因，标准分数和导出分数保留两位小数后会有一定误差出现，本书中忽略这些误差。

表 7-2　月度价能标准分数和导出分数

序号	价能波动	大小排序	百分等级	标准分数	导出分数	序号	价能波动	大小排序	百分等级	标准分数	导出分数
1	2.677	9	61.36	0.32	78.25	12	2.622	19	15.91	−1.09	64.07
2	2.708	4	84.09	1.12	86.24	13	2.612	20	11.36	−1.35	61.49
3	2.676	10	56.82	0.30	77.99	14	2.642	16	29.55	−0.58	69.23
4	2.679	8	65.91	0.38	78.76	15	2.649	14	38.64	−0.40	71.03
5	2.696	5	79.55	0.81	83.14	16	2.635	17	25.00	−0.76	67.42
6	2.682	7	70.45	0.45	79.54	17	2.649	13	38.64	−0.40	71.03
7	2.693	6	75.00	0.74	82.37	18	2.651	13	43.18	−0.35	71.55
8	2.653	12	47.73	−0.29	72.06	19	2.660	11	52.27	−0.11	73.87
9	2.607	22	2.27	−1.48	60.21	20	2.710	3	88.64	1.18	86.75
10	2.612	20	11.36	−1.35	61.49	21	2.725	2	93.18	1.56	90.62
11	2.629	18	20.45	−0.91	65.88	22	2.750	1	97.73	2.21	97.06

从表 7-2 中可以看出，通过借鉴常规数据评估方法，我们可以对 22 日月度价能波动数据进行评估并形成相应的数据集。价能波动、大小排序、百分等级、标准分数和导出分数这五个参数可形成可视化的数据波动图（图 7-2）。

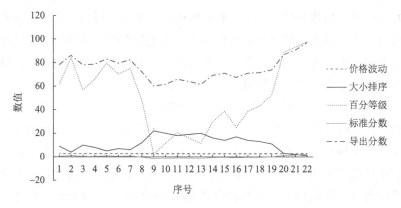

图 7-2　月度价能波动数据导出分数图

由图 7-2 中可以看出，波动数据的百分等级变化是比较剧烈的，其次是导出分数和大小排序的参数波动。导出分数实现了对波动数据的平滑。根据图 7-2，我们可以实现各个波动数据的纵横向比较，直观地看出在 22 个交易日中波动数据的变化特征。

波动数据评估与常规数据评估不同。常规数据通常是静态数据，短时间内不进行数据更新，而波动数据需要每日进行更新。例如，22 日月度数据评估时需要不断地接纳新数据，剔除旧数据，形成的是一个动态更新的数据集合。我们研究的数据自 2022 年 12 月 8 日至 2023 年 1 月 9 日共 22 个交易日，随着时间推移，我们获得了 2023 年 1 月 10 日的波动数据为 2.742，那么就需要将 2022 年 12 月 8 日的波动数据 2.677 剔除，形成的仍然是最近的 22 日波动数据集。由于数据变化，该数据集的所有参数都会发生变化。所以，我们需要重新计算该数据集中的各个参数，并将各个数据节点纳入评估体系中去。如此循环更新和计算，就能保证我们的数据评估系统中纳入的数据是实时更新的，计算结果也是每日动态变化的，最大限度地保证了评估系统的信度和效度。

从波动数据的变化来看，主要有以下三种。

首先，如果波动数据是不断增大的，那么新纳入的 22 日数据集的波动数据将替换最早纳入数据集的波动数据，次新纳入的波动数据再替换次早纳入的波动数据。不断增大的波动数据替换早期的数据后重新进行核算，整个曲线中的数据节点也是不断抬高的，整个波动数据的数值变化是向上攀升的。这种状况在期权交易中对应的是向上趋势。

其次，如果波动数据是不断缩小的，那么新纳入的数据将替换最早纳入的数据，次新纳入的数据再替换次早纳入的数据。替换依次进行，不断缩小的波动数据在数据集中不断重新核算，曲线中每日计算所核定的数据节点也不断降低。整个波动数据的数值变化是不断向下的。波动数据达到负方向极值负两个标准差节点（即负拐点）的难度也不断增大。这种状况对应期权交易中的向下趋势。

最后，如果波动数据是围绕一个数值区间上下波动的，那么数据的不断替换所形成的不断核算通常不改变各个数据节点的数值。正两个标准差和负两个标准差数据节点、正一个标准差和负一个标准差数据节点、均值和中位数都大体保持在相对稳定的数值。波动数据向上波动到正两个标准差附近就会拐头向下，向下波动到负两个标准差附近就会向上反弹。这种状况对应期权交易中的波动变化。

以上月度价能波动数据的三种变化规律在我们多年来持续的波动数

据评估中已经得到了证实。无论是向上趋势、向下趋势还是波动变化，基于传统语言测试的数据评估方法都可以为这三种模式提供有效的波动数据评估。实践表明，在每日更新的波动数据评估中，正两个标准差和负两个标准差数据节点往往是数据的重要拐点。正两个标准差的数据的百分等级、标准分数和导出分数都处于极高数值状态，从概率来说只有 2.15% 左右的可能，到达这个位置的波动数据通常持续较短时间就会发生回调。同理，负两个标准差的数据相关评估参数处于数值极低状态，实现概率也只有 2.15% 左右，在此位置的波动数据也持续时间不长就会出现均值回归。"涨多了会跌，跌久了会涨"这句期权交易中的俗语通过我们的数据评估方法得到了验证。

7.1.2　中期价能波动的数据评估

季度波动数据的采集属于中期数据评估范围。在期权市场交易中，每个季度分为 3 个月，每个月有大约 22 个交易日，这样就形成了以 66 天的收盘价格为波动数据源的中期数据评估集。2022 年 9 月 30 日至 2023 年 1 月 9 日共 66 个交易日的价格能量（季度价能）的波动数据如表 7-3 所示。

表 7-3　季度价能波动数据

序号	价能波动	序号	价能波动	序号	价能波动
1	2.650	23	2.497	45	2.677
2	2.586	24	2.478	46	2.708
3	2.578	25	2.482	47	2.676
4	2.594	26	2.555	48	2.679
5	2.564	27	2.576	49	2.696
6	2.625	28	2.625	50	2.682
7	2.623	29	2.615	51	2.693
8	2.608	30	2.600	52	2.653
9	2.557	31	2.590	53	2.607
10	2.544	32	2.557	54	2.612
11	2.527	33	2.570	55	2.629
12	2.439	34	2.575	56	2.622
13	2.431	35	2.558	57	2.612
14	2.439	36	2.585	58	2.642
15	2.419	37	2.540	59	2.649
16	2.365	38	2.648	60	2.635
17	2.333	39	2.645	61	2.649
18	2.436	40	2.632	62	2.651
19	2.455	41	2.617	63	2.660
20	2.425	42	2.680	64	2.710
21	2.506	43	2.688	65	2.725
22	2.515	44	2.671	66	2.750

通过借鉴常规数据评估中的函数计算方法，均值"=average（A1：A66）"的计算结果为 2.5882，中位数"=median（A1：A66）"为 2.6100，标准差"=stdev（A1：A66）"为 0.0912，正一个标准差数据节点"=average（A1：A66）+stdev（A1：A66）"为 2.6794，正两个标准差数据节点"=average（A1：A66）+2×stdev（A1：A66）"为 2.7706，负一个标准差数据节点"=average（A1：A66）–stdev（A1：A66）"为 2.4970，负两个标准差数据节点"=average（A1：A66）–2×stdev（A1：A66）"为 2.4058。根据这些数据节点我们可以搭建一个近似正态分布的季度价能波动曲线图（图 7-3）。

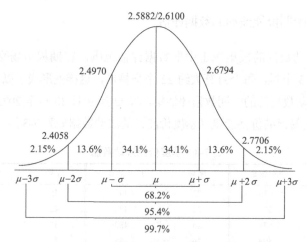

图 7-3　季度价能波动的正态分布曲线

从图 7-3 可以看出，在季度价能波动数据评估中，形成的是一个近似正态分布的曲线。根据偏度的计算，该曲线形成的是轻微的负偏度（均值 2.5882 与中位数 2.6100 之差是负值），这说明该季度价能波动数据处于高数值阶段的占比稍高。该季度的数据波动规律符合"三个标准差原则"。根据不同的数据节点（即负两个标准差节点、负一个标准差节点、均值节点、正一个标准差节点、正两个标准差节点），我们可以得到价格数据波动的总区间概率规律如下。

（1）负两个标准差节点以下（−∞，2.4058]的出现概率在 2.15%左右（由于负三个标准差以下的出现概率极小，只有 0.15%左右，我们忽略不计）。

（2）负两个标准差节点和负一个标准差节点之间（2.4058，2.4970]的出现概率在 13.6%左右。

（3）负一个标准差节点和均值节点之间（2.4970，2.5882]的出现概率在 34.1%左右。

（4）均值节点和正一个标准差节点之间（2.5882，2.6794]的出现概率在 34.1%左右。

（5）正一个标准差节点和正两个标准差节点之间（2.6794，2.7706]的出现概率在 13.6%左右。

（6）正两个标准差节点以上（2.7706，+∞）的出现概率在 2.15%左右（约有 0.15%在正三个标准差以外，忽略不计）。

这样，我们从季度价能波动数据处于该曲线中的位置就能够判断出波动数据的状况。从前面的波动概率来看，处于 34.1%波动区间的概率是最大的概率区间，这个区间的波动数据集中度最高，数据的稳定性最好，发生较大拐点性变化的概率最低。如果数据出现在 2.15%左右的低概率波动区间，数据通常比较稀疏，变化性极高，发生均值回归的拐点性变化的出现概率最高。这些波动数据的拐点性变化常对应期权交易中的趋势性改变。这些波动数据的节点性规律在我们多年的数据评估实践中也得到了验证。

为了实现对不同时期波动数据的标准化对照和计算，我们借鉴传统语言测试中标准化分数体系的构建方法，完成对季度价能百分等级、标准分数和导出分数的计算。在计算导出分数时，设定标准差为 10，均值为 75，形成计算公式为 10Z+75。具体请见表 7-4。

表 7-4　季度价能标准分数和导出分数

序号	价能波动	大小排序	百分等级	标准分数	导出分数	序号	价能波动	大小排序	百分等级	标准分数	导出分数
1	2.650	17	75.00	0.68	81.78	17	2.333	66	0.76	-2.80	47.02
2	2.586	39	41.67	-0.02	74.76	18	2.436	61	8.33	-1.67	58.31
3	2.578	41	38.64	-0.11	73.88	19	2.455	58	12.88	-1.46	60.39
4	2.594	37	44.70	0.06	75.64	20	2.425	63	5.30	-1.79	57.11
5	2.564	45	32.58	-0.27	72.35	21	2.506	54	18.94	-0.90	65.99
6	2.625	26	61.36	0.40	79.04	22	2.515	53	20.45	-0.80	66.97
7	2.623	28	58.33	0.38	78.82	23	2.497	55	17.42	-1.00	65.00
8	2.608	34	49.24	0.22	77.17	24	2.478	57	14.39	-1.21	62.92
9	2.557	47	29.55	-0.34	71.58	25	2.482	56	15.91	-1.16	63.36
10	2.544	50	25.00	-0.48	70.15	26	2.555	49	26.52	-0.36	71.36
11	2.527	52	21.97	-0.67	68.29	27	2.576	42	37.12	-0.13	73.66
12	2.439	59	11.36	-1.64	58.64	28	2.625	26	61.36	0.40	79.04
13	2.431	62	6.82	-1.72	57.76	29	2.615	31	53.79	0.29	77.94
14	2.439	59	11.36	-1.64	58.64	30	2.600	36	46.21	0.13	76.29
15	2.419	64	3.79	-1.86	56.45	31	2.590	38	43.18	0.02	75.20
16	2.365	65	2.27	-2.45	50.53	32	2.557	47	29.55	-0.34	71.58

续表

序号	价能波动	大小排序	百分等级	标准分数	导出分数	序号	价能波动	大小排序	百分等级	标准分数	导出分数
33	2.570	44	34.09	-0.20	73.00	50	2.682	8	88.64	1.03	85.29
34	2.575	43	35.61	-0.14	73.55	51	2.693	6	91.67	1.15	86.49
35	2.558	46	31.06	-0.33	71.69	52	2.653	15	78.03	0.71	82.11
36	2.585	40	40.15	-0.04	74.65	53	2.607	35	47.73	0.21	77.06
37	2.540	51	23.48	-0.53	69.71	54	2.612	32	52.27	0.26	77.61
38	2.648	20	70.45	0.66	81.56	55	2.629	25	62.88	0.45	79.47
39	2.645	21	68.94	0.62	81.23	56	2.622	29	56.82	0.37	78.71
40	2.632	24	64.39	0.48	79.80	57	2.612	32	52.27	0.26	77.61
41	2.617	30	55.30	0.32	78.16	58	2.642	22	67.42	0.59	80.90
42	2.680	9	87.12	1.01	85.07	59	2.649	18	73.48	0.67	81.67
43	2.688	7	90.15	1.09	85.94	60	2.635	23	65.91	0.51	80.13
44	2.671	13	81.06	0.91	84.08	61	2.649	18	73.48	0.67	81.67
45	2.677	11	84.09	0.97	84.74	62	2.651	16	76.52	0.69	81.89
46	2.708	4	94.70	1.31	88.14	63	2.660	14	79.55	0.79	82.87
47	2.676	12	82.58	0.96	84.63	64	2.710	3	96.21	1.34	88.36
48	2.679	10	85.61	1.00	84.96	65	2.725	2	97.73	1.50	90.00
49	2.696	5	93.18	1.18	86.82	66	2.750	1	99.24	1.77	92.74

　　根据表 7-4 中的百分等级、标准分数和导出分数，形成了季度价能波动数据导出分数图（图 7-4）。

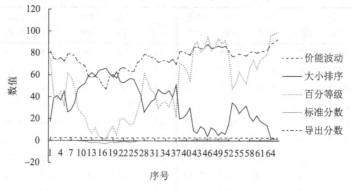

图 7-4　季度价能波动数据导出分数图

　　由图 7-4 我们发现，不同价格数据对应不同的百分等级、标准分数和导出分数。百分等级的波动性要大于导出分数的波动性。导出分数由于是线性处理的结果，数据平滑度较好。我们根据这个季度价能波动数据图可以实现不同阶段波动数据的纵横向比较，能够较为清晰地分析波动数据的变化特征。

　　在常规数据评估的语言测试中形成的导出分数具有跨时间比较的特征。不同阶段获得的分数可以在转换成导出分数后进行相关分析。我们借鉴这种数据评估方法，对转换而成的波动数据的导出分数也可以进行较为科学有效的分析。

　　在 22 日的数据评估和 66 日的数据评估中我们发现，前者是包含在后者之中的。但是，由于 22 日数据集和 66 日数据集中的数据节点不同，因此同样的一个数据具有不同的导出分数。就好像在不同的标准化考试中，同样的原始分数最后的导出分数也是不同的，这是因为参照的数据不同，所以即使是同一个分数也不会得到同样的导出分数。这就是数据的系统性原则，即如果将同一个数据放到不同的系统中进行评估，得到的评估结果是不同的。

　　例如，我们在月度和季度波动数据评估中，导出分数设定的都是 $10Z+75$，但是标准分数的计算结果是依靠系统中的其他数据来决定的。我们来看最后的五个相同数据和它们所对应的月度和季度导出分数："2.651—71.55—81.89" "2.660—73.87—82.87" "2.710—86.75—88.36" "2.725—90.62—90.00" "2.750—97.06—92.74"。在这五个相同的波动数据中，前三个数据中月度导出分数都小于季度导出分数，后两个数据则相反。这种相同数据得到不同导出分数的评估结果必然会对应不同的数据意义。

　　在月度数据评估曲线中，负无穷、负两个标准差、负一个标准差、均值、中位数、正一个标准差、正两个标准差、正无穷等数据节点（以下我们把这些数据节点简称"关键数据节点"）依次对应的是：$-\infty$—2.5868—2.6256—2.6644/2.6565—2.7032—2.7420—$+\infty$。对于数据 2.651 和 2.660 来说，这两个数据都是处于负一个标准差 2.6256 和均值 2.6644 之间，其对应的导出分数也只是 71.55 和 73.87。这说明这两个数据处于一个相对的低位。但是对于数据 2.710 和 2.725 来说，两者都跨过了均值到正一个标准差的区间，直接到达正一个标准差 2.7032 和正两个标准差 2.7420 之间，对应的导出分数也提升到 86.75 和 90.62 的高位，这说明波动数据对应的价格出现了快速拉升。对于数据 2.750 来说，它处于正两个标准差以上的区间，实现概率只有 2.15% 左右，而且该数据的导出分数达到了 97.06 这样的极高位置。数据 2.750 的评估结果说明，该数据近乎达到了整个曲线的最高值，对于数据参照设定在 22 日区间的研究来说，应该考虑均值回归出现的可能，即数据有可能会向下进行波动。

　　在季度数据评估曲线中关键数据节点依次是：$-\infty$—2.4058—2.4970—

2.5882/2.6100—2.6794—2.7706—+∞。

具体分析中，我们以五个数据为例。例如，数据 2.651 和 2.660 都处于 2.5882/2.6100—2.6794 的区间，而且对应的导出分数差异也比较小，分别是 81.89 和 82.87。数据 2.710、2.725 和 2.750 则处于 2.6794—2.7706 区间，比前两个数据所处的波动区间要高出一档，各自对应的导出分数也远高于前两个数据，分别达到 88.36、90.00、92.74。最高的数据 2.750（导出分数 92.74）尚处于 13.6%的概率水平，还没有达到 2.15%的极高概率水平，所以从季度数据评估角度来说，数据波动大概率还将继续向上波动到 2.7706 以上，并进入 2.15%的极高概率水平，才可能出现均值回归的数据回落。从后期结果来看，市场数据波动趋势与季度数据评估结果相一致，数据冲高突破了正两个标准差数据节点 2.7706，最高到达了 2.849 才出现均值回归，并最终回落到均值附近的 2.627。

由此可见，月度波动数据评估体系和季度波动数据评估体系对期权市场的数据波动都有着较好的预见性，后者波动性更小，预见性更清晰。

7.1.3　长期价能波动的数据评估

年度波动数据的采集属于长期数据评估范围。在期权市场交易中，每个月的交易日大约为 22 天，每个年度的数据是 12 个月，总共大约是 264 个交易日数据。为了数据评估的需要，我们不以自然的年度数据为区间，而是以交易日数据为采样集。前面我们讨论短期和中期数据评估时，截止日期都限定在 2023 年 1 月 9 日。为了对照性研究，在进行年度数据评估时，我们也限定数据的截止日期与短期和中期评估一致。这样，我们采用的年度波动数据区间就选定在 2021 年 12 月 9 日至 2023 年 1 月 9 日共 264 个交易日（表 7-5）。

表 7-5　年度价能波动数据

序号	价能波动	序号	价能波动	序号	价能波动	序号	价能波动
1	3.352	10	3.244	19	3.241	28	3.169
2	3.349	11	3.275	20	3.193	29	3.169
3	3.354	12	3.273	21	3.207	30	3.214
4	3.337	13	3.268	22	3.216	31	3.206
5	3.304	14	3.286	23	3.196	32	3.195
6	3.315	15	3.225	24	3.220	33	3.129
7	3.265	16	3.247	25	3.166	34	3.144
8	3.243	17	3.256	26	3.120	35	3.107
9	3.258	18	3.247	27	3.131	36	3.036

续表

序号	价能波动	序号	价能波动	序号	价能波动	序号	价能波动
37	3.095	74	2.898	111	2.744	148	2.908
38	3.098	75	2.881	112	2.758	149	2.874
39	3.120	76	2.923	113	2.792	150	2.887
40	3.128	77	2.911	114	2.782	151	2.878
41	3.123	78	2.884	115	2.777	152	2.891
42	3.088	79	2.909	116	2.810	153	2.867
43	3.100	80	2.832	117	2.829	154	2.866
44	3.116	81	2.876	118	2.863	155	2.828
45	3.119	82	2.866	119	2.853	156	2.818
46	3.144	83	2.911	120	2.886	157	2.770
47	3.130	84	2.914	121	2.835	158	2.750
48	3.081	85	2.871	122	2.874	159	2.777
49	3.100	86	2.844	123	2.913	160	2.815
50	3.043	87	2.816	124	2.886	161	2.800
51	3.056	88	2.780	125	2.929	162	2.801
52	3.061	89	2.795	126	2.923	163	2.768
53	3.105	90	2.662	127	2.929	164	2.826
54	3.088	91	2.664	128	2.898	165	2.836
55	3.078	92	2.714	129	2.939	166	2.820
56	3.046	93	2.749	130	2.978	167	2.807
57	2.955	94	2.793	131	3.016	168	2.823
58	2.915	95	2.781	132	3.043	169	2.797
59	2.887	96	2.703	133	3.018	170	2.792
60	2.913	97	2.677	134	3.069	171	2.793
61	2.922	98	2.701	135	3.058	172	2.774
62	2.832	99	2.722	136	3.063	173	2.746
63	2.687	100	2.702	137	3.063	174	2.793
64	2.810	101	2.729	138	3.011	175	2.794
65	2.857	102	2.702	139	3.002	176	2.772
66	2.891	103	2.737	140	3.006	177	2.768
67	2.874	104	2.728	141	2.961	178	2.801
68	2.882	105	2.726	142	2.944	179	2.775
69	2.899	106	2.793	143	2.935	180	2.752
70	2.884	107	2.763	144	2.915	181	2.741
71	2.838	108	2.720	145	2.872	182	2.764
72	2.836	109	2.725	146	2.911	183	2.754
73	2.823	110	2.725	147	2.899	184	2.748

续表

序号	价能波动	序号	价能波动	序号	价能波动	序号	价能波动
185	2.800	205	2.623	225	2.576	245	2.676
186	2.808	206	2.608	226	2.625	246	2.679
187	2.788	207	2.557	227	2.615	247	2.696
188	2.784	208	2.544	228	2.600	248	2.682
189	2.724	209	2.527	229	2.590	249	2.693
190	2.719	210	2.439	230	2.557	250	2.653
191	2.714	211	2.431	231	2.570	251	2.607
192	2.691	212	2.439	232	2.575	252	2.612
193	2.670	213	2.419	233	2.558	253	2.629
194	2.672	214	2.365	234	2.585	254	2.622
195	2.654	215	2.333	235	2.540	255	2.612
196	2.681	216	2.436	236	2.648	256	2.642
197	2.651	217	2.455	237	2.645	257	2.649
198	2.651	218	2.425	238	2.632	258	2.635
199	2.650	219	2.506	239	2.617	259	2.649
200	2.586	220	2.515	240	2.680	260	2.651
201	2.578	221	2.497	241	2.688	261	2.660
202	2.594	222	2.478	242	2.671	262	2.710
203	2.564	223	2.482	243	2.677	263	2.725
204	2.625	224	2.555	244	2.708	264	2.750

通过借鉴常规数据评估的方法，我们计算了年度价能波动的均值、中位数和标准差。均值函数"=average（A1：A264）"的计算结果为2.8428。中位数函数"=median（A1：A264）"的计算结果为2.8090。标准差函数"=stdev（A1：A264）"的计算结果为0.2219。

假定长期价能波动的数据评估与短期和中期评估一样，形成的曲线也是近似正态分布，我们可以按照相关函数计算出各自不同的数据节点，根据正一个标准差函数"=average（A1：A264）+stdev（A1：A264）"，我们计算得出正一个标准差为3.0647。正两个标准差函数"=average（A1：A264）+2×stdev（A1：A264）"的计算结果为3.2866。负一个标准差函数"=average（A1：A264）-stdev（A1：A264）"的计算结果为2.6209。负两个标准差函数"=average（A1：A264）-2×stdev（A1：A264）"的计算结果为2.3990。

根据这些计算结果，我们绘制了年度价能正态分布曲线（图7-5）。

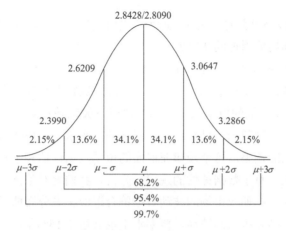

图 7-5　年度价能正态分布曲线

从图 7-5 可以看出，在年度价能波动数据评估中，近似的正态分布曲线较好地说明了数据的变化规律。与短期评估和中期评估一样，形成的曲线都是近似的正态分布。在年度数据评估中，形成的偏度是略正偏度（均值 2.8428 减去中位数 2.8090 等于正值）。这表明在这一年的数据变化中，位于低位状态的波动数据占比相对高一些。根据"三个标准差原则"，我们把年度价格数据波动的概率总区间分为形成镜像关系的六个部分，具体如下。

第一部分：（−∞，2.3990]，出现概率在 2.15%左右（约有 0.15%在负三个标准差以下，忽略不计）。

第二部分：（2.3990，2.6209]，出现概率在 13.6%左右。

第三部分：（2.6209，2.8428]，出现概率在 34.1%左右。

第四部分：（2.8428，3.0647]，出现概率在 34.1%左右。

第五部分：（3.0647，3.2866]，出现概率在 13.6%左右。

第六部分：（3.2866，+∞），出现概率在 2.15%左右（约有 0.15%在正三个标准差以上，忽略不计）。

在图 7-5 中我们可以发现，高于正两个标准差的数据节点是 3.2866。从全年数据评估来看，高于这个数据节点的数据处于 2.15%左右的概率。通常情况下，当数据到达这个位置时，需要对均值回归的可能给予足够关注。在 2021 年 12 月 9 日至 2023 年 1 月 9 日共 264 个交易日的实践数据评估中，初始的四个波动数据的 3.352、3.349、3.354、3.337 都是处于超过 3.2866 的正两个标准差以上位置。从第五个波动数据 3.304 开始，数据出现均值回归。到达均值之后，数据继续向下波动并最低回归到负两个标准差 2.3990 以下并到达 2.333。到达负极值之后，数据再次出现回归，价格逐渐波动到均值附近的 2.750。

从这个年度波动数据的评估来看，近似的正态分布曲线可以用于解释期权波动数据的变化规律。正负两个标准差数据节点的实现概率大约在 2.15%，这是非常低的概率水平，通常情况下波动数据难以到达这个概率水平，所以，波动数据一旦到达这样极低的概率水平，说明市场大概率出现了均值回归的调整。这个规律在前面的短期数据评估和中期数据评估中也得到了验证。有了数据评估的规律性分析，我们就对整体的数据波动认知有了质的提升：期权市场的波动数据符合近似正态分布曲线，随着数据向正负两个标准差极值的波动，概率水平也到达 2.15%左右，随着数据继续走向极端，均值回归的可能性也逐渐加大，直到出现数据波动拐点之后，数据开始向均值回调。

通过借鉴常规数据的语言测试方法，我们完成了波动数据年度价能的百分等级、标准分数和导出分数的计算。其中导出分数的计算采用 10Z+75 这一公式（表 7-6）。

表 7-6 年度价能标准分数和导出分数

序号	价能波动	大小排序	百分等级	标准分数	导出分数	序号	价能波动	大小排序	百分等级	标准分数	导出分数
1	3.352	2	99.43	2.29	97.95	22	3.216	21	92.23	1.68	91.82
2	3.349	3	99.05	2.28	97.81	23	3.196	25	90.72	1.59	90.92
3	3.354	1	99.81	2.30	98.04	24	3.220	20	92.61	1.70	92.00
4	3.337	4	98.67	2.23	97.27	25	3.166	30	88.83	1.46	89.57
5	3.304	6	97.92	2.08	95.78	26	3.120	38	85.80	1.25	87.49
6	3.315	5	98.30	2.13	96.28	27	3.131	33	87.69	1.30	87.99
7	3.265	11	96.02	1.90	94.03	28	3.169	28	89.58	1.47	89.70
8	3.243	17	93.75	1.80	93.04	29	3.169	28	89.58	1.47	89.70
9	3.258	12	95.64	1.87	93.71	30	3.214	22	91.86	1.67	91.73
10	3.244	16	94.13	1.81	93.08	31	3.206	24	91.10	1.64	91.37
11	3.275	8	97.16	1.95	94.48	32	3.195	26	90.34	1.59	90.87
12	3.273	9	96.78	1.94	94.39	33	3.129	35	86.93	1.29	87.90
13	3.268	10	96.40	1.92	94.16	34	3.144	31	88.45	1.36	88.57
14	3.286	7	97.54	2.00	94.97	35	3.107	42	84.28	1.19	86.91
15	3.225	19	92.99	1.72	92.22	36	3.036	61	77.08	0.87	83.71
16	3.247	14	94.89	1.82	93.22	37	3.095	47	82.39	1.14	86.37
17	3.256	13	95.27	1.86	93.62	38	3.098	46	82.77	1.15	86.50
18	3.247	14	94.89	1.82	93.22	39	3.120	38	85.80	1.25	87.49
19	3.241	18	93.37	1.79	92.95	40	3.128	36	86.55	1.29	87.85
20	3.193	27	89.96	1.58	90.78	41	3.123	37	86.17	1.26	87.63
21	3.207	23	91.48	1.64	91.41	42	3.088	48	82.01	1.11	86.05

续表

序号	价能波动	大小排序	百分等级	标准分数	导出分数	序号	价能波动	大小排序	百分等级	标准分数	导出分数
43	3.100	44	83.52	1.16	86.59	82	2.866	110	58.52	0.10	76.05
44	3.116	41	84.66	1.23	87.31	83	2.911	83	68.75	0.31	78.07
45	3.119	40	85.04	1.24	87.45	84	2.914	80	69.89	0.32	78.21
46	3.144	31	88.45	1.36	88.57	85	2.871	108	59.28	0.13	76.27
47	3.130	34	87.31	1.29	87.94	86	2.844	115	56.63	0.01	75.05
48	3.081	50	81.25	1.07	85.73	87	2.816	129	51.33	−0.12	73.79
49	3.100	44	83.52	1.16	86.59	88	2.780	152	42.61	−0.28	72.17
50	3.043	59	77.84	0.90	84.02	89	2.795	140	47.16	−0.22	72.85
51	3.056	57	78.60	0.96	84.61	90	2.662	208	21.40	−0.81	66.85
52	3.061	55	79.36	0.98	84.83	91	2.664	207	21.78	−0.81	66.94
53	3.105	43	83.90	1.18	86.82	92	2.714	184	30.49	−0.58	69.20
54	3.088	48	82.01	1.11	86.05	93	2.749	168	36.55	−0.42	70.77
55	3.078	51	80.87	1.06	85.60	94	2.793	142	46.40	−0.22	72.76
56	3.046	58	78.22	0.92	84.16	95	2.781	151	42.99	−0.28	72.21
57	2.955	69	74.05	0.51	80.06	96	2.703	188	28.98	−0.63	68.70
58	2.915	78	70.64	0.33	78.25	97	2.677	201	24.05	−0.75	67.53
59	2.887	94	64.58	0.20	76.99	98	2.701	191	27.84	−0.64	68.61
60	2.913	81	69.51	0.32	78.16	99	2.722	181	31.63	−0.54	69.56
61	2.922	77	71.02	0.36	78.57	100	2.702	189	28.60	−0.63	68.65
62	2.832	120	54.73	−0.05	74.51	101	2.729	174	34.28	−0.51	69.87
63	2.687	196	25.95	−0.70	67.98	102	2.702	189	28.60	−0.63	68.65
64	2.810	131	50.57	−0.15	73.52	103	2.737	173	34.66	−0.48	70.23
65	2.857	113	57.39	0.06	75.64	104	2.728	175	33.90	−0.52	69.83
66	2.891	92	65.34	0.22	77.17	105	2.726	176	33.52	−0.53	69.74
67	2.874	104	60.80	0.14	76.41	106	2.793	142	46.40	−0.22	72.76
68	2.882	100	62.31	0.18	76.77	107	2.763	162	38.83	−0.36	71.40
69	2.899	88	66.86	0.25	77.53	108	2.720	182	31.25	−0.55	69.47
70	2.884	98	63.07	0.19	76.86	109	2.725	177	33.14	−0.53	69.69
71	2.838	116	56.25	−0.02	74.78	110	2.725	177	33.14	−0.53	69.69
72	2.836	117	55.87	−0.03	74.69	111	2.744	171	35.42	−0.45	70.55
73	2.823	125	52.84	−0.09	74.11	112	2.758	163	38.45	−0.38	71.18
74	2.898	90	66.10	0.25	77.49	113	2.792	146	44.89	−0.23	72.71
75	2.881	101	61.93	0.17	76.72	114	2.782	150	43.37	−0.27	72.26
76	2.923	75	71.78	0.36	78.61	115	2.777	153	42.23	−0.30	72.03
77	2.911	83	68.75	0.31	78.07	116	2.810	131	50.57	−0.15	73.52
78	2.884	98	63.07	0.19	76.86	117	2.829	122	53.98	−0.06	74.38
79	2.909	86	67.61	0.30	77.98	118	2.863	112	57.77	0.09	75.91
80	2.832	120	54.73	−0.05	74.51	119	2.853	114	57.01	0.05	75.46
81	2.876	103	61.17	0.15	76.50	120	2.886	96	63.83	0.19	76.95

续表

序号	价能波动	大小排序	百分等级	标准分数	导出分数	序号	价能波动	大小排序	百分等级	标准分数	导出分数
121	2.835	119	55.11	−0.04	74.65	160	2.815	130	50.95	−0.13	73.75
122	2.874	104	60.80	0.14	76.41	161	2.800	137	48.30	−0.19	73.07
123	2.913	81	69.51	0.32	78.16	162	2.801	135	49.05	−0.19	73.12
124	2.886	96	63.83	0.19	76.95	163	2.768	159	39.96	−0.34	71.63
125	2.929	73	72.54	0.39	78.88	164	2.826	124	53.22	−0.08	74.24
126	2.923	75	71.78	0.36	78.61	165	2.836	117	55.87	−0.03	74.69
127	2.929	73	72.54	0.39	78.88	166	2.820	127	52.08	−0.10	73.97
128	2.898	90	66.10	0.25	77.49	167	2.807	134	49.43	−0.16	73.39
129	2.939	71	73.30	0.43	79.34	168	2.823	125	52.84	−0.09	74.11
130	2.978	67	74.81	0.61	81.09	169	2.797	139	47.54	−0.21	72.94
131	3.016	63	76.33	0.78	82.81	170	2.792	146	44.89	−0.23	72.71
132	3.043	59	77.84	0.90	84.02	171	2.793	142	46.40	−0.22	72.76
133	3.018	62	76.70	0.79	82.90	172	2.774	156	41.10	−0.31	71.90
134	3.069	52	80.49	1.02	85.19	173	2.746	170	35.80	−0.44	70.64
135	3.058	56	78.98	0.97	84.70	174	2.793	142	46.40	−0.22	72.76
136	3.063	53	80.11	0.99	84.92	175	2.794	141	46.78	−0.22	72.80
137	3.063	53	80.11	0.99	84.92	176	2.772	157	40.72	−0.32	71.81
138	3.011	64	75.95	0.76	82.58	177	2.768	159	39.96	−0.34	71.63
139	3.002	66	75.19	0.72	82.17	178	2.801	135	49.05	−0.19	73.12
140	3.006	65	75.57	0.74	82.35	179	2.775	155	41.48	−0.31	71.94
141	2.961	68	74.43	0.53	80.33	180	2.752	165	37.69	−0.41	70.91
142	2.944	70	73.67	0.46	79.56	181	2.741	172	35.04	−0.46	70.41
143	2.935	72	72.92	0.42	79.16	182	2.764	161	39.20	−0.36	71.45
144	2.915	78	70.64	0.33	78.25	183	2.754	164	38.07	−0.40	71.00
145	2.872	107	59.66	0.13	76.32	184	2.748	169	36.17	−0.43	70.73
146	2.911	83	68.75	0.31	78.07	185	2.800	137	48.30	−0.19	73.07
147	2.899	88	66.86	0.25	77.53	186	2.808	133	49.81	−0.16	73.43
148	2.908	87	67.23	0.29	77.94	187	2.788	148	44.13	−0.25	72.53
149	2.874	104	60.80	0.14	76.41	188	2.784	149	43.75	−0.26	72.35
150	2.887	94	64.58	0.20	76.99	189	2.724	180	32.01	−0.54	69.65
151	2.878	102	61.55	0.16	76.59	190	2.719	183	30.87	−0.56	69.42
152	2.891	92	65.34	0.22	77.17	191	2.714	184	30.49	−0.58	69.20
153	2.867	109	58.90	0.11	76.09	192	2.691	194	26.70	−0.68	68.16
154	2.866	110	58.52	0.10	76.05	193	2.670	206	22.16	−0.78	67.21
155	2.828	123	53.60	−0.07	74.33	194	2.672	204	22.92	−0.77	67.30
156	2.818	128	51.70	−0.11	73.88	195	2.654	210	20.64	−0.85	66.49
157	2.770	158	40.34	−0.33	71.72	196	2.681	198	25.19	−0.73	67.71
158	2.750	166	37.31	−0.42	70.82	197	2.651	212	19.89	−0.86	66.36
159	2.777	153	42.23	−0.30	72.03	198	2.651	212	19.89	−0.86	66.36

续表

序号	价能波动	大小排序	百分等级	标准分数	导出分数	序号	价能波动	大小排序	百分等级	标准分数	导出分数
199	2.650	215	18.75	−0.87	66.31	232	2.575	241	8.90	−1.21	62.93
200	2.586	237	10.42	−1.16	63.43	233	2.558	244	7.77	−1.28	62.17
201	2.578	239	9.66	−1.19	63.07	234	2.585	238	10.04	−1.16	63.38
202	2.594	235	11.17	−1.12	63.79	235	2.540	249	5.87	−1.36	61.35
203	2.564	243	8.14	−1.26	62.44	236	2.648	218	17.61	−0.88	66.22
204	2.625	224	15.34	−0.98	65.18	237	2.645	219	17.23	−0.89	66.09
205	2.623	226	14.58	−0.99	65.09	238	2.632	222	16.10	−0.95	65.50
206	2.608	232	12.31	−1.06	64.42	239	2.617	228	13.83	−1.02	64.82
207	2.557	245	7.39	−1.29	62.12	240	2.680	199	24.81	−0.73	67.66
208	2.544	248	6.25	−1.35	61.53	241	2.688	195	26.33	−0.70	68.02
209	2.527	250	5.49	−1.42	60.77	242	2.671	205	22.54	−0.77	67.26
210	2.439	257	2.84	−1.82	56.80	243	2.677	201	24.05	−0.75	67.53
211	2.431	260	1.70	−1.86	56.44	244	2.708	187	29.36	−0.61	68.93
212	2.439	257	2.84	−1.82	56.80	245	2.676	203	23.30	−0.75	67.48
213	2.419	262	0.95	−1.91	55.90	246	2.679	200	24.43	−0.74	67.62
214	2.365	263	0.57	−2.15	53.47	247	2.696	192	27.46	−0.66	68.38
215	2.333	264	0.19	−2.30	52.03	248	2.682	197	25.57	−0.72	67.75
216	2.436	259	2.08	−1.83	56.67	249	2.693	193	27.08	−0.68	68.25
217	2.455	256	3.22	−1.75	57.52	250	2.653	211	20.27	−0.86	66.45
218	2.425	261	1.33	−1.88	56.17	251	2.607	233	11.93	−1.06	64.37
219	2.506	252	4.73	−1.52	59.82	252	2.612	230	13.07	−1.04	64.60
220	2.515	251	5.11	−1.48	60.23	253	2.629	223	15.72	−0.96	65.37
221	2.497	253	4.36	−1.56	59.42	254	2.622	227	14.20	−1.00	65.05
222	2.478	255	3.60	−1.64	58.56	255	2.612	230	13.07	−1.04	64.60
223	2.482	254	3.98	−1.63	58.74	256	2.642	220	16.86	−0.90	65.95
224	2.555	247	6.63	−1.30	62.03	257	2.649	216	18.37	−0.87	66.27
225	2.576	240	9.28	−1.20	62.98	258	2.635	221	16.48	−0.94	65.64
226	2.625	224	15.34	−0.98	65.18	259	2.649	216	18.37	−0.87	66.27
227	2.615	229	13.45	−1.03	64.73	260	2.651	212	19.89	−0.86	66.36
228	2.600	234	11.55	−1.09	64.06	261	2.660	209	21.02	−0.82	66.76
229	2.590	236	10.80	−1.14	63.61	262	2.710	186	29.73	−0.60	69.02
230	2.557	245	7.39	−1.29	62.12	263	2.725	177	33.14	−0.53	69.69
231	2.570	242	8.52	−1.23	62.71	264	2.750	166	37.31	−0.42	70.82

从图 7-6 中我们发现，在整个年度的数据波动中，百分等级出现了比较大的波动，而经过线性处理的与百分等级趋势一致的导出分数曲线的变化则稳定得多。在前面的短期数据评估和中期数据评估中，我们已经证明了数据采集区间不同将导致同一个数据由于所在的系统不同而生成的导出

分数也不同。这种数据的系统性原则也能够说明为什么相同的数据在不同的评估区间会赋予不同的意义。

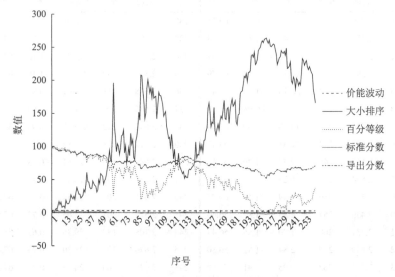

图 7-6 年度价能波动数据导出分数图

仍以前面短期评估和中期评估讨论的五个相同数据为例，我们来分析数据的系统性原则。根据导出分数的公式 10Z+75 可知，与波动数据对应所产生的标准分数在短期区间、中期区间、长期区间是不同的，所以导出分数也就不同。在数据采集的最后五个数据中，其对应的短期导出分数、中期导出分数和长期导出分数具体如下："2.651—71.55—81.89—66.36""2.660—73.87—82.87—66.76""2.710—86.75—88.36—69.02""2.725—90.62—90.00—69.69""2.750—97.06—92.74—70.82"。

在以上五组波动数据中，短期数据评估的 71.55、73.87 处于 70—80 分数段，86.75 处于 80—90 分数段，90.62、97.06 处于 90—100 分数段。中期数据评估中的 81.89、82.87、88.36 处于 80—90 分数段，90.00、92.74 处于 90—100 分数段。长期数据评估中的 66.36、66.76、69.02、69.69 处于 60—70 分数段，70.82 处于 70—80 分数段。

从区分度角度来看，短期数据评估对这五个数据的区分度是最好的，共有三个分数段可以选择，相应比例为 2∶1∶2。中期数据评估的区分度次之，相应分数段的比例为 3∶2。长期数据评估的区分度最弱，相应分数段的比例为 4∶1。

在 22 个连续数据的短周期波动中，市场波动幅度最大，各个数据节点的切换速度最快。在 66 个连续数据的中周期波动中，市场波动对数据评估的影响相对较小，某一个交易日发生的极端波动数据在中周期内通常会得到平滑，各个数据节点的切换速度比较适中，对应的市场情绪波动也比较温和。在 264 个连续数据的长周期波动中，市场波动对数据评估的影响最小，各数据节点变化的速度也最慢，单个交易日产生的极端波动数据对长周期市场的数据评估不具有高区分度影响。只有当市场波动出现持续、大幅、趋势性波动时，才可能对长周期数据评估起到较大影响。

以上数据评估的分析证明了短期市场交易波动性最大、风险性最高，中期市场交易波动性较小、风险性较低，长期市场交易波动性最小、风险性最低的论断。例如，2.750 这一波动数据在短期评估中的导出分数是 97.06，超出了正两个标准差位置（2.7420），概率水平在 2.15%左右，短期面临均值回归的风险；中期评估中的导出分数是 92.74，尚处于正一个标准差（2.6794）和正两个标准差（2.7706）位置之间，距离均值回归的极端拐点还有一段距离，其对应的概率水平是 13.6%；长期评估中的导出分数是 70.82，交易风险处于相对安全的区间，在近似正态分布曲线中居于负一个标准差（2.6209）和均值（2.8428）之间，对应的概率水平是 34.1%。概率水平越低，说明波动数据运行到这个位置的可能性越低，对应的回调风险也越高；概率水平越高，说明波动数据越稳定，对应的交易风险也越低。

7.2　量能波动数据的计算评估

量能波动数据的评估就是对期权标的上证 50ETF 波动交易量的评估。与常规数据评估的单维度不同，波动数据评估是多维度的。量能波动数据评估是价能波动数据评估之外非常重要的参数。

量能评估与价能评估一样都是一种动态变化的数据评估。每分钟都发生变化的量能数据在收盘时将稳定在多空双方最终认可的交易量位置，所以我们以上证 50ETF 每天的收盘交易量作为当天的量能波动数据进行采集。在波动数据的采集方面，我们保持与价能区间采集标准一致的原则，即短期数据采样自 2022 年 12 月 8 日至 2023 年 1 月 9 日共 22 个交易日，中期数据采样自 2022 年 9 月 30 日至 2023 年 1 月 9 日共 66 个交易日，长期数据采样自 2021 年 12 月 9 日至 2023 年 1 月 9 日共 264 个交易日。

7.2.1　短期量能波动的数据评估

根据期权交易市场的相关规定，每个月大约有 22 个交易日。短期数据评估一般以每个月采集到的数据集为准。在月度量能波动数据评估中，交易量数据以每天收盘时的数据为准。请见 2022 年 12 月 8 日至 2023 年 1 月 9 日共 22 个交易日期权标的上证 50ETF 的交易量波动数据（表 7-7）。

表 7-7　月度量能波动数据

序号	量能波动	序号	量能波动	序号	量能波动
1	12.10	9	21.28	17	15.21
2	21.26	10	14.34	18	18.45
3	12.98	11	15.39	19	18.10
4	9.52	12	20.14	20	20.71
5	18.94	13	12.11	21	14.17
6	14.49	14	19.30	22	15.84
7	14.78	15	18.82		
8	21.18	16	17.14		

量能波动数据的均值、中位数、标准差以及正负标准差数据节点等都是非常重要的计算参数。在表 7-7 的数据中，"=average（A1：A22）"的计算结果为 16.6477。"=median（A1：A22）"的计算结果为 16.4900。"=stdev（A1：A22）"的计算结果为 3.4088。"=average（A1：A22）+stdev（A1：A22）"的计算结果为 20.0565。"=average（A1：A22）+2×stdev（A1：A22）"的计算结果为 23.4653。"=average（A1：A22）−stdev（A1：A22）"的计算结果为 13.2389。"=average（A1：A22）−2×stdev（A1：A22）"的计算结果为 9.8301。由此我们可以构建一个近似的正态分布曲线。

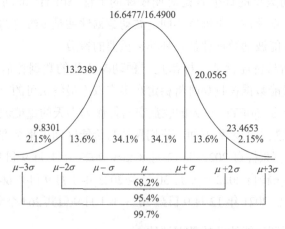

图 7-7　月度量能正态分布曲线

由图 7-7 可以看出，均值略大于中位数，形成的是正偏度。这说明在短期评估中，数据处于低分区的比例相对较高。由于正偏度幅度较低，我们将曲线视为近似的正态分布曲线。在曲线中可见，数据波动区间在 9.8301—23.4653 的总占比为 95.4%。波动区间在 13.2389—20.0565 的总占比为 68.2%。低于 9.8301 的数据占比为 2.15%左右（低于三个标准差的占比在 0.15%，忽略不计），高于 23.4653 的数据占比为 2.15%左右（高于三个标准差的占比在 0.15%，忽略不计）。

我们在导出分数的数据评估系统中，设定标准差为 10，均值为 75，由标准分数形成的导出分数公式为 10Z+75。这样，根据数据排序的计算函数"=RANK（An，\$A\$1：\$A\$22，0）"我们可以计算出所有数据在整个 22 日数据集中的自大到小的相对位置。根据百分等级的计算公式 PR=100−（100R−50）/22，计算得出所有数据的百分等级。在近似正态分布的状态下，根据均值函数"=average（A1：A22）"计算出 22 日的均值。根据标准差函数"=stdev（A1：A22）"可计算出 22 日的标准差。根据标准分数公式 $Z=(x-x')/s$ 计算出所有数据的标准分数。根据导出分数公式 10Z+75 计算出所有数据的导出分数。有了导出分数，我们就可以在不同的波动区间对数据意义进行纵向和横向的比较。具体月度量能计算和数据评估请见表 7-8。

表 7-8　月度量能标准分数和导出分数

序号	量能波动	大小排序	百分等级	标准分数	导出分数	序号	量能波动	大小排序	百分等级	标准分数	导出分数
1	12.10	21	6.82	−1.33	61.66	12	20.14	5	79.55	1.02	85.24
2	21.26	2	93.18	1.35	88.53	13	12.11	20	11.36	−1.33	61.69
3	12.98	19	15.91	−1.08	64.24	14	19.30	6	75.00	0.78	82.78
4	9.52	22	2.27	−2.09	54.09	15	18.82	8	65.91	0.64	81.37
5	18.94	7	70.45	0.67	81.72	16	17.14	11	52.27	0.14	76.44
6	14.49	16	29.55	−0.63	68.67	17	15.21	14	38.64	−0.42	70.78
7	14.78	15	34.09	−0.55	69.52	18	18.45	9	61.36	0.53	80.29
8	21.18	3	88.64	1.33	88.30	19	18.10	10	56.82	0.43	79.26
9	21.28	1	97.73	1.36	88.59	20	20.71	4	84.09	1.19	86.92
10	14.34	17	25.00	−0.68	68.23	21	14.17	18	20.45	−0.73	67.73
11	15.39	13	43.18	−0.37	71.31	22	15.84	12	47.73	−0.24	72.63

由表 7-8 我们可以发现，量能波动的原始数据不是有序的，总体呈现出一种杂乱无章的状态。有了排序函数的帮助，我们可以将这些数据自大到小进行快速排序，各个不同的数据可以用相应的数列号表示其在整个数

据中的相对位置。排序之后，整个数据集就可以进行更为精准的相对位置的计算，百分等级的引入就是对简单排序所表达的相对位置计算的升级。标准分数是百分等级之后推出的概念，实现了不同数据间混合运算的可能。导出分数则是为了消除标准分数结果中的负数和零值而引入的终极标准化数据评估的参数。在 22 日量能波动数据的计算中，我们可以看到各个参数之间的波动关系（图 7-8）。

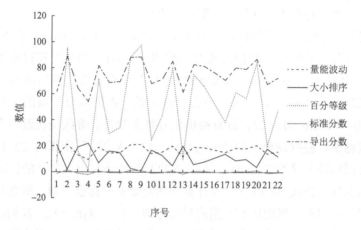

图 7-8　月度量能波动数据导出分数图

从图 7-8 可见，量能波动数据是所有参数的计算基础。整体数据按自大到小的排序顺次展开，并带动百分等级、标准分数和导出分数随之发生波动变化。

从波动规律来看，百分等级的数据波动由于扩大了 100 倍，所以波动幅度是最大的，可见性效果最好。我们以第一个量能波动数据 12.10 为例，其排序是第 21 位，其百分等级结果是 6.82，意味着比量能波动数据 12.10 更小的数据占比大约在 6.82%。由此可以看出，我们在表 7-8 中的百分等级 6.82 实际上是将 6.82%扩大了 100 倍进行陈述的，旨在使数据评估简捷有效。同理，在百分等级自验证函数"=PERCENTILE（$A$1：$A$22，0.01*PR）"的计算中我们可以看到，百分等级 PR 被缩小了 100 倍，也就是说，列表中的百分等级结果回归到数值的原来状态。

表 7-9　量能波动数据的百分等级和 PERCENTILE 函数对应

序号	量能波动	大小排序	百分等级	PERCENTILE
1	12.10	21	6.82	12.10
2	21.26	2	93.18	21.23
3	12.98	19	15.91	13.39
4	9.52	22	2.27	10.75

序号	量能波动	大小排序	百分等级	PERCENTILE
5	18.94	7	70.45	18.92
6	14.49	16	29.55	14.55
7	14.78	15	34.09	14.85
8	21.18	3	88.64	21.00
9	21.28	1	97.73	21.27
10	14.34	17	25.00	14.38
11	15.39	13	43.18	15.42
12	20.14	5	79.55	19.89
13	12.11	20	11.36	12.45
14	19.30	6	75.00	19.21
15	18.82	8	65.91	18.76
16	17.14	11	52.27	17.11
17	15.21	14	38.64	15.23
18	18.45	9	61.36	18.41
19	18.10	10	56.82	18.03
20	20.71	4	84.09	20.52
21	14.17	18	20.45	14.22
22	15.84	12	47.73	15.87

在表 7-9 中，量能波动数据按照排序函数"=RANK（An，$A\$1$：$A\$22$，0）"计算出所有数据的相对位置，根据百分等级公式 PR=100–（100R–50）/22 计算出百分等级，再根据"=PERCENTILE（$A\$1$：$A\$22$，0.01*PR）"计算出依照百分等级结果验证得出的量能波动数据。计算过程为"量能波动>大小排序>百分等级>PERCENTILE（自验证的量能波动数据）"。通过对比原始的量能波动数据和自验证的量能波动数据，我们可以看到这两个数据略有差异，主要原因在于数据在评估过程中出现了一定的系统误差（一部分原因在于采样数据较少），导致自验证时难以与原始数据完全一致，只能大体一致。随着采样数据的增加，误差比例也会逐渐降低。

7.2.2　中期量能波动的数据评估

在中期量能波动的数据评估中，我们通常以季度为数据采样区间。在期权市场交易中，一般以 66 天的收盘交易量结果为中期量能波动数据的采样集。以下量能波动数据采样（上证 50ETF）自 2022 年 9 月 30 日至 2023 年 1 月 9 日共 66 个交易日（表 7-10）。

表 7-10 季度量能波动数据

序号	量能波动	序号	量能波动	序号	量能波动
1	19.97	23	16.48	45	12.10
2	20.35	24	16.52	46	21.26
3	12.99	25	28.93	47	12.98
4	20.71	26	43.27	48	9.52
5	16.46	27	40.14	49	18.94
6	27.52	28	31.89	50	14.49
7	13.66	29	20.44	51	14.78
8	12.85	30	26.61	52	21.18
9	16.46	31	19.54	53	21.28
10	18.58	32	21.02	54	14.34
11	16.03	33	24.17	55	15.39
12	43.76	34	24.06	56	20.14
13	26.65	35	18.33	57	12.11
14	32.93	36	16.28	58	19.30
15	26.58	37	25.92	59	18.82
16	26.71	38	36.70	60	17.14
17	28.52	39	18.54	61	15.21
18	32.89	40	20.51	62	18.45
19	38.34	41	21.53	63	18.10
20	23.62	42	28.83	64	20.71
21	32.68	43	21.93	65	14.17
22	27.87	44	24.48	66	15.84

在量能波动数据的近似正态分布曲线构建中，相关的数据节点可以计算获得。"=average（A1：A66）"的计算结果为 21.9470。"=median（A1：A66）"的计算结果为 20.3950。"=stdev（A1：A66）"的计算结果为 7.7117。"=average（A1：A66）+ stdev（A1：A66）"的计算结果为 29.6586。"=average（A1：A66）+2×stdev（A1：A66）"的计算结果为 37.3703。"=average（A1：A66）−stdev（A1：A66）"的计算结果为 14.2353。"=average（A1：A66）−2×stdev（A1：A66）"的计算结果为 6.5237。近似正态分布曲线如图 7-9 所示。

从图 7-9 中可以看出，在季度量能波动数据评估中，形成的是一个幅度较小的正偏度（均值 21.9470 与中位数 20.3950 之差是正值），季度量能波动数据处于低数值阶段的概率稍高。在近似的正态分布曲线中，根据"三个标准差原则"，我们可以以正负两个标准差、正负一个标准差和均值为数据节点总结出数据波动的总区间概率规律，具体如下。

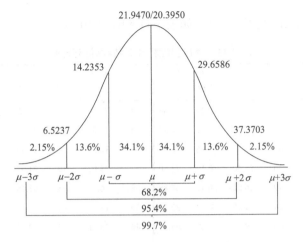

图 7-9　季度量能正态分布曲线

（1）负无穷与负两个标准差之间的概率，即（−∞，6.5237]，在 2.15%左右（负三个标准差以下的数据的出现概率约在 0.15%，忽略不计）。

（2）负两个标准差和负一个标准差之间的概率，即（6.5237，14.2353]，在 13.6%左右。

（3）负一个标准差和均值之间的概率，即（14.2353，21.9470]，在 34.1%左右。

（4）均值和正一个标准差之间的概率，即（21.9470，29.6586]，在 34.1%左右。

（5）正一个标准差和正两个标准差之间的概率，即（29.6586，37.3703]，在 13.6%左右。

（6）正两个标准差与正无穷之间的概率，即（37.3703，+∞），在 2.15%左右（正三个标准差以上的数据的出现概率约在 0.15%，忽略不计）。

通过上面的曲线我们可以看出，量能波动数据处于正负一个标准差之间的概率是最高的，达到 68.2%。也就是说，常规情况下波动数据的重要区间出现在 14.2353 和 29.6586 之间。波动数据的极端值负方向出现在 6.5237，正方向出现在 37.3703。这种极端情况的概率较小，在 2.15%左右。所以，如果波动数据真的出现在这两个位置，通常具有非常强烈的市场信号。

根据季度量能波动数据，我们可以计算出各个数据的百分等级、标准分数和导出分数（公式为 10Z+75），并根据这些计算结果绘制季度量能波动数据导出分数图，具体如表 7-11 和图 7-10 所示。

表 7-11 季度量能标准分数和导出分数

序号	量能波动	大小排序	百分等级	标准分数	导出分数	序号	量能波动	大小排序	百分等级	标准分数	导出分数
1	19.97	36	46.21	−0.26	72.44	34	24.06	22	67.42	0.27	77.74
2	20.35	34	49.24	−0.21	72.93	35	18.33	44	34.09	−0.47	70.31
3	12.99	61	8.33	−1.16	63.39	36	16.28	51	23.48	−0.73	67.65
4	20.71	30	55.30	−0.16	73.40	37	25.92	19	71.97	0.52	80.15
5	16.46	49	26.52	−0.71	67.88	38	36.70	5	93.18	1.91	94.13
6	27.52	14	79.55	0.72	82.23	39	18.54	42	37.12	−0.44	70.58
7	13.66	60	9.85	−1.07	64.25	40	20.51	32	52.27	−0.19	73.14
8	12.85	63	5.30	−1.18	63.20	41	21.53	25	62.88	−0.05	74.46
9	16.46	49	26.52	−0.71	67.88	42	28.83	11	84.09	0.89	83.93
10	18.58	41	38.64	−0.44	70.63	43	21.93	24	64.39	0.00	74.98
11	16.03	52	21.97	−0.77	67.33	44	24.48	20	70.45	0.33	78.28
12	43.76	1	99.24	2.83	103.29	45	12.10	65	2.27	−1.28	62.23
13	26.65	16	76.52	0.61	81.10	46	21.26	27	59.85	−0.09	74.11
14	32.93	6	91.67	1.42	89.24	47	12.98	62	6.82	−1.16	63.37
15	26.58	18	73.48	0.60	81.01	48	9.52	66	0.76	−1.61	58.89
16	26.71	15	78.03	0.62	81.18	49	18.94	39	41.67	−0.39	71.10
17	28.52	12	82.58	0.85	83.52	50	14.49	57	14.39	−0.97	65.33
18	32.89	7	90.15	1.42	89.19	51	14.78	56	15.91	−0.93	65.71
19	38.34	4	94.70	2.13	96.26	52	21.18	28	58.33	−0.10	74.01
20	23.62	23	65.91	0.22	77.17	53	21.28	26	61.36	−0.09	74.14
21	32.68	8	88.64	1.39	88.92	54	14.34	58	12.88	−0.99	65.14
22	27.87	13	81.06	0.77	82.68	55	15.39	54	18.94	−0.85	66.50
23	16.48	48	28.03	−0.71	67.91	56	20.14	35	47.73	−0.23	72.66
24	16.52	47	29.55	−0.70	67.96	57	12.11	64	3.79	−1.28	62.24
25	28.93	10	85.61	0.91	84.06	58	19.30	38	43.18	−0.34	71.57
26	43.27	2	97.73	2.77	102.65	59	18.82	40	40.15	−0.41	70.95
27	40.14	3	96.21	2.36	98.59	60	17.14	46	31.06	−0.62	68.77
28	31.89	9	87.12	1.29	87.89	61	15.21	55	17.42	−0.87	66.26
29	20.44	33	50.76	−0.20	73.05	62	18.45	43	35.61	−0.45	70.47
30	26.61	17	75.00	0.60	81.05	63	18.10	45	32.58	−0.50	70.01
31	19.54	37	44.70	−0.31	71.88	64	20.71	30	55.30	−0.16	73.40
32	21.02	29	56.82	−0.12	73.80	65	14.17	59	11.36	−1.01	64.92
33	24.17	21	68.94	0.29	77.88	66	15.84	53	20.45	−0.79	67.08

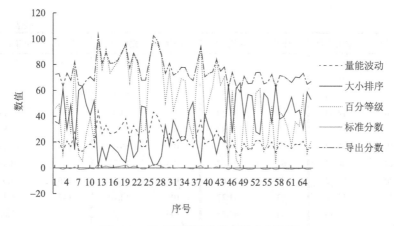

图 7-10　季度量能波动数据导出分数图

从图 7-10 中可以看出，导出分数与百分等级的波动趋势是近乎一致的，而导出分数的波动幅度经过平滑能更好地展示量能波动趋势。导出分数在常规数据评估中具有标准化特征，处于不同数据集中的导出分数可以进行分数的比较。我们以月度量能波动数据集和季度量能波动数据集中最后五个数据为例来分析数据评估的系统性原则。

在月度量能波动数据评估中，最后五个工作日的量能分别是 18.45、18.10、20.71、14.17 和 15.84。根据标准化分数体系的构建原则，我们计算得出这五个量能对应的导出分数分别是 80.29、79.26、86.92、67.73 和 72.63。在季度量能波动数据评估中，这五个量能对应的导出分数分别是 70.47、70.01、73.40、64.92 和 67.08。在这组数据评估中，月度量能和季度量能都处于正偏度状态（均值大于中位数），季度量能的总体水平要低于月度量能水平。

7.2.3　长期量能波动的数据评估

年度交易量波动数据的采集属于长期数据评估范围。根据市场交易规则，每个年度的交易数据大约是 264 个交易日。与前面讨论的价能波动的长期数据评估相一致，我们交易量数据的采样区间也设定在 2021 年 12 月 9 日至 2023 年 1 月 9 日，共 264 个交易日（表 7-12）。

表 7-12　年度量能波动数据

序号	量能波动	序号	量能波动	序号	量能波动	序号	量能波动
1	47.12	4	27.18	7	27.26	10	28.78
2	30.45	5	13.95	8	27.51	11	17.62
3	27.47	6	21.54	9	17.23	12	21.19

续表

序号	量能波动	序号	量能波动	序号	量能波动	序号	量能波动
13	29.82	55	11.11	97	18.49	139	11.50
14	29.36	56	18.21	98	22.84	140	8.81
15	22.53	57	22.25	99	25.30	141	12.87
16	14.94	58	36.39	100	14.05	142	12.18
17	15.58	59	35.80	101	10.87	143	8.57
18	17.93	60	31.61	102	16.06	144	12.23
19	20.43	61	29.87	103	12.74	145	23.33
20	25.02	62	26.69	104	15.50	146	14.07
21	17.56	63	41.27	105	12.10	147	14.35
22	15.43	64	44.55	106	24.75	148	12.68
23	17.67	65	30.94	107	19.61	149	12.51
24	17.07	66	25.38	108	19.52	150	19.95
25	25.28	67	25.11	109	16.57	151	11.36
26	22.85	68	14.14	110	14.85	152	11.49
27	17.67	69	18.15	111	14.87	153	17.93
28	35.81	70	8.41	112	17.42	154	23.39
29	15.45	71	12.19	113	14.93	155	17.41
30	23.80	72	19.07	114	14.26	156	11.98
31	20.00	73	9.91	115	10.17	157	16.44
32	22.02	74	21.38	116	15.15	158	15.84
33	23.45	75	15.85	117	16.35	159	24.04
34	26.48	76	22.54	118	16.05	160	17.23
35	30.30	77	23.98	119	15.45	161	11.58
36	36.88	78	15.44	120	13.46	162	9.22
37	22.91	79	15.51	121	16.81	163	12.07
38	20.09	80	20.35	122	21.94	164	19.20
39	25.39	81	23.78	123	35.92	165	13.02
40	15.65	82	14.68	124	13.48	166	8.45
41	17.19	83	22.19	125	20.83	167	8.87
42	16.27	84	24.71	126	20.45	168	10.64
43	13.00	85	18.96	127	16.73	169	10.73
44	13.35	86	17.43	128	11.58	170	11.03
45	12.87	87	15.32	129	13.11	171	17.31
46	12.39	88	23.26	130	16.02	172	13.95
47	16.13	89	16.99	131	22.88	173	21.23
48	19.71	90	33.79	132	13.07	174	22.04
49	16.34	91	32.97	133	13.81	175	12.96
50	19.71	92	37.39	134	17.37	176	10.07
51	21.17	93	29.52	135	12.81	177	10.03
52	9.70	94	24.24	136	9.32	178	22.12
53	16.88	95	21.67	137	17.13	179	16.48
54	9.98	96	26.54	138	13.36	180	22.29

序号	量能波动	序号	量能波动	序号	量能波动	序号	量能波动
181	13.73	202	20.71	223	28.93	244	21.26
182	16.28	203	16.46	224	43.27	245	12.98
183	12.77	204	27.52	225	40.14	246	9.52
184	11.98	205	13.66	226	31.89	247	18.94
185	19.19	206	12.85	227	20.44	248	14.49
186	18.23	207	16.46	228	26.61	249	14.78
187	25.34	208	18.58	229	19.54	250	21.18
188	33.55	209	16.03	230	21.02	251	21.28
189	43.76	210	43.76	231	24.17	252	14.34
190	21.91	211	26.65	232	24.06	253	15.39
191	16.95	212	32.93	233	18.33	254	20.14
192	15.17	213	26.58	234	16.28	255	12.11
193	17.60	214	26.71	235	25.92	256	19.30
194	16.66	215	28.52	236	36.70	257	18.82
195	20.70	216	32.89	237	18.54	258	17.14
196	19.79	217	38.34	238	20.51	259	15.21
197	19.65	218	23.62	239	21.53	260	18.45
198	19.51	219	32.68	240	28.83	261	18.10
199	19.97	220	27.87	241	21.93	262	20.71
200	20.35	221	16.48	242	24.48	263	14.17
201	12.99	222	16.52	243	12.10	264	15.84

为了数据评估的需要，我们需要计算以上数据集的各个参数。"=average（A1：A264）"的计算结果为 19.89。"=median（A1：A264）"的计算结果为 18.22。"=stdev（A1：A264）"的计算结果为 7.54。"=average（A1：A264）+stdev（A1：A264）"的计算结果为 27.43。"=average（A1：A264）+2×stdev（A1：A264）"的计算结果为 34.96。"=average（A1：A264）-stdev（A1：A264）"的计算结果为 12.36。"=average（A1：A264）-2×stdev（A1：A264）"的计算结果为 4.82。

在偏度的计算中，我们得到的均值与中位数之差为正值，这说明在精确计算下，长期量能波动数据的评估曲线呈正偏度，比例较高的数据处于相对的低数据区域。由于偏度幅度相对较小，我们将该曲线视为近似的正态分布曲线，"三个标准差原则"也适用于该曲线。这样，根据各个数据节点，我们形成了如下曲线（图 7-11）。

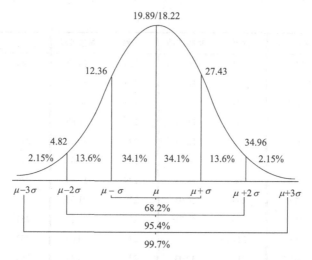

图 7-11   年度量能近似正态分布曲线

从图 7-11 中可以看出，在年度量能波动数据评估中，交易量在 4.82—34.96 区间的波动数据占总体数据的 95.4%。在近似正态分布的曲线中，我们可以看到，在年度量能评估的 264 个交易日中，量能在到达极值后会出现均值回归。例如，在最大值 47.12 出现后，量能第二天就出现了均值回归，下降到 30.45，从正两个标准差以上的位置回落到正两个标准差以下的部分。同理，当最小值 8.41 出现后，交易量缩小到极值，第二天交易量就上升到 12.19，第三天上升到 19.07，所处的位置也从负一个标准差以下回归到负一个标准差以上。量能数据的波动在 264 个交易日中基本呈现正态分布曲线，各个数据出现在正负两个标准差之外时，停留的时间都比较短暂，然后就会发生均值回归。这种实践的数据评估验证了在期权交易中"天量""地量"与价格有一定关系的论证。

在前面的讨论中，我们发现了数据的系统性原则。相同的波动数据处于不同的数据区间，其数据所代表的意义也是不同的。这种不同是通过导出分数的计算和比较获得的。根据一致性原则，我们在计算长期量能波动数据的导出分数时也采用了相同的公式 $10Z + 75$。波动数据相应的大小排序、百分等级、标准分数和导出分数计算如表 7-13 所示。

表 7-13   年度量能标准分数和导出分数表

序号	量能波动	大小排序	百分等级	标准分数	导出分数	序号	量能波动	大小排序	百分等级	标准分数	导出分数
1	47.12	1	99.81	3.61	111.11	2	30.45	25	90.72	1.40	89.01

序号	量能波动	大小排序	百分等级	标准分数	导出分数	序号	量能波动	大小排序	百分等级	标准分数	导出分数
3	27.47	38	85.80	1.01	85.05	42	16.27	171	35.42	-0.48	70.20
4	27.18	40	85.04	0.97	84.67	43	13.00	219	17.23	-0.91	65.86
5	13.95	207	21.78	-0.79	67.12	44	13.35	215	18.75	-0.87	66.33
6	21.54	87	67.23	0.22	77.19	45	12.87	223	15.72	-0.93	65.69
7	27.26	39	85.42	0.98	84.77	46	12.39	231	12.69	-0.99	65.05
8	27.51	37	86.17	1.01	85.11	47	16.13	172	35.04	-0.50	70.01
9	17.23	148	44.13	-0.35	71.47	48	19.71	113	57.39	-0.02	74.76
10	28.78	33	87.69	1.18	86.79	49	16.34	168	36.55	-0.47	70.29
11	17.62	140	47.16	-0.30	71.99	50	19.71	113	57.39	-0.02	74.76
12	21.19	93	64.96	0.17	76.72	51	21.17	95	64.20	0.17	76.70
13	29.82	28	89.58	1.32	88.17	52	9.70	256	3.22	-1.35	61.49
14	29.36	30	88.83	1.26	87.56	53	16.88	156	41.10	-0.40	71.01
15	22.53	76	71.40	0.35	78.50	54	9.98	254	3.98	-1.31	61.86
16	14.94	193	27.08	-0.66	68.44	55	11.11	246	7.01	-1.16	63.36
17	15.58	181	31.63	-0.57	69.28	56	18.21	133	49.81	-0.22	72.77
18	17.93	136	48.67	-0.26	72.40	57	22.25	78	70.64	0.31	78.13
19	20.43	104	60.80	0.07	75.72	58	36.39	12	95.64	2.19	96.88
20	25.02	55	79.36	0.68	81.80	59	35.80	15	94.51	2.11	96.10
21	17.56	142	46.40	-0.31	71.91	60	31.61	23	91.48	1.55	90.54
22	15.43	187	29.36	-0.59	69.08	61	29.87	27	89.96	1.32	88.24
23	17.67	138	47.92	-0.29	72.06	62	26.69	42	84.28	0.90	84.02
24	17.07	153	42.23	-0.37	71.26	63	41.27	6	97.92	2.84	103.36
25	25.28	53	80.11	0.71	82.15	64	44.55	2	99.43	3.27	107.71
26	22.85	73	72.54	0.39	78.93	65	30.94	24	91.10	1.47	89.66
27	17.67	138	47.92	-0.29	72.06	66	25.38	50	81.25	0.73	82.28
28	35.81	14	94.89	2.11	96.11	67	25.11	54	79.73	0.69	81.92
29	15.45	184	30.49	-0.59	69.11	68	14.14	204	22.92	-0.76	67.37
30	23.80	64	75.95	0.52	80.19	69	18.15	134	49.43	-0.23	72.69
31	20.00	109	58.90	0.01	75.15	70	8.41	264	0.19	-1.52	59.77
32	22.02	82	69.13	0.28	77.82	71	12.19	233	11.93	-1.02	64.79
33	23.45	67	74.81	0.47	79.72	72	19.07	123	53.60	-0.11	73.91
34	26.48	47	82.39	0.87	83.74	73	9.91	255	3.60	-1.32	61.76
35	30.30	26	90.34	1.38	88.81	74	21.38	89	66.48	0.20	76.98
36	36.88	10	96.40	2.25	97.53	75	15.85	177	33.14	-0.54	69.64
37	22.91	71	73.30	0.40	79.01	76	22.54	75	71.78	0.35	78.51
38	20.09	108	59.28	0.03	75.27	77	23.98	63	76.33	0.54	80.42
39	25.39	49	81.63	0.73	82.29	78	15.44	186	29.73	-0.59	69.10
40	15.65	180	32.01	-0.56	69.38	79	15.51	182	31.25	-0.58	69.19
41	17.19	150	43.37	-0.36	71.42	80	20.35	105	60.42	0.06	75.61

续表

序号	量能波动	大小排序	百分等级	标准分数	导出分数	序号	量能波动	大小排序	百分等级	标准分数	导出分数
81	23.78	65	75.57	0.52	80.16	120	13.46	213	19.51	−0.85	66.47
82	14.68	198	25.19	−0.69	68.09	121	16.81	157	40.72	−0.41	70.92
83	22.19	79	70.27	0.31	78.05	122	21.94	83	68.75	0.27	77.72
84	24.71	57	78.60	0.64	81.39	123	35.92	13	95.27	2.13	96.26
85	18.96	124	53.22	−0.12	73.77	124	13.48	212	19.89	−0.85	66.50
86	17.43	143	46.02	−0.33	71.74	125	20.83	97	63.45	0.12	76.25
87	15.32	189	28.60	−0.61	68.94	126	20.45	102	61.55	0.07	75.74
88	23.26	70	73.67	0.45	79.47	127	16.73	158	40.34	−0.42	70.81
89	16.99	154	41.86	−0.38	71.15	128	11.58	241	8.90	−1.10	63.98
90	33.79	16	94.13	1.84	93.44	129	13.11	216	18.37	−0.90	66.01
91	32.97	18	93.37	1.73	92.35	130	16.02	176	33.52	−0.51	69.87
92	37.39	9	96.78	2.32	98.21	131	22.88	72	72.92	0.40	78.97
93	29.52	29	89.20	1.28	87.77	132	13.07	217	17.99	−0.90	65.95
94	24.24	59	77.84	0.58	80.77	133	13.81	209	21.02	−0.81	66.94
95	21.67	86	67.61	0.24	77.36	134	17.37	146	44.89	−0.33	71.66
96	26.54	46	82.77	0.88	83.82	135	12.81	226	14.58	−0.94	65.61
97	18.49	129	51.33	−0.19	73.14	136	9.32	258	2.46	−1.40	60.98
98	22.84	74	72.16	0.39	78.91	137	17.13	152	42.61	−0.37	71.34
99	25.30	52	80.49	0.72	82.18	138	13.36	214	19.13	−0.87	66.34
100	14.05	206	22.16	−0.77	67.25	139	11.50	243	8.14	−1.11	63.87
101	10.87	248	6.25	−1.20	63.04	140	8.81	261	1.33	−1.47	60.31
102	16.06	173	34.66	−0.51	69.92	141	12.87	223	15.72	−0.93	65.69
103	12.74	228	13.83	−0.95	65.52	142	12.18	234	11.55	−1.02	64.77
104	15.50	183	30.87	−0.58	69.18	143	8.57	262	0.95	−1.50	59.99
105	12.10	236	10.80	−1.03	64.67	144	12.23	232	12.31	−1.02	64.84
106	24.75	56	78.98	0.64	81.45	145	23.33	69	74.05	0.46	79.56
107	19.61	116	56.25	−0.04	74.63	146	14.07	205	22.54	−0.77	67.28
108	19.52	118	55.49	−0.05	74.51	147	14.35	200	24.43	−0.73	67.65
109	16.57	160	39.58	−0.44	70.60	148	12.68	229	13.45	−0.96	65.44
110	14.85	196	25.95	−0.67	68.32	149	12.51	230	13.07	−0.98	65.21
111	14.87	195	26.33	−0.67	68.34	150	19.95	111	58.14	0.01	75.08
112	17.42	144	45.64	−0.33	71.72	151	11.36	245	7.39	−1.13	63.69
113	14.93	194	26.70	−0.66	68.42	152	11.49	244	7.77	−1.11	63.86
114	14.26	202	23.67	−0.75	67.53	153	17.93	136	48.67	−0.26	72.40
115	10.17	251	5.11	−1.29	62.11	154	23.39	68	74.43	0.46	79.64
116	15.15	192	27.46	−0.63	68.71	155	17.41	145	45.27	−0.33	71.71
117	16.35	167	36.93	−0.47	70.31	156	11.98	239	9.66	−1.05	64.51
118	16.05	174	34.28	−0.51	69.91	157	16.44	166	37.31	−0.46	70.42
119	15.45	184	30.49	−0.59	69.11	158	15.84	178	32.77	−0.54	69.63

续表

序号	量能波动	大小排序	百分等级	标准分数	导出分数	序号	量能波动	大小排序	百分等级	标准分数	导出分数
159	24.04	62	76.70	0.55	80.50	199	19.97	110	58.52	0.01	75.11
160	17.23	148	44.13	−0.35	71.47	200	20.35	105	60.42	0.06	75.61
161	11.58	241	8.90	−1.10	63.98	201	12.99	220	16.86	−0.92	65.85
162	9.22	259	2.08	−1.42	60.85	202	20.71	98	63.07	0.11	76.09
163	12.07	238	10.04	−1.04	64.63	203	16.46	164	38.07	−0.45	70.45
164	19.20	121	54.36	−0.09	74.08	204	27.52	36	86.55	1.01	85.12
165	13.02	218	17.61	−0.91	65.89	205	13.66	211	20.27	−0.83	66.74
166	8.45	263	0.57	−1.52	59.83	206	12.85	225	14.96	−0.93	65.66
167	8.87	260	1.70	−1.46	60.38	207	16.46	164	38.07	−0.45	70.45
168	10.64	250	5.49	−1.23	62.73	208	18.58	127	52.08	−0.17	73.26
169	10.73	249	5.87	−1.21	62.85	209	16.03	175	33.90	−0.51	69.88
170	11.03	247	6.63	−1.18	63.25	210	43.76	3	99.05	3.17	106.66
171	17.31	147	44.51	−0.34	71.58	211	26.65	43	83.90	0.90	83.97
172	13.95	207	21.78	−0.79	67.12	212	32.93	19	92.99	1.73	92.29
173	21.23	92	65.34	0.18	76.78	213	26.58	45	83.14	0.89	83.87
174	22.04	81	69.51	0.29	77.85	214	26.71	41	84.66	0.90	84.05
175	12.96	222	16.10	−0.92	65.81	215	28.52	34	87.31	1.14	86.45
176	10.07	252	4.73	−1.30	61.98	216	32.89	20	92.61	1.72	92.24
177	10.03	253	4.36	−1.31	61.92	217	38.34	8	97.16	2.45	99.47
178	22.12	80	69.89	0.30	77.96	218	23.62	66	75.19	0.49	79.95
179	16.48	162	38.83	−0.45	70.48	219	32.68	21	92.23	1.70	91.96
180	22.29	77	71.02	0.32	78.18	220	27.87	35	86.93	1.06	85.58
181	13.73	210	20.64	−0.82	66.83	221	16.48	162	38.83	−0.45	70.48
182	16.28	169	36.17	−0.48	70.21	222	16.52	161	39.20	−0.45	70.53
183	12.77	227	14.20	−0.94	65.56	223	28.93	31	88.45	1.20	86.99
184	11.98	239	9.66	−1.05	64.51	224	43.27	5	98.30	3.10	106.01
185	19.19	122	53.98	−0.09	74.07	225	40.14	7	97.54	2.69	101.86
186	18.23	132	50.19	−0.22	72.80	226	31.89	22	91.86	1.59	90.92
187	25.34	51	80.87	0.72	82.23	227	20.44	103	61.17	0.07	75.73
188	33.55	17	93.75	1.81	93.12	228	26.61	44	83.52	0.89	83.91
189	43.76	3	99.05	3.17	106.66	229	19.54	117	55.87	−0.05	74.54
190	21.91	85	67.99	0.27	77.68	230	21.02	96	63.83	0.15	76.50
191	16.95	155	41.48	−0.39	71.10	231	24.17	60	77.46	0.57	80.68
192	15.17	191	27.84	−0.63	68.74	232	24.06	61	77.08	0.55	80.53
193	17.60	141	46.78	−0.30	71.96	233	18.33	131	50.57	−0.21	72.93
194	16.66	159	39.96	−0.43	70.72	234	16.28	169	36.17	−0.48	70.21
195	20.70	100	62.31	0.11	76.07	235	25.92	48	82.01	0.80	83.00
196	19.79	112	57.77	−0.01	74.87	236	36.70	11	96.02	2.23	97.29
197	19.65	115	56.63	−0.03	74.68	237	18.54	128	51.70	−0.18	73.21
198	19.51	119	55.11	−0.05	74.50	238	20.51	101	61.93	0.08	75.82

续表

序号	量能波动	大小排序	百分等级	标准分数	导出分数	序号	量能波动	大小排序	百分等级	标准分数	导出分数
239	21.53	88	66.86	0.22	77.18	252	14.34	201	24.05	−0.74	67.64
240	28.83	32	88.07	1.19	86.86	253	15.39	188	28.98	−0.60	69.03
241	21.93	84	68.37	0.27	77.71	254	20.14	107	59.66	0.03	75.33
242	24.48	58	78.22	0.61	81.09	255	12.11	235	11.17	−1.03	64.68
243	12.10	236	10.80	−1.03	64.67	256	19.30	120	54.73	−0.08	74.22
244	21.26	91	65.72	0.18	76.82	257	18.82	126	52.46	−0.14	73.58
245	12.98	221	16.48	−0.92	65.84	258	17.14	151	42.99	−0.36	71.35
246	9.52	257	2.84	−1.38	61.25	259	15.21	190	28.22	−0.62	68.79
247	18.94	125	52.84	−0.13	73.74	260	18.45	130	50.95	−0.19	73.09
248	14.49	199	24.81	−0.72	67.84	261	18.10	135	49.05	−0.24	72.63
249	14.78	197	25.57	−0.68	68.22	262	20.71	98	63.07	0.11	76.09
250	21.18	94	64.58	0.17	76.71	263	14.17	203	23.30	−0.76	67.41
251	21.28	90	66.10	0.18	76.84	264	15.84	178	32.77	−0.54	69.63

在表 7-13 中我们可以看到,全年度的量能波动表面看是无序的,但是从近似正态分布曲线来看,这些数据是按照曲线变化进行波动的。当量能波动到正负两个标准差的极值附近时,都会在较短时间内出现均值回归。尤其当量能波动到正负三个标准差的极端极值时(正三个标准差位置在 42.50),这种均值回归就特别明显。

对照长期价能波动的数据评估和长期量能波动的数据评估来看,价格和交易量之间存在着某种程度的关联性。在长期价能波动数据评估的导出分数中,264 个交易日中没有出现超过 100 分的情况。但是,在长期量能波动数据评估的导出分数中,交易量达到极度罕见的正三个标准差 42.50 附近时,导出分数就会出现超过 100 分的极端现象。经过计算分析,我们发现在正三个标准差附近的 7 个交易日的交易量对应的导出分数都出现了破百现象。这种现象除了说明极值会带来极端现象之外,还说明近似的正态分布曲线正在由正偏度曲线所取代,极端的数据拉高了曲线的右侧尾。

表 7-14 正三个标准差(42.50)附近的量能波动与导出分数

序号	量能波动	大小排序	百分等级	标准分数	导出分数
1	47.12	1	99.81	3.61	111.11
63	41.27	6	97.92	2.84	103.36
64	44.55	2	99.43	3.27	107.71
189	43.76	3	99.05	3.17	106.66

续表

序号	量能波动	大小排序	百分等级	标准分数	导出分数
210	43.76	3	99.05	3.17	106.66
224	43.27	5	98.30	3.10	106.01
225	40.14	7	97.54	2.69	101.86

在表 7-14 中，处于正三个标准差附近的量能波动数据对应的导出分数都超过了 100。从数据分析角度来说，这种情况是比较极端的。在近似正态分布曲线中，超过正三个标准差的概率在 0.15%左右。这些极大的量能对应的价能也会出现比较大的波动。请看这七个极大量能对应的价能波动和导出分数。

表 7-15 极端量能波动对应的价能导出分数

序号	价能波动	大小排序	百分等级	标准分数	导出分数
1	3.352	2	99.43	2.29	97.95
63	2.687	196	25.95	−0.70	67.98
64	2.810	131	50.57	−0.15	73.52
189	2.724	180	32.01	−0.54	69.65
210	2.439	257	2.84	−1.82	56.80
224	2.555	247	6.63	−1.30	62.03
225	2.576	240	9.28	−1.20	62.98

根据表 7-15 可以看出，序号是 1、63、64、189、210、224、225 这七个交易日的价能波动数据分别是 3.352、2.687、2.810、2.724、2.439、2.555、2.576，对应的导出分数分别是 97.95、67.98、73.52、69.65、56.80、62.03、62.98。这种变化与正三个标准差附近的量能波动及导出分数形成了比较大的不同。在量能波动中，这七个交易日的量能排序是全年中最大的七个，对应的导出分数也是超出常规地过百。但是，超大的量能并没有带来价能的超大变化。除了第一个超大量能 47.12 对应的价能为 3.352 这样的一个高值之外，其他六个超大量能对应的价能都是价格低点。例如，第 210 个量能 43.76 对应的价能反而是最低的 2.439。由此可见，交易量增加可以带来价格的上涨，同样也可以导致价格下跌。量能的极大或极小变化会对价能产生影响。在上升区间，量能增大会推动价能走高，而在下跌区间，量能增大反而会使价能不断创新低。

从图 7-12 中我们可以看到，导出分数的波动是限定在一定区间内的，这与百分等级的剧烈变化有显著不同。如同我们前面讨论的，导出分数是标准分数的线性导出，10Z+75 的公式设定去除了标准分数中的负数和零值。所以，导出分数与标准分数的变化趋势是一致的。

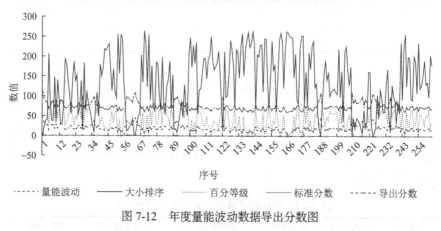

------ 量能波动　　——— 大小排序　　········· 百分等级　　——— 标准分数　　----- 导出分数

图 7-12　年度量能波动数据导出分数图

　　目前我们已经讨论了短期、中期和长期的价能波动数据评估和量能波动数据评估。

　　在跨周期研究中，同一个数据放在不同的时间周期中会得出不同的导出分数，其数据意义也不同。这就是数据的系统性原则，即数据在不同的系统中具有不同的数据意义。

　　例如，2.750 这个价格数据在短期价能波动数据评估体系中的百分等级是 97.73，导出分数是 97.06，在中期价能波动数据评估体系中的百分等级是 99.24，导出分数是 92.74，在长期价能波动数据评估体系中的百分等级是 37.31，导出分数是 70.82。按照短期评估系统来看，2.750 这个价格过高，超过了 97.73%的其他价格数据；从中期评估系统来看，2.750 这个价格超过了 99.24%的其他价格数据，所以该价格处于市场的高位，大概率有均值回归的可能；而在长期价能波动数据评估体系中，2.750 这个价格只比 37.31%的数据价格要高，导出分数也锐降到 70.82，这说明从长期来看，该价格仍处于市场低位。从数据评估角度来看，同一数据在不同评估区间具有不同的数据意义。短期和中期数据评估指向价格下跌，而在长期评估区间价格可能是指向上涨的。所以，在期权市场中才会有涨跌互现的局面出现。这也是因为每个人的评估角度不同，导致对同一个价格既有看涨预期，也有看跌预期。

　　再例如，2.750 对应的量能数据是 15.84。在短期量能波动的数据评估体系中，15.84 对应的百分等级是 47.73，导出分数 72.63；在中期的数据评估体系中，同一数据对应的百分等级是 20.45，导出分数 67.08；在长期评估体系中，其对应的百分等级是 32.77，导出分数是 69.63。在整个评估体系中，该量能对应的百分等级和导出分数都是偏低的，这与前面的价能分析形成了鲜明的对比。也就是说，价格高并不意味着交易量也高。短期评估的价能（2.750）导出分数是 97.06，而量能导出分数是 72.63；中期评估的价能导出分数是 92.74，而量能导出分数是 67.08；长期评估的价能导出分数是 70.82，而量能导出分数是 69.63。这种波动数据的独立性特征在市场交易中则相应表现为各个数据关联程度的不同。在分析中，量能最大的七个波动数据对应的价格并未出现显著增大特征。

因此，可以推断，较高的价格不一定对应较高的交易量，而交易量增大也不代表着必然会带来价格的走高。这就是波动数据的系统性和独立性。

在语言测试的常规数据评估中，评估数据多是一元的。被试参加相应测试，给出分数，然后根据分数进行各种相关的静态评估。而在波动数据评估中，评估数据是多元的，价格波动数据、交易量波动数据、看涨波动数据、看跌波动数据、困惑程度波动数据都被纳入动态的数据评估中。

结果数据评估是指期权交易在一天的多空对决中最后收盘时形成的价格数据和交易量数据。过程数据是指为了实现最终收盘的结果数据所需要的看涨期权波动数据和看跌期权波动数据。析因数据是指在交易中因困惑商不同所形成的对冲数据，表达了交易中所形成的对冲概念。

前面我们讨论了价能波动的数据评估和量能波动的数据评估。下面我们将继续讨论其他的三个动态数据评估的参数：购能波动数据（即看涨期权波动数据）、沽能波动数据（即看跌期权波动数据）、惑能波动数据（即看跌期权和看涨期权的对冲数据）。

7.3　购能波动数据的计算评估

购能波动数据的评估就是对波动价格看涨的总能量的评估。购能数据采集区间一致性选择为 2022 年 12 月 8 日至 2023 年 1 月 9 日共 22 个交易日（短期），2022 年 9 月 30 日至 2023 年 1 月 9 日共 66 个交易日（中期），以及 2021 年 12 月 9 日至 2023 年 1 月 9 日共 264 个交易日（长期）。

购能波动数据=Σ（看涨期权持仓量×期权价格）　　　（公式 7-1）

在期权交易中，收盘价格和收盘交易量可以通过交易系统由计算机直接采集。这样的波动数据是结果数据。购能波动数据是过程数据，不同于结果数据的直接采集方式,过程数据的采集需要按照一定的公式进行计算后才能进行。

在期权交易中,看涨期权代表着对市场价格上行的一种预期,所以交易者会在市场中买入看涨期权以获取利益(卖出看跌期权也可用于看涨操作,但多在对冲策略中采用,此处不进行讨论)。这种操作是推动市场价格升高的根本动力。由于看涨期权具有对未来价格上涨的预期,所以看涨期权的不同月份的持仓总量将作为期权上涨的重要参数。

期权的价格包括两部分:时间价值和内在价值。同样的行权价格,未来三个月到期和未来六个月到期,虽然内在价值一样,但时间价值不同,期权的价格也不同。举例来说,2024 年 3 月 1 日收盘时,上证50ETF 的期权共有四个月份的到期期权,分别是 2024 年 3 月到期期权、4 月到期期权、6 月到期期权和 9 月到期期权。

在 3 月到期的 50ETF 购 3 月 2200 期权中,内在价值是 0.2480,时间价值是 0.0052。期权总价格为 0.2532,一手期权的交易价格为 2532 元(按照标准化合约规定,交易时价格扩大一万倍,即交易价格=期权总价格×10 000。下同)。

在 4 月到期的 50ETF 购 4 月 2200 期权中,内在价值是 0.2480,时间价值是 0.0047。期权总价格为 0.2527,一手期权的交易价格为 2527 元。

在 6 月到期的 50ETF 购 6 月 2200 期权中,内在价值是 0.2480,时间价值是 0.0442。期权总价格为 0.2922,一手期权的交易价格为 2922 元。

在 9 月到期的 50ETF 购 9 月 2200 期权中,内在价值是 0.2480,时间价值是 0.0726。期权总价格为 0.3206,一手期权的交易价格为 3206 元。

从上面的四个期权价格对比可以看出,在不同的时间区间内,相同的行权价格 2.200(即到期时估算上证 50ETF 的收盘价格是 2.200 元。截至 2024 年 3 月 1 日,上证 50ETF 的收盘价格是 2.448 元),对应的期权价格是不同的。3 月底到期的期权价格是 2532 元,4 月底到期的期权价格是 2527 元,6 月底到期的期权价格是 2922 元,9 月底到期的期权价格是 3206 元。由此可以看出,时间参数也是影响期权价格的重要参数,并在期权价格中得到体现。

某个看涨期权的持仓量和期权价格的乘积就是该期权看涨的能量。市场中所有看涨期权的能量之和就是期权市场看涨的总能量。

$$购能波动数据=\Sigma(看涨期权持仓量×期权价格)$$

据此,我们可以计算完成当天所有看涨期权的总能量。

例如，在 2024 年 3 月 1 日收盘的波动数据中，交易所提供了市场中所有期权的 13 个统计项（代码、名称、最新价、涨跌额、涨跌幅、成交量、成交额、持仓量、行权价、剩余日、日增、昨结、今开）。

以 50ETF 购 3 月 2100 期权为例，代码是 10006461，名称是"50ETF 购 3 月 2100"，最新价是 0.3527，涨跌额为 0.0059，涨跌幅为 1.7%，成交量为 247，成交额为 86.31 万，持仓量为 1562，行权价为 2.1，剩余日为 26，日增为–34，昨结为 0.3468，今开为 0.34。

以上的数据是证券交易所提供的原始数据，购能数据需要我们按照原始数据计算得出。根据前面的购能波动数据计算公式，每个看涨期权持仓量与期权价格的乘积就是这个期权合约的购能波动数据，而当天所有期权合约的购能波动数据的总和就是看涨期权的总能量。例如，这个 50ETF 购 3 月 2100 期权合约的购能等于持仓量 1562 与最新价 0.3527 的乘积，即 550.92。在我们的期权数据库中，2024 年 3 月 1 日收盘的期权市场共有 315 个期权，所有这些期权的购能之和为 235 130.42，这个数值就代表了这一天市场看涨期权的总能量。我们在统计波动数据时，最后计算的就是 235 130.42 这样的总购能波动数据。

据此计算方法，我们完成了短期、中期和长期的购能波动数据统计。

7.3.1　短期购能波动的数据评估

短期购能波动数据的采集是以月度为区间进行的。每月大约有 22 个交易日，我们就以这个区间计算购能波动数据。每天收盘后所有看涨期权的总购能就是我们记录的最后结果。2022 年 12 月 8 日至 2023 年 1 月 9 日的购能波动数据详见表 7-16。

表 7-16　月度购能波动数据表

序号	购能波动	序号	购能波动	序号	购能波动
1	184 111.12	9	105 327.91	17	105 603.88
2	201 107.00	10	101 696.73	18	112 607.06
3	171 703.50	11	101 753.97	19	113 232.56
4	169 124.83	12	106 590.57	20	146 200.47
5	182 894.12	13	101 929.17	21	151 687.51
6	160 498.73	14	114 689.22	22	166 088.61
7	161 689.36	15	110 672.14		
8	126 717.38	16	100 299.66		

在数据评估中，"=average（A1∶A22）"的计算结果为 136 192.07。"=median（A1∶A22）"的计算结果为 120 703.30。"=stdev（A1∶A22）"的计算结果为 33 381.85。"=average（A1∶A22）+stdev（A1∶A22）"的计算结果为 169 573.92。"=average（A1∶A22）+2×stdev（A1∶A22）"的计算结果为 202 955.77。"=average（A1∶A22）–stdev（A1∶A22）"的计算结果为 102 810.22。"=average（A1∶A22）–2×stdev（A1∶A22）"的计算结果为 69 428.37。

严格意义上来说，这些数据形成的是正偏度，多数数据处于均值偏低的水平。为了数据评估的一致性，我们假定形成的数据曲线是一种近似的正态分布曲线。这样，传统语言测试中的一些数据评估方法就可以用于这些数据评估中。

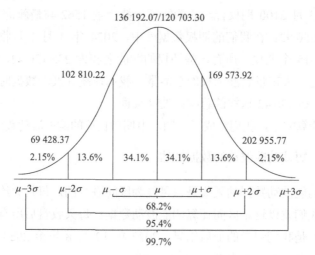

图 7-13   月度购能正态分布曲线

从图 7-13 中的曲线可以看出，购能数据的分布基本呈现近似的正态分布。正负三个标准差以外的数据占比在 0.15%左右，我们忽略不计。低于负两个标准差 69 428.37 的概率在 2.15%左右，高于正两个标准差 202 955.77 的概率也在 2.15%左右。位于正负两个标准差之间的购能波动数据占比大约在 95.4%。正负一个标准差之间的购能波动数据占比大约在 68.2%。这说明大部分购能波动数据出现在这几个数据节点中。当数据极端大或者极端小时，后续发生均值回归的可能性加大。

从表 7-17 中我们可以看到，在序号 2 的数据中，对应的月度购能是本次数据采集区间的最大值 201 107.00，对应的百分等级是 97.73，标准分数是 1.94，导出分数是 94.45（在线性计算中，标准差是 10,均值是 75,即 $10Z + 75$)。根据近似正态分布曲线的提示,当这个最大值接近正两个标准差时,出现了均值回归,数值不断缩小到均值附近。

表 7-17 月度购能标准分数和导出分数表

序号	购能波动	大小排序	百分等级	标准分数	导出分数
1	184 111.12	2	93.18	1.44	89.35
2	201 107.00	1	97.73	1.94	94.45
3	171 703.50	4	84.09	1.06	85.64
4	169 124.83	5	79.55	0.99	84.87
5	182 894.12	3	88.64	1.40	88.99
6	160 498.73	8	65.91	0.73	82.28
7	161 689.36	7	70.45	0.76	82.64
8	126 717.38	11	52.27	−0.28	72.16
9	105 327.91	18	20.45	−0.92	65.75
10	101 696.73	21	6.82	−1.03	64.67
11	101 753.97	20	11.36	−1.03	64.68
12	106 590.57	16	29.55	−0.89	66.13
13	101 929.17	19	15.91	−1.03	64.74
14	114 689.22	12	47.73	−0.64	68.56
15	110 672.14	15	34.09	−0.76	67.36
16	100 299.66	22	2.27	−1.08	64.25
17	105 603.88	17	25.00	−0.92	65.84
18	112 607.06	14	38.64	−0.71	67.93
19	113 232.56	13	43.18	−0.69	68.12
20	146 200.47	10	56.82	0.30	78.00
21	151 687.51	9	61.36	0.46	79.64
22	166 088.61	6	75.00	0.90	83.96

在序号 16 的数据中,对应的月度购能 100 299.66 是本次数据采集区间的最小值,对应的百分等级是 2.27,标准分数是−1.08,导出分数是 64.25。当数值到达负一个标准差和负两个标准差之间的最低点后,也出现了均值回归,数值不断增大到均值附近。

我们对购能波动数据的百分等级、标准分数和导出分数进行了趋势描写(图 7-14)。

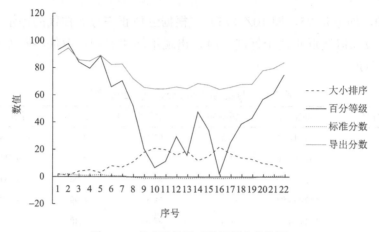

图 7-14   月度购能波动数据导出分数图

7.3.2   中期购能波动的数据评估

中期数据评估多限定在季度范围。期权市场的波动数据每个季度一般有 66 个交易日数据。季度购能的数据采样区间是 2022 年 9 月 30 日至 2023 年 1 月 9 日，详见表 7-18。

表 7-18   季度购能波动数据表

序号	购能波动	序号	购能波动	序号	购能波动
1	73 983.72	23	167 658.49	45	184 111.12
2	56 550.15	24	147 525.25	46	201 107.00
3	63 705.29	25	143 118.00	47	171 703.50
4	94 207.80	26	180 197.86	48	169 124.83
5	84 922.32	27	173 498.78	49	182 894.12
6	120 336.04	28	222 031.59	50	160 498.73
7	111 389.35	29	196 046.83	51	161 689.36
8	103 875.16	30	186 291.52	52	126 717.38
9	80 369.96	31	167 641.96	53	105 327.91
10	83 960.51	32	131 310.21	54	101 696.73
11	85 143.80	33	130 084.57	55	101 753.97
12	70 508.55	34	132 920.26	56	106 590.57
13	72 054.69	35	124 888.50	57	101 929.17
14	86 607.57	36	131 601.02	58	114 689.22
15	82 495.64	37	120 302.65	59	110 672.14
16	70 467.77	38	176 677.78	60	100 299.66
17	79 246.58	39	179 564.80	61	105 603.88
18	128 864.14	40	179 405.66	62	112 607.06
19	143 313.87	41	167 589.94	63	113 232.56
20	120 486.64	42	202 357.30	64	146 200.47
21	195 122.98	43	200 186.60	65	151 687.51
22	192 400.16	44	184 759.43	66	166 088.61

通过借鉴常规数据的评估方法，我们可以得到相关数据。"=average（A1∶A66）"的计算结果为 133 968.14。"=median（A1∶A66）"的计算结果为 129 474.35。"=stdev（A1∶A66）"的计算结果为 42 649.46。"=average（A1∶A66）+stdev（A1∶A66）"的计算结果为 176 617.60。"=average（A1∶A66）+2×stdev（A1∶A66）"的计算结果为 219 267.06。"=average（A1∶A66）–stdev（A1∶A66）"的计算结果为 91 318.68。"=average（A1∶A66）–2×stdev（A1∶A66）"的计算结果为 48 669.22。根据这些数据节点，我们可以构建一个近似的正态分布曲线（图 7-15）。

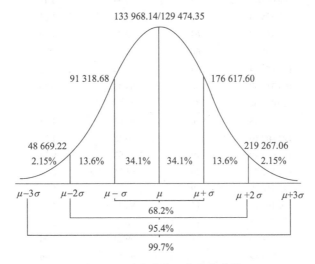

图 7-15　季度购能正态分布曲线

根据图 7-15 我们可以看到，尽管均值和中位数不相等，形成了一定比例的正偏度，但是整体形态还是近似正态分布的。也就是说，波动数据在到达正负两个标准差附近时能够出现均值回归特性，最大数据出现后会向均值下降，最小数据出现后则会向均值上升，具体请见表 7-19。

表 7-19　季度购能标准分数和导出分数

序号	购能波动	大小排序	百分等级	标准分数	导出分数
1	73 983.72	61	8.33	−1.41	60.94
2	56 550.15	66	0.76	−1.82	56.85
3	63 705.29	65	2.27	−1.65	58.53
4	94 207.80	53	20.45	−0.93	65.68
5	84 922.32	56	15.91	−1.15	63.50
6	120 336.04	38	43.18	−0.32	71.80

序号	购能波动	大小排序	百分等级	标准分数	导出分数
7	111 389.35	43	35.61	−0.53	69.71
8	103 875.16	48	28.03	−0.71	67.94
9	80 369.96	59	11.36	−1.26	62.43
10	83 960.51	57	14.39	−1.17	63.27
11	85 143.80	55	17.42	−1.14	63.55
12	70 508.55	63	5.30	−1.49	60.12
13	72 054.69	62	6.82	−1.45	60.48
14	86 607.57	54	18.94	−1.11	63.90
15	82 495.64	58	12.88	−1.21	62.93
16	70 467.77	64	3.79	−1.49	60.11
17	79 246.58	60	9.85	−1.28	62.17
18	128 864.14	34	49.24	−0.12	73.80
19	143 313.87	28	58.33	0.22	77.19
20	120 486.64	37	44.70	−0.32	71.84
21	195 122.98	6	91.67	1.43	89.34
22	192 400.16	7	90.15	1.37	88.70
23	167 658.49	19	71.97	0.79	82.90
24	147 525.25	26	61.36	0.32	78.18
25	143 118.00	29	56.82	0.21	77.15
26	180 197.86	12	82.58	1.08	85.84
27	173 498.78	16	76.52	0.93	84.27
28	222 031.59	1	99.24	2.06	95.65
29	196 046.83	5	93.18	1.46	89.56
30	186 291.52	8	88.64	1.23	87.27
31	167 641.96	20	70.45	0.79	82.90
32	131 310.21	32	52.27	−0.06	74.38
33	130 084.57	33	50.76	−0.09	74.09
34	132 920.26	30	55.30	−0.02	74.75
35	124 888.50	36	46.21	−0.21	72.87
36	131 601.02	31	53.79	−0.06	74.44
37	120 302.65	39	41.67	−0.32	71.80
38	176 677.78	15	78.03	1.00	85.01
39	179 564.80	13	81.06	1.07	85.69
40	179 405.66	14	79.55	1.07	85.65
41	167 589.94	21	68.94	0.79	82.88
42	202 357.30	2	97.73	1.60	91.04
43	200 186.60	4	94.70	1.55	90.53
44	184 759.43	9	87.12	1.19	86.91
45	184 111.12	10	85.61	1.18	86.76
46	201 107.00	3	96.21	1.57	90.74
47	171 703.50	17	75.00	0.88	83.85

续表

序号	购能波动	大小排序	百分等级	标准分数	导出分数
48	169 124.83	18	73.48	0.82	83.24
49	182 894.12	11	84.09	1.15	86.47
50	160 498.73	24	64.39	0.62	81.22
51	161 689.36	23	65.91	0.65	81.50
52	126 717.38	35	47.73	−0.17	73.30
53	105 327.91	47	29.55	−0.67	68.28
54	101 696.73	51	23.48	−0.76	67.43
55	101 753.97	50	25.00	−0.76	67.45
56	106 590.57	45	32.58	−0.64	68.58
57	101 929.17	49	26.52	−0.75	67.49
58	114 689.22	40	40.15	−0.45	70.48
59	110 672.14	44	34.09	−0.55	69.54
60	100 299.66	52	21.97	−0.79	67.11
61	105 603.88	46	31.06	−0.67	68.35
62	112 607.06	42	37.12	−0.50	69.99
63	113 232.56	41	38.64	−0.49	70.14
64	146 200.47	27	59.85	0.29	77.87
65	151 687.51	25	62.88	0.42	79.15
66	166 088.61	22	67.42	0.75	82.53

在表 7-19 中，序号 2 的购能波动数据 56 550.15 是最小的，对应的百分等级是 0.76，标准分数是−1.82，导出分数是 56.85。在实际的波动交易中，我们发现最小数据出现在负两个标准差附近，之后出现了均值回归，后续的波动数据不断向均值上升。

在表 7-19 中，序号 28 的购能波动数据 222 031.59 是最大数据，对应的百分等级是 99.24，标准分数是 2.06，导出分数是 95.65。该数据处于正两个标准差以上位置，出现的概率在 2.15%左右。到达这个极端位置之后，数据开始向均值下降。从最大数据和最小数据的分析中可以看出，中期购能波动数据形成的也是一个近似的正态分布曲线，数据评估可以按照相应方法进行分析。在正常情况下，波动数据处于正负三个标准差之内的概率是 99.7%，处于正负两个标准差之内的概率是 95.4%，处于正负一个标准差之内的概率是 68.2%。三个标准差之外的数据占比非常小，可以忽略不计。波动数据所形成的导出分数图如图 7-16 所示。

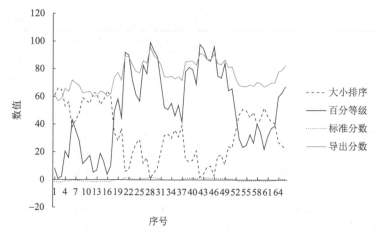

图 7-16 季度购能波动数据导出分数图

7.3.3 长期购能波动的数据评估

长期购能数据评估多限定在年度波动数据范围内。我们以一年 264 个交易日数据为数据采集范围，进行购能波动数据的评估。为了对应性研究价能、量能、购能，我们的数据节点保持一致，即选定在 2021 年 12 月 9 日至 2023 年 1 月 9 日共 264 个交易日。

表 7-20 年度购能波动数据表

序号	购能波动	序号	购能波动	序号	购能波动	序号	购能波动
1	246 596.44	18	149 390.19	35	92 440.00	52	91 219.06
2	225 272.18	19	143 112.64	36	81 418.55	53	104 675.60
3	218 689.80	20	122 636.11	37	85 056.55	54	95 874.13
4	195 661.28	21	121 051.48	38	90 630.55	55	93 681.66
5	158 443.95	22	129 312.59	39	97 341.53	56	85 021.35
6	175 721.69	23	112 947.79	40	95 890.41	57	74 052.72
7	142 914.08	24	128 314.75	41	86 911.42	58	71 436.46
8	123 907.81	25	102 722.96	42	76 470.59	59	90 565.70
9	134 519.30	26	86 896.43	43	84 872.75	60	83 511.08
10	130 716.21	27	88 790.22	44	89 305.31	61	116 409.23
11	142 965.00	28	101 393.92	45	88 570.80	62	88 555.63
12	140 474.15	29	98 069.30	46	102 166.38	63	72 120.38
13	146 069.74	30	119 200.62	47	91 584.36	64	120 955.02
14	164 360.54	31	115 765.20	48	75 948.22	65	143 337.11
15	141 590.18	32	112 512.64	49	89 431.60	66	149 502.81
16	153 394.96	33	89 520.07	50	79 619.65	67	120 415.80
17	158 517.28	34	104 960.25	51	83 989.04	68	119 036.89

续表

序号	购能波动	序号	购能波动	序号	购能波动	序号	购能波动
69	118 666.83	108	85 346.97	147	103 696.23	186	102 940.15
70	100 905.90	109	91 878.21	148	108 599.97	187	89 531.27
71	90 295.06	110	92 480.16	149	86 684.27	188	88 077.20
72	99 499.77	111	98 746.04	150	92 559.15	189	71 455.37
73	96 216.28	112	106 462.26	151	85 536.91	190	73 506.14
74	141 710.65	113	137 071.04	152	90 924.04	191	73 319.37
75	127 613.87	114	129 473.32	153	88 660.24	192	75 516.57
76	145 774.09	115	132 075.12	154	90 434.18	193	73 859.43
77	129 146.45	116	165 642.76	155	82 926.32	194	79 214.79
78	114 566.73	117	175 476.17	156	84 496.36	195	69 719.38
79	128 835.16	118	203 631.81	157	86 115.33	196	88 596.83
80	100 354.83	119	184 357.05	158	70 042.15	197	82 021.73
81	121 301.01	120	212 379.57	159	76 099.19	198	79 230.08
82	109 709.95	121	159 700.09	160	89 411.82	199	73 983.72
83	125 315.38	122	195 309.88	161	84 289.28	200	56 550.15
84	129 394.19	123	209 885.80	162	86 558.02	201	63 705.29
85	117 098.39	124	179 546.85	163	72 867.19	202	94 207.80
86	102 811.97	125	222 050.11	164	125 579.31	203	84 922.32
87	91 104.47	126	190 589.56	165	106 508.14	204	120 336.04
88	84 461.69	127	185 567.79	166	97 465.58	205	111 389.35
89	84 981.50	128	143 081.17	167	94 597.51	206	103 875.16
90	70 328.49	129	166 555.03	168	103 236.09	207	80 369.96
91	79 316.58	130	187 592.00	169	93 902.83	208	83 960.51
92	107 763.65	131	210 895.66	170	81 950.62	209	85 143.80
93	107 467.72	132	240 813.64	171	81 603.22	210	70 508.55
94	137 760.30	133	205 037.77	172	78 200.13	211	72 054.69
95	119 460.95	134	241 893.38	173	72 481.45	212	86 607.57
96	83 916.03	135	228 665.16	174	91 297.92	213	82 495.64
97	82 542.88	136	234 804.00	175	83 202.74	214	70 467.77
98	103 019.54	137	228 518.72	176	79 172.07	215	79 246.58
99	104 034.10	138	186 458.26	177	80 040.84	216	128 864.14
100	100 150.46	139	188 104.00	178	96 126.92	217	143 313.87
101	108 008.49	140	172 817.48	179	82 436.03	218	120 486.64
102	90 267.34	141	139 291.21	180	81 630.98	219	195 122.98
103	105 694.90	142	123 364.03	181	83 700.85	220	192 400.16
104	93 867.80	143	119 752.71	182	88 101.72	221	167 658.49
105	97 391.18	144	110 204.36	183	92 620.64	222	147 525.25
106	138 538.24	145	87 596.03	184	80 866.14	223	143 118.00
107	106 216.39	146	117 512.71	185	100 210.95	224	180 197.86

续表

序号	购能波动	序号	购能波动	序号	购能波动	序号	购能波动
225	173 498.78	235	120 302.65	245	171 703.50	255	101 929.17
226	222 031.59	236	176 677.78	246	169 124.83	256	114 689.22
227	196 046.83	237	179 564.80	247	182 894.12	257	110 672.14
228	186 291.52	238	179 405.66	248	160 498.73	258	100 299.66
229	167 641.96	239	167 589.94	249	161 689.36	259	105 603.88
230	131 310.21	240	202 357.30	250	126 717.38	260	112 607.06
231	130 084.57	241	200 186.60	251	105 327.91	261	113 232.56
232	132 920.26	242	184 759.43	252	101 696.73	262	146 200.47
233	124 888.50	243	184 111.12	253	101 753.97	263	151 687.51
234	131 601.02	244	201 107.00	254	106 590.57	264	166 088.61

在表 7-20 中，"=average（A1：A264）"的计算结果为 121 091.99。"=median（A1：A264）"的计算结果为 106 485.20。"=stdev（A1：A264）"的计算结果为 42 642.18。"=average（A1：A264）+stdev（A1：A264）"的计算结果为 163 734.17。"=average（A1：A264）+2×stdev（A1：A264）"的计算结果为 206 376.36。"=average（A1：A264）−stdev（A1：A264）"的计算结果为 78 449.81。"=average（A1：A264）−2×stdev（A1：A264）"的计算结果为 35 807.63。根据如上数据节点搭建的近似的正态分布曲线如图 7-17 所示。

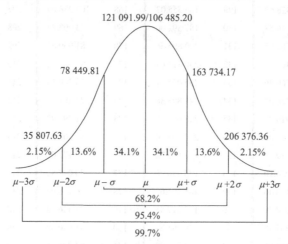

图 7-17　年度购能正态分布曲线

从上面的年度购能波动曲线可以看出，正负两个标准差的极值是 35 807.63 和 206 376.36。波动数据向下或向上波动到这两个数据节点意味着大概率会出现均值回归。年度购能波动数据的大小排序、百分等级、标准分数和导出分数如表 7-21 所示。

表 7-21　年度购能标准分数和导出分数表

序号	购能波动	大小排序	百分等级	标准分数	导出分数
1	246 596.44	1	99.81	2.94	104.43
2	225 272.18	7	97.54	2.44	99.43
3	218 689.80	10	96.40	2.29	97.89
4	195 661.28	20	92.61	1.75	92.49
5	158 443.95	56	78.98	0.88	83.76
6	175 721.69	39	85.42	1.28	87.81
7	142 914.08	71	73.30	0.51	80.12
8	123 907.81	98	63.07	0.07	75.66
9	134 519.30	79	70.27	0.31	78.15
10	130 716.21	84	68.37	0.23	77.26
11	142 965.00	70	73.67	0.51	80.13
12	140 474.15	74	72.16	0.45	79.55
13	146 069.74	63	76.33	0.59	80.86
14	164 360.54	51	80.87	1.01	85.15
15	141 590.18	73	72.54	0.48	79.81
16	153 394.96	57	78.60	0.76	82.58
17	158 517.28	55	79.36	0.88	83.78
18	149 390.19	60	77.46	0.66	81.64
19	143 112.64	68	74.43	0.52	80.16
20	122 636.11	100	62.31	0.04	75.36
21	121 051.48	102	61.55	0.00	74.99
22	129 312.59	88	66.86	0.19	76.93
23	112 947.79	120	54.73	−0.19	73.09
24	128 314.75	92	65.34	0.17	76.69
25	102 722.96	147	44.51	−0.43	70.69
26	86 896.43	202	23.67	−0.80	66.98
27	88 790.22	193	27.08	−0.76	67.42
28	101 393.92	152	42.61	−0.46	70.38
29	98 069.30	160	39.58	−0.54	69.60
30	119 200.62	110	58.52	−0.04	74.56
31	115 765.20	116	56.25	−0.12	73.75
32	112 512.64	122	53.98	−0.20	72.99
33	89 520.07	189	28.60	−0.74	67.60
34	104 960.25	138	47.92	−0.38	71.22
35	92 440.00	176	33.52	−0.67	68.28
36	81 418.55	232	12.31	−0.93	65.70
37	85 056.55	210	20.64	−0.85	66.55
38	90 630.55	183	30.87	−0.71	67.86

续表

序号	购能波动	大小排序	百分等级	标准分数	导出分数
39	97 341.53	163	38.45	−0.56	69.43
40	95 890.41	166	37.31	−0.59	69.09
41	86 911.42	201	24.05	−0.80	66.98
42	76 470.59	243	8.14	−1.05	64.54
43	84 872.75	214	19.13	−0.85	66.51
44	89 305.31	192	27.46	−0.75	67.55
45	88 570.80	196	25.95	−0.76	67.37
46	102 166.38	148	44.13	−0.44	70.56
47	91 584.36	178	32.77	−0.69	68.08
48	75 948.22	245	7.39	−1.06	64.41
49	89 431.60	190	28.22	−0.74	67.58
50	79 619.65	236	10.80	−0.97	65.27
51	83 989.04	218	17.61	−0.87	66.30
52	91 219.06	180	32.01	−0.70	67.99
53	104 675.60	139	47.54	−0.38	71.15
54	95 874.13	167	36.93	−0.59	69.09
55	93 681.66	172	35.04	−0.64	68.57
56	85 021.35	211	20.27	−0.85	66.54
57	74 052.72	247	6.63	−1.10	63.97
58	71 436.46	257	2.84	−1.16	63.36
59	90 565.70	184	30.49	−0.72	67.84
60	83 511.08	222	16.10	−0.88	66.19
61	116 409.23	115	56.63	−0.11	73.90
62	88 555.63	197	25.57	−0.76	67.37
63	72 120.38	254	3.98	−1.15	63.52
64	120 955.02	103	61.17	0.00	74.97
65	143 337.11	65	75.57	0.52	80.22
66	149 502.81	59	77.84	0.67	81.66
67	120 415.80	105	60.42	−0.02	74.84
68	119 036.89	111	58.14	−0.05	74.52
69	118 666.83	112	57.77	−0.06	74.43
70	100 905.90	153	42.23	−0.47	70.27
71	90 295.06	186	29.73	−0.72	67.78
72	99 499.77	158	40.34	−0.51	69.94
73	96 216.28	164	38.07	−0.58	69.17
74	141 710.65	72	72.92	0.48	79.84
75	127 613.87	93	64.96	0.15	76.53
76	145 774.09	64	75.95	0.58	80.79
77	129 146.45	89	66.48	0.19	76.89
78	114 566.73	118	55.49	−0.15	73.47

序号	购能波动	大小排序	百分等级	标准分数	导出分数
79	128 835.16	91	65.72	0.18	76.82
80	100 354.83	154	41.86	−0.49	70.14
81	121 301.01	101	61.93	0.00	75.05
82	109 709.95	126	52.46	−0.27	72.33
83	125 315.38	96	63.83	0.10	75.99
84	129 394.19	87	67.23	0.19	76.95
85	117 098.39	114	57.01	−0.09	74.06
86	102 811.97	146	44.89	−0.43	70.71
87	91 104.47	181	31.63	−0.70	67.97
88	84 461.69	216	18.37	−0.86	66.41
89	84 981.50	212	19.89	−0.85	66.53
90	70 328.49	260	1.70	−1.19	63.10
91	79 316.58	237	10.42	−0.98	65.20
92	107 763.65	129	51.33	−0.31	71.87
93	107 467.72	130	50.95	−0.32	71.80
94	137 760.30	77	71.02	0.39	78.91
95	119 460.95	109	58.90	−0.04	74.62
96	83 916.03	220	16.86	−0.87	66.28
97	82 542.88	225	14.96	−0.90	65.96
98	103 019.54	144	45.64	−0.42	70.76
99	104 034.10	140	47.16	−0.40	71.00
100	100 150.46	157	40.72	−0.49	70.09
101	108 008.49	128	51.70	−0.31	71.93
102	90 267.34	187	29.36	−0.72	67.77
103	105 694.90	135	49.05	−0.36	71.39
104	93 867.80	171	35.42	−0.64	68.62
105	97 391.18	162	38.83	−0.56	69.44
106	138 538.24	76	71.40	0.41	79.09
107	106 216.39	134	49.43	−0.35	71.51
108	85 346.97	208	21.40	−0.84	66.62
109	91 878.21	177	33.14	−0.69	68.15
110	92 480.16	175	33.90	−0.67	68.29
111	98 746.04	159	39.96	−0.52	69.76
112	106 462.26	133	49.81	−0.34	71.57
113	137 071.04	78	70.64	0.37	78.75
114	129 473.32	86	67.61	0.20	76.97
115	132 075.12	81	69.51	0.26	77.58
116	165 642.76	50	81.25	1.04	85.45
117	175 476.17	40	85.04	1.28	87.75
118	203 631.81	15	94.51	1.94	94.36

续表

序号	购能波动	大小排序	百分等级	标准分数	导出分数
119	184 357.05	31	88.45	1.48	89.84
120	212 379.57	11	96.02	2.14	96.41
121	159 700.09	54	79.73	0.91	84.05
122	195 309.88	21	92.23	1.74	92.40
123	209 885.80	13	95.27	2.08	95.82
124	179 546.85	36	86.55	1.37	88.71
125	222 050.11	8	97.16	2.37	98.68
126	190 589.56	24	91.10	1.63	91.30
127	185 567.79	29	89.20	1.51	90.12
128	143 081.17	69	74.05	0.52	80.16
129	166 555.03	48	82.01	1.07	85.66
130	187 592.00	26	90.34	1.56	90.59
131	210 895.66	12	95.64	2.11	96.06
132	240 813.64	3	99.05	2.81	103.08
133	205 037.77	14	94.89	1.97	94.69
134	241 893.38	2	99.43	2.83	103.33
135	228 665.16	5	98.30	2.52	100.23
136	234 804.00	4	98.67	2.67	101.67
137	228 518.72	6	97.92	2.52	100.19
138	186 458.26	27	89.96	1.53	90.33
139	188 104.00	25	90.72	1.57	90.71
140	172 817.48	42	84.28	1.21	87.13
141	139 291.21	75	71.78	0.43	79.27
142	123 364.03	99	62.69	0.05	75.53
143	119 752.71	108	59.28	−0.03	74.69
144	110 204.36	125	52.84	−0.26	72.45
145	87 596.03	200	24.43	−0.79	67.14
146	117 512.71	113	57.39	−0.08	74.16
147	103 696.23	142	46.40	−0.41	70.92
148	108 599.97	127	52.08	−0.29	72.07
149	86 684.27	203	23.30	−0.81	66.93
150	92 559.15	174	34.28	−0.67	68.31
151	85 536.91	207	21.78	−0.83	66.66
152	90 924.04	182	31.25	−0.71	67.93
153	88 660.24	194	26.70	−0.76	67.39
154	90 434.18	185	30.11	−0.72	67.81
155	82 926.32	224	15.34	−0.90	66.05
156	84 496.36	215	18.75	−0.86	66.42
157	86 115.33	206	22.16	−0.82	66.80
158	70 042.15	261	1.33	−1.20	63.03
159	76 099.19	244	7.77	−1.06	64.45

序号	购能波动	大小排序	百分等级	标准分数	导出分数
160	89 411.82	191	27.84	−0.74	67.57
161	84 289.28	217	17.99	−0.86	66.37
162	86 558.02	205	22.54	−0.81	66.90
163	72 867.19	252	4.73	−1.13	63.69
164	125 579.31	95	64.20	0.11	76.05
165	106 508.14	132	50.19	−0.34	71.58
166	97 465.58	161	39.20	−0.55	69.46
167	94 597.51	168	36.55	−0.62	68.79
168	103 236.09	143	46.02	−0.42	70.81
169	93 902.83	170	35.80	−0.64	68.62
170	81 950.62	229	13.45	−0.92	65.82
171	81 603.22	231	12.69	−0.93	65.74
172	78 200.13	242	8.52	−1.01	64.94
173	72 481.45	253	4.36	−1.14	63.60
174	91 297.92	179	32.39	−0.70	68.01
175	83 202.74	223	15.72	−0.89	66.11
176	79 172.07	241	8.90	−0.98	65.17
177	80 040.84	235	11.17	−0.96	65.37
178	96 126.92	165	37.69	−0.59	69.15
179	82 436.03	227	14.20	−0.91	65.93
180	81 630.98	230	13.07	−0.93	65.75
181	83 700.85	221	16.48	−0.88	66.23
182	88 101.72	198	25.19	−0.77	67.26
183	92 620.64	173	34.66	−0.67	68.32
184	80 866.14	233	11.93	−0.94	65.57
185	100 210.95	156	41.10	−0.49	70.10
186	102 940.15	145	45.27	−0.43	70.74
187	89 531.27	188	28.98	−0.74	67.60
188	88 077.20	199	24.81	−0.77	67.26
189	71 455.37	256	3.22	−1.16	63.36
190	73 506.14	250	5.49	−1.12	63.84
191	73 319.37	251	5.11	−1.12	63.80
192	75 516.57	246	7.01	−1.07	64.31
193	73 859.43	249	5.87	−1.11	63.92
194	79 214.79	240	9.28	−0.98	65.18
195	69 719.38	262	0.95	−1.20	62.95
196	88 596.83	195	26.33	−0.76	67.38
197	82 021.73	228	13.83	−0.92	65.84
198	79 230.08	239	9.66	−0.98	65.18
199	73 983.72	248	6.25	−1.10	63.95

续表

序号	购能波动	大小排序	百分等级	标准分数	导出分数
200	56 550.15	264	0.19	−1.51	59.86
201	63 705.29	263	0.57	−1.35	61.54
202	94 207.80	169	36.17	−0.63	68.70
203	84 922.32	213	19.51	−0.85	66.52
204	120 336.04	106	60.04	−0.02	74.82
205	111 389.35	123	53.60	−0.23	72.72
206	103 875.16	141	46.78	−0.40	70.96
207	80 369.96	234	11.55	−0.95	65.45
208	83 960.51	219	17.23	−0.87	66.29
209	85 143.80	209	21.02	−0.84	66.57
210	70 508.55	258	2.46	−1.19	63.14
211	72 054.69	255	3.60	−1.15	63.50
212	86 607.57	204	22.92	−0.81	66.91
213	82 495.64	226	14.58	−0.91	65.95
214	70 467.77	259	2.08	−1.19	63.13
215	79 246.58	238	10.04	−0.98	65.19
216	128 864.14	90	66.10	0.18	76.82
217	143 313.87	66	75.19	0.52	80.21
218	120 486.64	104	60.80	−0.01	74.86
219	195 122.98	22	91.86	1.74	92.36
220	192 400.16	23	91.48	1.67	91.72
221	167 658.49	45	83.14	1.09	85.92
222	147 525.25	61	77.08	0.62	81.20
223	143 118.00	67	74.81	0.52	80.17
224	180 197.86	34	87.31	1.39	88.86
225	173 498.78	41	84.66	1.23	87.29
226	222 031.59	9	96.78	2.37	98.67
227	196 046.83	19	92.99	1.76	92.58
228	186 291.52	28	89.58	1.53	90.29
229	167 641.96	46	82.77	1.09	85.92
230	131 310.21	83	68.75	0.24	77.40
231	130 084.57	85	67.99	0.21	77.11
232	132 920.26	80	69.89	0.28	77.77
233	124 888.50	97	63.45	0.09	75.89
234	131 601.02	82	69.13	0.25	77.46
235	120 302.65	107	59.66	−0.02	74.81
236	176 677.78	38	85.80	1.30	88.04
237	179 564.80	35	86.93	1.37	88.71
238	179 405.66	37	86.17	1.37	88.68
239	167 589.94	47	82.39	1.09	85.90
240	202 357.30	16	94.13	1.91	94.06

续表

序号	购能波动	大小排序	百分等级	标准分数	导出分数
241	200 186.60	18	93.37	1.85	93.55
242	184 759.43	30	88.83	1.49	89.93
243	184 111.12	32	88.07	1.48	89.78
244	201 107.00	17	93.75	1.88	93.76
245	171 703.50	43	83.90	1.19	86.87
246	169 124.83	44	83.52	1.13	86.26
247	182 894.12	33	87.69	1.45	89.49
248	160 498.73	53	80.11	0.92	84.24
249	161 689.36	52	80.49	0.95	84.52
250	126 717.38	94	64.58	0.13	76.32
251	105 327.91	137	48.30	−0.37	71.30
252	101 696.73	151	42.99	−0.45	70.45
253	101 753.97	150	43.37	−0.45	70.47
254	106 590.57	131	50.57	−0.34	71.60
255	101 929.17	149	43.75	−0.45	70.51
256	114 689.22	117	55.87	−0.15	73.50
257	110 672.14	124	53.22	−0.24	72.56
258	100 299.66	155	41.48	−0.49	70.12
259	105 603.88	136	48.67	−0.36	71.37
260	112 607.06	121	54.36	−0.20	73.01
261	113 232.56	119	55.11	−0.18	73.16
262	146 200.47	62	76.70	0.59	80.89
263	151 687.51	58	78.22	0.72	82.17
264	166 088.61	49	81.63	1.06	85.55

从表 7-21 中我们发现，导出分数超过 100 极端值的有 6 个数据，对应的序号分别是序号 1（导出分数是 104.43）、序号 134（导出分数是 103.33）、序号 132（导出分数是 103.08）、序号 136（导出分数是 101.67）、序号 135（导出分数是 100.23）、序号 137（导出分数是 100.19）（按照导出分数自大到小排列）。这 6 个数据的波动数据、百分等级和标准分数也呈现出一定的规律特征。

导出分数低于极端值 60 的最小数据有一个，即序号 200（导出分数 59.86），具体如表 7-22 所示。

表 7-22　购能波动数据导出分数极端值表

序号	购能波动	大小排序	百分等级	标准分数	导出分数
1	246 596.44	1	99.81	2.94	104.43
134	241 893.38	2	99.43	2.83	103.33
132	240 813.64	3	99.05	2.81	103.08
136	234 804.00	4	98.67	2.67	101.67
135	228 665.16	5	98.30	2.52	100.23
137	228 518.72	6	97.92	2.52	100.19
200	56 550.15	264	0.19	−1.51	59.86

在年度数据评估中，我们已经完成了价能、量能和购能的评估。在购能评估中 7 个极端的波动数据，是否在价能评估和量能评估中也具有极端变化？我们进行数据对照（表 7-23）。

表 7-23　价能波动数据导出分数对应表

序号	价能波动	大小排序	百分等级	标准分数	导出分数
1	3.352	2	99.43	2.29	97.95
134	3.069	52	80.49	1.02	85.19
132	3.043	59	77.84	0.90	84.02
136	3.063	53	80.11	0.99	84.92
135	3.058	56	78.98	0.97	84.70
137	3.063	53	80.11	0.99	84.92
200	2.586	237	10.42	−1.16	63.43

从表 7-22 和表 7-23 中可以看出，购能波动数据与价能波动数据具有一定的关联性。最大的购能波动数据（246 596.44）的导出分数是104.43，而这个购能波动数据对应的价能波动数据（3.352）的导出分数是97.95。从低数值的对应上来看，购能导出分数 59.86 是最小的数值，对应的则是价能导出分数 63.43 这样的低数值，虽然价能导出分数不是最低价格，但其标准分数为–1.16，百分等级为 10.42，排序在第 237 位，也是处于最低价格区间范围。

从以上分析可以看出，购能波动数据与价能波动数据同向波动，高数值的购能数据波动能带来高数值的价能数据波动，反之亦然。简单地说，看涨的人多，看涨的持仓量就多，愿意为看涨期权付出高价格的人就多，看涨持仓量的增长和看涨期权价格的增长必然带来购能波动数据的增长，并相应推动期权标的价格上涨，将价能波动数据推高到一个高值阶段。反之，看涨的人少，购仓持仓量就少，期权价格滑落，购能波动数据也出现数值降低局面，期权标的价格也会出现价能下调的变化。

从表 7-22、表 7-23、表 7-24 的对比中我们发现，购能波动数据和价能波动数据的导出分数大小排序相互对应，但是量能波动数据的导出分数与前两者在排序方面没有形成对应性关系。除了序号 1 的量能数据导出分数（111.11）与价能导出分数（97.95）、购能导出分数（104.43）在大小排序方面相对应之外，其他数据的导出分数与价能导出分数、购能导出分数均未形成大小排序的对应。

表 7-24　量能波动数据导出分数对应表

序号	量能波动	大小排序	百分等级	标准分数	导出分数
1	47.12	1	99.81	3.61	111.11
134	17.37	146	44.89	−0.33	71.66
132	13.07	217	17.99	−0.90	65.95
136	9.32	258	2.46	−1.40	60.98
135	12.81	226	14.58	−0.94	65.61
137	17.13	152	42.61	−0.37	71.34
200	20.35	105	60.42	0.06	75.61

例如，序号 200 的最小购能波动数据的导出分数是 59.86（百分等级是 0.19，标准分数是−1.51），对应最小价能波动数据的导出分数是 63.43（百分等级是 10.42，标准分数是−1.16），但是，却没有对应最小量能波动数据的导出分数 60.98（百分等级是 2.46，标准分数是−1.40）。这说明购能波动数据和价能波动数据之间的相关度是比较高的，但是两者与量能波动数据的相关度比较低，所以会出现最小的购能波动数据可以对应出现最小的价能波动数据，但是却没有对应出现最小量能波动数据的情况。

我们可以看到，表 7-24 中序号 200 的量能波动数据的导出分数是 75.61（百分等级是 60.42，标准分数是 0.06）。这说明交易量这个参数变化并不能说明价格的变化和看涨能量的变化。例如，在上涨购能极度衰减的导出分数 59.86 并没有带来量能的极度减少，反而出现了量能的相对增加，导出分数到达了 75.61 这样一个中等偏上的位置，其百分等级是 60.42，说明这个量能超过了总数据的 60.42%。换句话说，市场向下波动时，投资者很可能选择抛售看涨期权，引发交易量的上升。

基于长期数据评估的结果可以看出，价能数据与购能数据具有波动的一致性，价格上涨需要看涨期权持仓量的飙升。量能数据的波动与价能数据波动没有显著性关联，交易量急剧增加或减少并不预示着期权标的价格出现相应调整。

与年度价能波动数据和量能波动数据的变化趋势一样，年度购能波动数据与其百分等级和导出分数也可以形成直观的变化趋势（图7-18）。

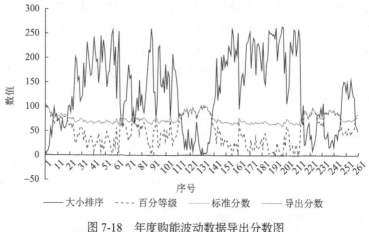

图 7-18　年度购能波动数据导出分数图

7.4　沽能波动数据的计算评估

　　沽能波动数据的评估就是对波动价格看跌的总能量的评估。

　　在前面的讨论中，我们关注了期权的看涨能量的波动数据的计算。与常规数据评估的语言测试不同，期权交易波动数据是可以进行对冲出现的。也就是说，当市场标准化合约出现一个看涨期权时，也必然会对应性设置一个对冲性的看跌期权。

　　例如，交易所设置一个四个月以后到期的 50ETF 购 6 月 2200 看涨期权，必然也要设定一个四个月以后到期的 50ETF 沽 6 月 2200 看跌期权。

　　在 2024 年 3 月 1 日收盘的期权数据中，50ETF 购 6 月 2200 看涨期权的内在价值是 0.2480，时间价值是 0.0442，期权合计价格是 0.2922（期权价格=内在价值+时间价值）。按照交易所的标准化合约规定，一手期权等于 10 000 股上证 50ETF，即单个期权的一万倍，价格就是市场交易价格。买一手 50ETF 购 6 月 2200 看涨期权需要缴费 2922 元（0.2922×10 000）。

　　50ETF 沽 6 月 2200 看跌期权的内在价值是 0，时间价值是 0.0207，期权合计价格是 0.0207。扩大一万倍后的 207 元就是买一手 50ETF 沽 6 月 2200 的期权价格。

　　从上面的价格比较可以看出，同样的一手期权，看涨期权价格是 2922 元，看跌期权价格是 207 元。期权标的价格目前是 2.448 元，所以看涨期权四个月后行权时盈利的概率（Delta）是 92.22%，而看跌期权四个月后行权时盈利的概率是 7.78%。高概率的深度实值期权价格要远远高于低概率的深度虚值期权价格。

　　这种对冲数据的存在就是我们要实现波动数据评估的精髓所在，这也是与常规测试中的静态数据评估有本质不同的地方。

　　与购能波动数据的计算公式本质相一致，沽能波动数据的计算公式如下：

$$沽能波动数据=\sum（看跌期权持仓量×期权价格）\qquad（公式 7-2）$$

　　作为购能波动数据的对冲数据，沽能数据代表的是对波动价格看跌的总能量。在沽能波动数据的计算中，每一个期权合约的沽能波动数据都是看跌期权持仓量与期权价格的乘积，整个市场的沽能就是所有合约的沽能波动数据的总和。

　　在期权交易中，看跌期权代表着对市场价格下行的一种预期。买入看跌期权可以帮助交易者获取利益（卖出看涨期权也可用于看跌操作，但多在对冲策略中采用，此处不进行讨论）。

　　某个看跌期权的持仓量和期权价格的乘积就是该期权看跌的能量。市场中所有看跌期权的总能量之和就是期权市场看跌的总能量。据此，我们可以计算完成当天所有看跌期权的总能量。

　　例如，2024 年 3 月 1 日收盘后，证券交易所提供了当天的 13 个统计项（代码、名称、最新价、涨跌额、涨跌幅、成交量、成交额、持仓量、行权价、剩余日、日增、昨结、今开）。以 50ETF 沽 9 月 2600 期权为例，代码是 10006890，名称是"50ETF 沽 9 月 2600"，最新价是 0.2162，涨跌额是−0.0021，涨跌幅是−0.96%，成交量是 18，成交额是 3.9 万，持仓量是 1277，行权价是 2.6，剩余日是 208，日增是 2，昨结是 0.2183，今开是 0.2211。

　　从证券交易所提供的统计项中我们可以发现，看跌期权的统计项和看涨期权的统计项是相对应的。这个期权合约的沽能等于持仓量 1277 与最新价 0.2162 的乘积，即 276.09。从市场的看跌期权总量来看，当天有 315 个看跌期权合约提供了交易数据，所有这些看跌期权合约的沽能之和为 140 983.04。这个数值就代表了这一天市场看跌期权的总能量。根据这种方法，我们就可以测算出短期沽能、中期沽能和长期沽能的数据变化特点。

7.4.1　短期沽能波动的数据评估

　　月度沽能波动数据与前面购能数据的采集区间相一致，即 2022 年 12

月 8 日至 2023 年 1 月 9 日共 22 个交易日（表 7-25）。

表 7-25   月度沽能波动数据表

序号	沽能波动	序号	沽能波动	序号	沽能波动
1	109 440.45	9	172 507.53	17	107 669.54
2	98 666.00	10	166 032.88	18	99 471.60
3	110 381.23	11	165 979.21	19	101 760.99
4	113 280.32	12	166 523.20	20	85 285.15
5	115 916.50	13	144 513.14	21	83 388.82
6	108 528.37	14	115 955.95	22	81 658.84
7	105 113.43	15	116 815.89		
8	136 167.89	16	111 769.20		

在数据评估时，我们可以根据不同的函数计算出不同数据节点的值。这些数据节点包括均值、中位数、正负标准差等。具体计算如下："=average（A1：A22）"计算出均值为 118 946.64。"=median（A1：A22）"计算出中位数为 111 075.22。"=stdev（A1：A22）"计算出标准差为 27 673.74。"=average（A1：A22）+ stdev（A1：A22）"计算出正一个标准差为 146 620.38。"=average（A1：A22）+ 2×stdev（A1：A22）"计算出正两个标准差为 174 294.11。"=average（A1：A22）− stdev（A1：A22）"计算出负一个标准差为 91 272.91。"=average（A1：A22）− 2×stdev（A1：A22）"计算出负两个标准差为 63 599.17。我们假定这些数据形成的是近似正态分布曲线，各个数据节点处于各个标准差区间，具体如图 7-19 所示。

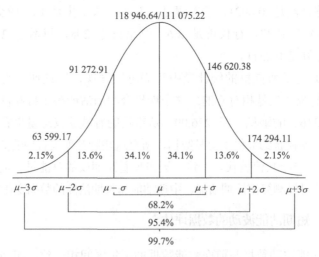

图 7-19   月度沽能正态分布曲线

从图 7-19 中可以看出，数据波动是符合一定规律的。在近似的正态分布曲线中，各个数据节点把整个数据变化分割成概率不同的多个区域，最后形成了沽能月度数据波动的总区间概率规律，具体如下。

（1）负两个标准差以下概率，即（−∞，63 599.17]，占比在 2.15%左右（约有 0.15%在负三个标准差以下，忽略不计）。

（2）负两个标准差和负一个标准差之间的概率，即（63 599.17，91 272.91]，占比在 13.6%左右。

（3）负一个标准差和均值之间的概率，即（91 272.91，118 946.64]，占比在 34.1%左右。

（4）均值和正一个标准差之间的概率，即（118 946.64，146 620.38]，占比在 34.1%左右。

（5）正一个标准差和正两个标准差之间的概率，即（146 620.38，174 294.11]，占比在 13.6%左右。

（6）正两个标准差以上的概率，即（174 294.11，+∞），占比在 2.15%左右（约有 0.15%在正三个标准差以上，忽略不计）。

上面的曲线规律说明，数据按照不同的概率出现在不同的区间中，概率越小的数据节点，波动数据达到的可能性越小，达到后发生均值回归的可能性越大。为了更好地说明这个规律，我们对这些数据进行了大小排序、百分等级、标准分数和导出分数的计算，具体如表 7-26 所示。

表 7-26   月度沽能标准分数和导出分数表

序号	沽能波动	大小排序	百分等级	标准分数	导出分数
1	109 440.45	13	43.18	−0.34	71.56
2	98 666.00	19	15.91	−0.73	67.67
3	110 381.23	12	47.73	−0.31	71.90
4	113 280.32	10	56.82	−0.20	72.95
5	115 916.50	9	61.36	−0.11	73.91
6	108 528.37	14	38.64	−0.38	71.24
7	105 113.43	16	29.55	−0.50	70.00
8	136 167.89	6	75.00	0.62	81.22
9	172 507.53	1	97.73	1.94	94.35
10	166 032.88	3	88.64	1.70	92.01
11	165 979.21	4	84.09	1.70	92.00
12	166 523.20	2	93.18	1.72	92.19
13	144 513.14	5	79.55	0.92	84.24
14	115 955.95	8	65.91	−0.11	73.92
15	116 815.89	7	70.45	−0.08	74.23
16	111 769.20	11	52.27	−0.26	72.41

续表

序号	沽能波动	大小排序	百分等级	标准分数	导出分数
17	107 669.54	15	34.09	−0.41	70.92
18	99 471.60	18	20.45	−0.70	67.96
19	101 760.99	17	25.00	−0.62	68.79
20	85 285.15	20	11.36	−1.22	62.84
21	83 388.82	21	6.82	−1.28	62.15
22	81 658.84	22	2.27	−1.35	61.53

在表 7-26 中，最大的沽能数据是序号 9 的数据 172 507.53，其对应的百分等级是 97.73，标准分数是 1.94，导出分数是 94.35（线性处理时采用 10Z+75 模式，即预先设定的均值为 75，标准差为 10）。从数据分布来看，当沽能波动数据自小到大上升到这个最大沽能后，处于正两个标准差附近的数据上升动能衰减，数据随后发生了均值回归，并一路滑落到最小的沽能数据 81 658.84。这个数据波动规律证明了我们对短期沽能数据评估符合近似正态分布曲线的假设。各个月度的沽能波动数据形成了各自的百分等级和导出分数，并形成了一定的变化趋势（图 7-20）。

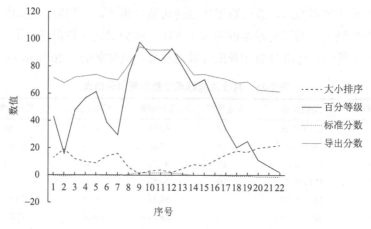

图 7-20　月度沽能波动数据导出分数图

7.4.2　中期沽能波动的数据评估

中期沽能的数据评估是以季度为时间单位进行的数据评估。在波动数据的期权市场交易中，每个季度的交易日大约在 66 天。我们对 2022 年 9 月 30 日至 2023 年 1 月 9 日共 66 个交易日的沽能数据（季度沽能）进行了数据采集和评估。

表 7-27　季度沽能波动数据表

序号	沽能波动	序号	沽能波动	序号	沽能波动
1	197 950.99	23	167 953.27	45	109 440.45
2	256 098.71	24	189 841.32	46	98 666.00
3	247 592.25	25	194 981.46	47	110 381.23
4	204 015.42	26	145 349.82	48	113 280.32
5	228 376.34	27	150 273.65	49	115 916.50
6	164 573.80	28	124 763.77	50	108 528.37
7	163 630.74	29	133 614.40	51	105 113.43
8	170 050.75	30	136 246.90	52	136 167.89
9	213 246.17	31	144 402.71	53	172 507.53
10	228 622.21	32	156 478.08	54	166 032.88
11	243 444.07	33	160 100.73	55	165 979.21
12	319 334.08	34	157 991.41	56	166 523.20
13	295 614.69	35	168 649.75	57	144 513.14
14	248 902.68	36	157 788.01	58	115 955.95
15	250 866.40	37	184 591.14	59	116 815.89
16	327 033.54	38	137 884.52	60	111 769.20
17	357 787.37	39	147 354.87	61	107 669.54
18	227 826.88	40	127 854.91	62	99 471.60
19	215 069.20	41	130 201.90	63	101 760.99
20	223 792.39	42	107 568.80	64	85 285.15
21	164 055.99	43	106 799.35	65	83 388.82
22	166 671.98	44	111 622.11	66	81 658.84

　　根据表 7-27 的数据，我们可以利用函数计算得出如下结果："=average（A1：A66）"计算出均值为 166 268.12。"=median（A1：A66）"计算出中位数 157 889.71。"=stdev（A1：A66）"计算出标准差为 61 433.62。"=average（A1：A66）+ stdev（A1：A66）"计算出正一个标准差为 227 701.73。"=average（A1：A66）+ 2×stdev（A1：A66）"计算出正两个标准差为 289 135.35。"=average（A1：A66）– stdev（A1：A66）"计算出负一个标准差为 104 834.50。"=average（A1：A66）– 2×stdev（A1：A66）"计算出负两个标准差为 43 400.88。由此，我们可以构建一个近似正态的分布曲线，具体如图 7-21 所示。

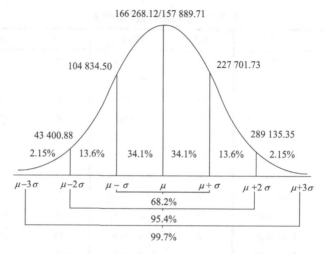

图 7-21   季度沽能波动的正态分布曲线

从图 7-21 中我们发现，均值与中位数之差是正值，处于均值以下的数据要稍多于处于均值以上的数据。我们假定这个曲线是近似的正态分布，那么我们计算得到的正负两个标准差、正负一个标准差、均值、中位数等就构成了数据的不同取值区间。季度沽能标准分数和导出分数表如表 7-28 所示。

表 7-28   季度沽能标准分数和导出分数表

序号	沽能波动	大小排序	百分等级	标准分数	导出分数
1	197 950.99	17	75.00	0.52	80.16
2	256 098.71	5	93.18	1.46	89.62
3	247 592.25	8	88.64	1.32	88.24
4	204 015.42	16	76.52	0.61	81.14
5	228 376.34	11	84.09	1.01	85.11
6	164 573.80	29	56.82	−0.03	74.72
7	163 630.74	31	53.79	−0.04	74.57
8	170 050.75	22	67.42	0.06	75.62
9	213 246.17	15	78.03	0.76	82.65
10	228 622.21	10	85.61	1.01	85.15
11	243 444.07	9	87.12	1.26	87.56
12	319 334.08	3	96.21	2.49	99.92
13	295 614.69	4	94.70	2.11	96.05
14	248 902.68	7	90.15	1.35	88.45
15	250 866.40	6	91.67	1.38	88.77
16	327 033.54	2	97.73	2.62	101.17
17	357 787.37	1	99.24	3.12	106.17
18	227 826.88	12	82.58	1.00	85.02
19	215 069.20	14	79.55	0.79	82.94
20	223 792.39	13	81.06	0.94	84.36

序号	沽能波动	大小排序	百分等级	标准分数	导出分数
21	164 055.99	30	55.30	−0.04	74.64
22	166 671.98	25	62.88	0.01	75.07
23	167 953.27	24	64.39	0.03	75.27
24	189 841.32	19	71.97	0.38	78.84
25	194 981.46	18	73.48	0.47	79.67
26	145 349.82	38	43.18	−0.34	71.59
27	150 273.65	36	46.21	−0.26	72.40
28	124 763.77	47	29.55	−0.68	68.24
29	133 614.40	44	34.09	−0.53	69.68
30	136 246.90	42	37.12	−0.49	70.11
31	144 402.71	40	40.15	−0.36	71.44
32	156 478.08	35	47.73	−0.16	73.41
33	160 100.73	32	52.27	−0.10	74.00
34	157 991.41	33	50.76	−0.13	73.65
35	168 649.75	23	65.91	0.04	75.39
36	157 788.01	34	49.24	−0.14	73.62
37	184 591.14	20	70.45	0.30	77.98
38	137 884.52	41	38.64	−0.46	70.38
39	147 354.87	37	44.70	−0.31	71.92
40	127 854.91	46	31.06	−0.63	68.75
41	130 201.90	45	32.58	−0.59	69.13
42	107 568.80	58	12.88	−0.96	65.45
43	106 799.35	59	11.36	−0.97	65.32
44	111 622.11	53	20.45	−0.89	66.10
45	109 440.45	55	17.42	−0.93	65.75
46	98 666.00	63	5.30	−1.10	64.00
47	110 381.23	54	18.94	−0.91	65.90
48	113 280.32	51	23.48	−0.86	66.37
49	115 916.50	50	25.00	−0.82	66.80
50	108 528.37	56	15.91	−0.94	65.60
51	105 113.43	60	9.85	−1.00	65.05
52	136 167.89	43	35.61	−0.49	70.10
53	172 507.53	21	68.94	0.10	76.02
54	166 032.88	27	59.85	0.00	74.96
55	165 979.21	28	58.33	0.00	74.95
56	166 523.20	26	61.36	0.00	75.04
57	144 513.14	39	41.67	−0.35	71.46
58	115 955.95	49	26.52	−0.82	66.81
59	116 815.89	48	28.03	−0.80	66.95
60	111 769.20	52	21.97	−0.89	66.13

续表

序号	沽能波动	大小排序	百分等级	标准分数	导出分数
61	107 669.54	57	14.39	−0.95	65.46
62	99 471.60	62	6.82	−1.09	64.13
63	101 760.99	61	8.33	−1.05	64.50
64	85 285.15	64	3.79	−1.32	61.82
65	83 388.82	65	2.27	−1.35	61.51
66	81 658.84	66	0.76	−1.38	61.23

从表 7-28 中我们可以看到，沽能数据波动区间在 81 658.84—357 787.37，即负方向波动的最小值 81 658.84 在负两个标准差和负一个标准差之间，正方向波动的最大值 357 787.37 则到达了正三个标准差的位置。

从近似正态分布曲线的分布来看，99.7%的数据波动是处于正负三个标准差之间的，95.4%的数据波动是处于正负两个标准差之间的。根据函数"=average（B1：B66）+3×stdev（B1：B66）"，我们计算得到正三个标准差数据节点是 350 568.98。在 66 个交易日的数据波动中，只有一个最大数据达到了正三个标准差，其他数据都在正负三个标准差范围内波动。也就是说，这个最大值的实现概率在正三个标准差之外的 0.15%水平，沽能的极大释放很可能意味着期权标的出现了价格上的极大下挫。我们查阅了这 66 个交易日的期权标的价格，发现沽能最大值 357 787.37 对应的期权价格出现了最大限度的下跌，当天价格下跌到阶段性纪录低点 2.333（出现在 2022 年 10 月 29 日）。我们又对排在沽能第二位的 327 033.54 数据进行了价格比对，该沽能对应的是阶段性的第二低点 2.365（出现在 2022 年 10 月 28 日）。这说明我们的沽能波动数据的计算评估在某种程度上能够反映期权价格波动。

在这两个沽能的数据评估中，我们发现序号 17 的沽能 357 787.37 的百分等级是 99.24，标准分数是 3.12（超过了三个标准差，与我们前面的分析相一致，实现概率在 0.15%左右），对应的导出分数较为罕见地达到 106.17。序号 16 的沽能是 327 033.54，其对应的百分等级是 97.73（表示有 97.73%的数据低于该沽能数据），标准分数是 2.62（表示该沽能数据超过了两个标准差，但低于三个标准差，实现概率在 2.15%左右），导出分数是 101.17。

由此可见，我们的数据评估可以对期权市场的变化能力进行一定程度上的评估，这与传统语言测试可以评估被试的语言能力相一致。季度沽能波动数据规律变化形成的导出分数图如图 7-22 所示。

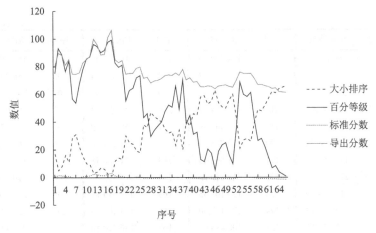

图 7-22　季度沽能波动数据导出分数图

7.4.3　长期沽能波动的数据评估

年度沽能波动数据的采集属于长期数据评估范围。在期权市场交易中，全年大约有 264 个交易日数据，沽能的波动数据与交易日数据相一致。我们仍以 2023 年 1 月 9 日为数据分析节点，采集 2021 年 12 月 9 日至 2023 年 1 月 9 日共 264 个交易日的沽能波动数据，具体波动数据如表 7-29 所示。

表 7-29　年度沽能波动数据表

序号	沽能波动	序号	沽能波动	序号	沽能波动	序号	沽能波动
1	89 945.12	19	183 594.10	37	241 231.92	55	222 410.45
2	92 968.93	20	225 501.79	38	239 136.51	56	255 012.26
3	100 465.77	21	205 756.49	39	208 093.80	57	395 486.08
4	104 256.31	22	190 121.27	40	205 327.90	58	475 301.82
5	123 087.23	23	221 319.33	41	217 358.09	59	480 545.14
6	112 371.11	24	180 534.00	42	258 836.05	60	403 115.08
7	149 466.47	25	251 342.39	43	230 512.32	61	368 754.48
8	177 431.45	26	297 296.51	44	209 451.89	62	513 945.67
9	153 695.57	27	255 431.91	45	204 338.66	63	752 402.49
10	154 332.09	28	203 481.56	46	176 296.92	64	420 994.43
11	123 699.38	29	207 181.57	47	177 968.27	65	364 002.79
12	134 925.47	30	165 280.75	48	221 735.95	66	294 902.38
13	135 698.44	31	182 686.75	49	186 306.00	67	264 880.65
14	122 430.24	32	179 218.89	50	245 648.93	68	250 797.89
15	177 785.05	33	264 907.66	51	219 172.12	69	223 400.98
16	155 800.20	34	219 063.83	52	218 971.58	70	199 962.30
17	153 600.26	35	261 281.25	53	183 609.79	71	251 970.39
18	165 366.47	36	360 849.64	54	202 074.87	72	262 391.31

续表

序号	沽能波动	序号	沽能波动	序号	沽能波动	序号	沽能波动
73	273 872.38	115	179 520.45	157	210 337.49	199	197 950.99
74	192 535.33	116	153 910.13	158	220 488.64	200	256 098.71
75	206 757.43	117	151 449.95	159	186 540.93	201	247 592.25
76	179 472.33	118	138 299.92	160	143 276.64	202	204 015.42
77	185 532.56	119	153 942.59	161	149 429.39	203	228 376.34
78	213 468.34	120	117 725.79	162	153 229.76	204	164 573.80
79	190 754.68	121	145 663.19	163	171 680.78	205	163 630.74
80	274 493.81	122	118 119.35	164	117 589.27	206	170 050.75
81	214 085.79	123	124 101.55	165	117 976.14	207	213 246.17
82	226 562.19	124	128 117.30	166	124 468.35	208	228 622.21
83	192 478.17	125	108 483.02	167	136 020.10	209	243 444.07
84	191 599.41	126	108 644.80	168	114 912.87	210	319 334.08
85	224 756.05	127	109 728.57	169	134 896.51	211	295 614.69
86	233 651.53	128	129 015.83	170	140 310.16	212	248 902.68
87	280 511.22	129	94 215.25	171	125 653.99	213	250 866.40
88	324 406.32	130	89 480.96	172	131 873.16	214	327 033.54
89	296 034.82	131	92 606.83	173	158 546.44	215	357 787.37
90	459 768.29	132	83 541.54	174	129 390.12	216	227 826.88
91	419 754.24	133	102 342.10	175	119 465.87	217	215 069.20
92	312 711.90	134	95 888.42	176	134 333.94	218	223 792.39
93	261 742.30	135	99 068.15	177	137 659.01	219	164 055.99
94	211 467.42	136	91 667.26	178	132 816.75	220	166 671.98
95	211 954.15	137	95 989.97	179	145 191.80	221	167 953.27
96	287 299.72	138	116 692.69	180	162 062.43	222	189 841.32
97	308 238.90	139	121 984.81	181	168 764.29	223	194 981.46
98	265 730.58	140	111 475.51	182	144 188.26	224	145 349.82
99	245 072.89	141	134 486.40	183	150 998.97	225	150 273.65
100	257 823.02	142	144 881.04	184	148 662.09	226	124 763.77
101	230 953.97	143	139 967.12	185	112 492.03	227	133 614.40
102	255 470.33	144	141 869.55	186	106 301.12	228	136 246.90
103	216 238.68	145	182 514.29	187	122 099.97	229	144 402.71
104	220 618.38	146	145 407.16	188	135 761.91	230	156 478.08
105	214 544.69	147	141 421.88	189	197 557.97	231	160 100.73
106	166 987.63	148	137 737.39	190	199 814.35	232	157 991.41
107	185 581.77	149	155 643.52	191	215 018.48	233	168 649.75
108	229 646.08	150	136 186.34	192	223 667.75	234	157 788.01
109	215 722.78	151	138 198.77	193	237 031.68	235	184 591.14
110	209 061.55	152	119 960.22	194	247 357.98	236	137 884.52
111	198 703.24	153	132 464.87	195	234 891.09	237	147 354.87
112	192 209.60	154	128 461.03	196	179 525.72	238	127 854.91
113	176 847.61	155	164 236.72	197	219 168.75	239	130 201.90
114	182 640.51	156	159 852.48	198	186 155.63	240	107 568.80

续表

序号	沽能波动	序号	沽能波动	序号	沽能波动	序号	沽能波动
241	106 799.35	247	115 916.50	253	165 979.21	259	107 669.54
242	111 622.11	248	108 528.37	254	166 523.20	260	99 471.60
243	109 440.45	249	105 113.43	255	144 513.14	261	101 760.99
244	98 666.00	250	136 167.89	256	115 955.95	262	85 285.15
245	110 381.23	251	172 507.53	257	116 815.89	263	83 388.82
246	113 280.32	252	166 032.88	258	111 769.20	264	81 658.84

通过借鉴语言测试的函数分析法，我们根据函数"=average（A1：A264）"计算出均值为 188 759.68。根据函数"=median（A1：A264）"计算出中位数为 172 094.16。根据函数"=stdev（A1：A264）"计算出标准差为 82 776.34。其他的数据节点计算包括："=average（A1：A264）+stdev（A1：A264）"计算出正一个标准差为 271 536.02。"=average（A1：A264）+2×stdev（A1：A264）"计算出正两个标准差为 354 312.36。"=average（A1：A264）– stdev（A1：A264）"计算出负一个标准差为105 983.34。"=average（A1：A264）– 2×stdev（A1：A264）"计算出负两个标准差为 23 207.00。

假定长期沽能的波动数据形成的是近似的正态分布曲线，各曲线节点如图 7-23 所示。

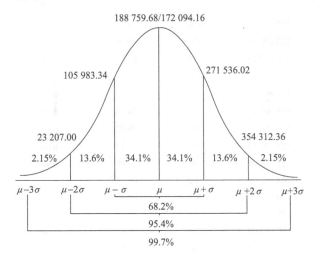

图 7-23　年度沽能正态分布曲线

从图 7-23 中可以看出，形成的是一个近似的正态分布曲线。在严格意义上的正态分布曲线中，均值和中位数是相等的。但在这个曲线中，均值与中位数之差是正数，形成的是正偏度曲线。这意味着在正方向的数据中，超过三个标准差的波动数据的概率比理论上的 0.15%要大一些。由于是正偏度，超过负方向的三个标准差的数据概率则不会大于理论上的 0.15%。最后体现在数据分析中就是可能会有稍多的数据处在正三个标准差附近，而处于负三个标准差附近的数据的数量稍少或缺失。为了更好地进行对照研究，我们把收集到的沽能波动数据进行了标准化处理，分别计算出每个数据的大小排序、百分等级、标准分数和导出分数，具体见表 7-30。

表 7-30　年度沽能标准分数和导出分数表

序号	沽能波动	大小排序	百分等级	标准分数	导出分数
1	89 945.12	259	2.08	−1.19	63.06
2	92 968.93	256	3.22	−1.16	63.43
3	100 465.77	249	5.87	−1.07	64.33
4	104 256.31	246	7.01	−1.02	64.79
5	123 087.23	214	19.13	−0.79	67.07
6	112 371.11	231	12.69	−0.92	65.77
7	149 466.47	167	36.93	−0.47	70.25
8	177 431.45	129	51.33	−0.14	73.63
9	153 695.57	161	39.20	−0.42	70.76
10	154 332.09	158	40.34	−0.42	70.84
11	123 699.38	213	19.51	−0.79	67.14
12	134 925.47	195	26.33	−0.65	68.50
13	135 698.44	194	26.70	−0.64	68.59
14	122 430.24	215	18.75	−0.80	66.99
15	177 785.05	128	51.70	−0.13	73.67
16	155 800.20	156	41.10	−0.40	71.02
17	153 600.26	162	38.83	−0.42	70.75
18	165 366.47	143	46.02	−0.28	72.17
19	183 594.10	118	55.49	−0.06	74.38
20	225 501.79	61	77.08	0.44	79.44
21	205 756.49	92	65.34	0.21	77.05
22	190 121.27	109	58.90	0.02	75.16
23	221 319.33	68	74.43	0.39	78.93
24	180 534.00	122	53.98	−0.10	74.01
25	251 342.39	40	85.04	0.76	82.56
26	297 296.51	19	92.99	1.31	88.11
27	255 431.91	37	86.17	0.81	83.05
28	203 481.56	96	63.83	0.18	76.78
29	207 181.57	90	66.10	0.22	77.23
30	165 280.75	144	45.64	−0.28	72.16

序号	沽能波动	大小排序	百分等级	标准分数	导出分数
31	182 686.75	119	55.11	−0.07	74.27
32	179 218.89	126	52.46	−0.12	73.85
33	264 907.66	28	89.58	0.92	84.20
34	219 063.83	73	72.54	0.37	78.66
35	261 281.25	32	88.07	0.88	83.76
36	360 849.64	12	95.64	2.08	95.79
37	241 231.92	49	81.63	0.63	81.34
38	239 136.51	50	81.25	0.61	81.09
39	208 093.80	89	66.48	0.23	77.34
40	205 327.90	93	64.96	0.20	77.00
41	217 358.09	75	71.78	0.35	78.45
42	258 836.05	33	87.69	0.85	83.47
43	230 512.32	55	79.36	0.50	80.04
44	209 451.89	87	67.23	0.25	77.50
45	204 338.66	94	64.58	0.19	76.88
46	176 296.92	131	50.57	−0.15	73.49
47	177 968.27	127	52.08	−0.13	73.70
48	221 735.95	67	74.81	0.40	78.98
49	186 306.00	112	57.77	−0.03	74.70
50	245 648.93	46	82.77	0.69	81.87
51	219 172.12	71	73.30	0.37	78.67
52	218 971.58	74	72.16	0.36	78.65
53	183 609.79	117	55.87	−0.06	74.38
54	202 074.87	97	63.45	0.16	76.61
55	222 410.45	66	75.19	0.41	79.07
56	255 012.26	38	85.80	0.80	83.00
57	395 486.08	9	96.78	2.50	99.97
58	475 301.82	4	98.67	3.46	109.62
59	480 545.14	3	99.05	3.52	110.25
60	403 115.08	8	97.16	2.59	100.90
61	368 754.48	10	96.40	2.17	96.74
62	513 945.67	2	99.43	3.93	114.28
63	752 402.49	1	99.81	6.81	143.09
64	420 994.43	6	97.92	2.81	103.06
65	364 002.79	11	96.02	2.12	96.17
66	294 902.38	22	91.86	1.28	87.82
67	264 880.65	29	89.20	0.92	84.20
68	250 797.89	42	84.28	0.75	82.49
69	223 400.98	65	75.57	0.42	79.18
70	199 962.30	98	63.07	0.14	76.35
71	251 970.39	39	85.42	0.76	82.64

续表

序号	沽能波动	大小排序	百分等级	标准分数	导出分数
72	262 391.31	30	88.83	0.89	83.90
73	273 872.38	26	90.34	1.03	85.28
74	192 535.33	104	60.80	0.05	75.46
75	206 757.43	91	65.72	0.22	77.17
76	179 472.33	125	52.84	−0.11	73.88
77	185 532.56	115	56.63	−0.04	74.61
78	213 468.34	82	69.13	0.30	77.98
79	190 754.68	108	59.28	0.02	75.24
80	274 493.81	25	90.72	1.04	85.36
81	214 085.79	81	69.51	0.31	78.06
82	226 562.19	60	77.46	0.46	79.57
83	192 478.17	105	60.42	0.04	75.45
84	191 599.41	107	59.66	0.03	75.34
85	224 756.05	62	76.70	0.43	79.35
86	233 651.53	53	80.11	0.54	80.42
87	280 511.22	24	91.10	1.11	86.08
88	324 406.32	15	94.51	1.64	91.39
89	296 034.82	20	92.61	1.30	87.96
90	459 768.29	5	98.30	3.27	107.74
91	419 754.24	7	97.54	2.79	102.91
92	312 711.90	17	93.75	1.50	89.97
93	261 742.30	31	88.45	0.88	83.82
94	211 467.42	85	67.99	0.27	77.74
95	211 954.15	84	68.37	0.28	77.80
96	287 299.72	23	91.48	1.19	86.90
97	308 238.90	18	93.37	1.44	89.43
98	265 730.58	27	89.96	0.93	84.30
99	245 072.89	47	82.39	0.68	81.80
100	257 823.02	34	87.31	0.83	83.34
101	230 953.97	54	79.73	0.51	80.10
102	255 470.33	36	86.55	0.81	83.06
103	216 238.68	76	71.40	0.33	78.32
104	220 618.38	69	74.05	0.38	78.85
105	214 544.69	80	69.89	0.31	78.12
106	166 987.63	138	47.92	−0.26	72.37
107	185 581.77	114	57.01	−0.04	74.62
108	229 646.08	56	78.98	0.49	79.94
109	215 722.78	77	71.02	0.33	78.26
110	209 061.55	88	66.86	0.25	77.45
111	198 703.24	100	62.31	0.12	76.20
112	192 209.60	106	60.04	0.04	75.42
113	176 847.61	130	50.95	−0.14	73.56

序号	沽能波动	大小排序	百分等级	标准分数	导出分数
114	182 640.51	120	54.73	−0.07	74.26
115	179 520.45	124	53.22	−0.11	73.88
116	153 910.13	160	39.58	−0.42	70.79
117	151 449.95	164	38.07	−0.45	70.49
118	138 299.92	184	30.49	−0.61	68.90
119	153 942.59	159	39.96	−0.42	70.79
120	117 725.79	222	16.10	−0.86	66.42
121	145 663.19	171	35.42	−0.52	69.79
122	118 119.35	220	16.86	−0.85	66.47
123	124 101.55	212	19.89	−0.78	67.19
124	128 117.30	207	21.78	−0.73	67.67
125	108 483.02	240	9.28	−0.97	65.30
126	108 644.80	238	10.04	−0.97	65.32
127	109 728.57	236	10.80	−0.95	65.45
128	129 015.83	205	22.54	−0.72	67.78
129	94 215.25	255	3.60	−1.14	63.58
130	89 480.96	260	1.70	−1.20	63.01
131	92 606.83	257	2.84	−1.16	63.38
132	83 541.54	262	0.95	−1.27	62.29
133	102 342.10	247	6.63	−1.04	64.56
134	95 888.42	254	3.98	−1.12	63.78
135	99 068.15	251	5.11	−1.08	64.16
136	91 667.26	258	2.46	−1.17	63.27
137	95 989.97	253	4.36	−1.12	63.79
138	116 692.69	225	14.96	−0.87	66.29
139	121 984.81	217	17.99	−0.81	66.93
140	111 475.51	234	11.55	−0.93	65.66
141	134 486.40	197	25.57	−0.66	68.44
142	144 881.04	175	33.90	−0.53	69.70
143	139 967.12	183	30.87	−0.59	69.11
144	141 869.55	180	32.01	−0.57	69.34
145	182 514.29	121	54.36	−0.08	74.25
146	145 407.16	172	35.04	−0.52	69.76
147	141 421.88	181	31.63	−0.57	69.28
148	137 737.39	187	29.36	−0.62	68.84
149	155 643.52	157	40.72	−0.40	71.00
150	136 186.34	190	28.22	−0.64	68.65
151	138 198.77	185	30.11	−0.61	68.89
152	119 960.22	218	17.61	−0.83	66.69
153	132 464.87	201	24.05	−0.68	68.20

续表

序号	沽能波动	大小排序	百分等级	标准分数	导出分数
154	128 461.03	206	22.16	−0.73	67.72
155	164 236.72	146	44.89	−0.30	72.04
156	159 852.48	151	42.99	−0.35	71.51
157	210 337.49	86	67.61	0.26	77.61
158	220 488.64	70	73.67	0.38	78.83
159	186 540.93	111	58.14	−0.03	74.73
160	143 276.64	179	32.39	−0.55	69.51
161	149 429.39	168	36.55	−0.48	70.25
162	153 229.76	163	38.45	−0.43	70.71
163	171 680.78	133	49.81	−0.21	72.94
164	117 589.27	223	15.72	−0.86	66.40
165	117 976.14	221	16.48	−0.86	66.45
166	124 468.35	211	20.27	−0.78	67.23
167	136 020.10	192	27.46	−0.64	68.63
168	114 912.87	228	13.83	−0.89	66.08
169	134 896.51	196	25.95	−0.65	68.49
170	140 310.16	182	31.25	−0.59	69.15
171	125 653.99	209	21.02	−0.76	67.38
172	131 873.16	202	23.67	−0.69	68.13
173	158 546.44	152	42.61	−0.36	71.35
174	129 390.12	204	22.92	−0.72	67.83
175	119 465.87	219	17.23	−0.84	66.63
176	134 333.94	198	25.19	−0.66	68.42
177	137 659.01	188	28.98	−0.62	68.83
178	132 816.75	200	24.43	−0.68	68.24
179	145 191.80	174	34.28	−0.53	69.74
180	162 062.43	149	43.75	−0.32	71.77
181	168 764.29	135	49.05	−0.24	72.58
182	144 188.26	178	32.77	−0.54	69.62
183	150 998.97	165	37.69	−0.46	70.44
184	148 662.09	169	36.17	−0.48	70.16
185	112 492.03	230	13.07	−0.92	65.79
186	106 301.12	244	7.77	−1.00	65.04
187	122 099.97	216	18.37	−0.81	66.95
188	135 761.91	193	27.08	−0.64	68.60
189	197 557.97	102	61.55	0.11	76.06
190	199 814.35	99	62.69	0.13	76.34
191	215 018.48	79	70.27	0.32	78.17
192	223 667.75	64	75.95	0.42	79.22
193	237 031.68	51	80.87	0.58	80.83

序号	沽能波动	大小排序	百分等级	标准分数	导出分数
194	247 357.98	45	83.14	0.71	82.08
195	234 891.09	52	80.49	0.56	80.57
196	179 525.72	123	53.60	−0.11	73.88
197	219 168.75	72	72.92	0.37	78.67
198	186 155.63	113	57.39	−0.03	74.69
199	197 950.99	101	61.93	0.11	76.11
200	256 098.71	35	86.93	0.81	83.14
201	247 592.25	44	83.52	0.71	82.11
202	204 015.42	95	64.20	0.18	76.84
203	228 376.34	58	78.22	0.48	79.79
204	164 573.80	145	45.27	−0.29	72.08
205	163 630.74	148	44.13	−0.30	71.96
206	170 050.75	134	49.43	−0.23	72.74
207	213 246.17	83	68.75	0.30	77.96
208	228 622.21	57	78.60	0.48	79.82
209	243 444.07	48	82.01	0.66	81.61
210	319 334.08	16	94.13	1.58	90.77
211	295 614.69	21	92.23	1.29	87.91
212	248 902.68	43	83.90	0.73	82.27
213	250 866.40	41	84.66	0.75	82.50
214	327 033.54	14	94.89	1.67	91.70
215	357 787.37	13	95.27	2.04	95.42
216	227 826.88	59	77.84	0.47	79.72
217	215 069.20	78	70.64	0.32	78.18
218	223 792.39	63	76.33	0.42	79.23
219	164 055.99	147	44.51	−0.30	72.02
220	166 671.98	139	47.54	−0.27	72.33
221	167 953.27	137	48.30	−0.25	72.49
222	189 841.32	110	58.52	0.01	75.13
223	194 981.46	103	61.17	0.08	75.75
224	145 349.82	173	34.66	−0.52	69.76
225	150 273.65	166	37.31	−0.46	70.35
226	124 763.77	210	20.64	−0.77	67.27
227	133 614.40	199	24.81	−0.67	68.34
228	136 246.90	189	28.60	−0.63	68.66
229	144 402.71	177	33.14	−0.54	69.64
230	156 478.08	155	41.48	−0.39	71.10
231	160 100.73	150	43.37	−0.35	71.54
232	157 991.41	153	42.23	−0.37	71.28
233	168 649.75	136	48.67	−0.24	72.57
234	157 788.01	154	41.86	−0.37	71.26

续表

序号	沽能波动	大小排序	百分等级	标准分数	导出分数
235	184 591.14	116	56.25	−0.05	74.50
236	137 884.52	186	29.73	−0.61	68.85
237	147 354.87	170	35.80	−0.50	70.00
238	127 854.91	208	21.40	−0.74	67.64
239	130 201.90	203	23.30	−0.71	67.93
240	107 568.80	242	8.52	−0.98	65.19
241	106 799.35	243	8.14	−0.99	65.10
242	111 622.11	233	11.93	−0.93	65.68
243	109 440.45	237	10.42	−0.96	65.42
244	98 666.00	252	4.73	−1.09	64.12
245	110 381.23	235	11.17	−0.95	65.53
246	113 280.32	229	13.45	−0.91	65.88
247	115 916.50	227	14.20	−0.88	66.20
248	108 528.37	239	9.66	−0.97	65.31
249	105 113.43	245	7.39	−1.01	64.89
250	136 167.89	191	27.84	−0.64	68.65
251	172 507.53	132	50.19	−0.20	73.04
252	166 032.88	141	46.78	−0.27	72.25
253	165 979.21	142	46.40	−0.28	72.25
254	166 523.20	140	47.16	−0.27	72.31
255	144 513.14	176	33.52	−0.53	69.65
256	115 955.95	226	14.58	−0.88	66.20
257	116 815.89	224	15.34	−0.87	66.31
258	111 769.20	232	12.31	−0.93	65.70
259	107 669.54	241	8.90	−0.98	65.20
260	99 471.60	250	5.49	−1.08	64.21
261	101 760.99	248	6.25	−1.05	64.49
262	85 285.15	261	1.33	−1.25	62.50
263	83 388.82	263	0.57	−1.27	62.27
264	81 658.84	264	0.19	−1.29	62.06

在表 7-30 中，我们对沽能波动数据进行了导出分数的计算。根据正三个标准差函数"=average（A1：A264）+ 3×stdev（A1：A264）"和负三个标准差函数"=average（A1：A264）− 3×stdev（A1：A264）"，我们可以计算出正负三个标准差数据节点分别是 437 088.70 和−59 569.34。由于负三个标准差数据节点是负值，表明这 264 个沽能数据不可能出现在负三个标准差数据节点附近。但是，正三个标准差数据节点附近却有可能有数据出现。这个推断与我们在前面对正偏度的分析是一致的。

在表 7-31 的数据集合中，我们可以看到全年的沽能波动数据超过极值的有 5 个，其他的 259 个数据都在三个标准差之下。

表 7-31　超过正三个标准差数据节点的数据集合

序号	沽能波动	大小排序	百分等级	标准分数	导出分数
63	752 402.49	1	99.81	6.81	143.09
62	513 945.67	2	99.43	3.93	114.28
59	480 545.14	3	99.05	3.52	110.25
58	475 301.82	4	98.67	3.46	109.62
90	459 768.29	5	98.30	3.27	107.74

从百分等级来说，排序第一的最大沽能数据的百分等级是 99.81，其对应的标准分数是 6.81，也就是说接近 7 个标准差的位置，而且导出分数也罕见地出现了 143.09。这说明在这个数据出现的交易日，看跌的情绪到达了极端严重的地步。我们查阅了这个沽能对应的交易日是 2022 年 3 月 15 日，那天发生了大面积股灾，期权标的上证 50ETF 从前一天的 2.832 直落至 2.687，下跌幅度创纪录，一天中整整下跌了 5.12%。这对每天波动率只有 0.5% 左右的超大蓝筹股的上证 50 来说是极为罕见的。我们的沽能数据评估解释了这次超常规的市场情绪变化。

沽能数据排第二位的是序号 62 的 513 945.67，其对应的百分等级是 99.43（表示有 99.43% 的数据低于该沽能数据），标准分数是 3.93（表示该沽能数据所在的位置达到了正三个标准差以上的极值，具体在 3.93 个标准差位置），导出分数是 114.28（表示在标准差为 10、均值为 75 的线性处理模式中，该沽能数据的导出分数超出了常规的 100 分，达到了 114.28 分的高位）。这说明这个沽能数据对应的市场情绪也出现了超常规的看跌恐惧。这一天对应的交易日是 2022 年 3 月 14 日（星期一），期权标的从 2022 年 3 月 11 日（星期五）的 2.922 下跌到 2.832，下跌幅度是 3.08%。我们的沽能波动数据也为这次暴跌提供了数据支撑。

沽能波动数据排序第三的是序号 59 的 480 545.14，其对应的百分等级是 99.05，标准分数是 3.52，导出分数是 110.25。这个数据所在的位置也超过了三个标准差。其所在的交易日是 2022 年 3 月 9 日，期权标的从前一个交易日的 2.915 下跌到 2.887，下跌幅度是 0.96%。

沽能波动数据排序第四的是序号 58 的 475 301.82，其对应的百分等级是 98.67，标准分数是 3.46，超出了常规的正三个标准差，导出分数是 109.62，超出了常规的导出分数 100，说明该数据出现了极值情况。为了验证我们的判断，我们查阅了期权交易数据库中的交易信息。信息显示该沽能波动数据对应的交易日是 2022 年 3 月 8 日，当日收盘时期权数据的确出现了较大的波动，期权标的从前一交易日的 2.955 下跌到 2.915（下跌幅度是 1.35%），这种波动导致数据评估出现了极值现象。

沽能波动数据排序第五的是序号 90 的 459 768.29，其对应的百分等级是 98.30，标准分数是 3.27，导出分数是 107.74。标准分数和导出分数均超出了常规的正三个标准差和导出分数 100。在期权交易数据库中，该交易日（2022 年 4 月 25 日）的下跌幅度罕见地达到了 4.76%（从 2.795 下跌到 2.662）。

从上面的沽能波动数据分析可以看出，我们提出的沽能波动数据的评估方法可以较好地解释市场波动的动因。市场中对未来持有看跌观点的投资者大量购买沽仓，导致期权标的在后续上涨中乏力并引发一系列股价下挫。

沽能波动数据处于正极值时，通常对应的是期权标的大幅度下跌。那么，当沽能出现负极值时，是否意味着期权标的会出现上涨呢？从理论上来分析，持有看跌期权的投资者越少，看涨市场的情绪也越浓重，股价上涨的可能也就越大。我们可以对数据排名最低的五个数据进行评估验证（表 7-32）。

表 7-32　数值排名最低的五个数据节点集合

序号	沽能波动	大小排序	百分等级	标准分数	导出分数
130	89 480.96	260	1.70	−1.20	63.01
262	85 285.15	261	1.33	−1.25	62.50
132	83 541.54	262	0.95	−1.27	62.29
263	83 388.82	263	0.57	−1.27	62.27
264	81 658.84	264	0.19	−1.29	62.06

在表 7-32 中，数值最小的沽能波动数据是序号 264 的 81 658.84，由于看涨期权和看跌期权形成的是对冲关系，所以沽能波动数据处于低位通常意味着市场看涨的氛围浓厚。在期权交易数据库中，该沽能波动数据对应的交易日是 2023 年 1 月 9 日（期权标的从 2.725 上涨到 2.750，上涨幅度是 0.92%），其对应的百分等级是 0.19，标准分数是−1.29，导出分数是 62.06。

序号 263 的沽能波动数据是 83 388.82，对应的交易日是 2023 年 1 月 6 日（期权标的从 2.710 上涨了 0.55%，到达 2.725），其对应的百分等级是 0.57，标准分数是–1.27，导出分数是 62.27。

　　序号 132 的沽能波动数据是 83 541.54（百分等级是 0.95，标准分数是–1.27，导出分数是 62.29），这个数据稍大于前面讨论的序号 264 和序号 263 的数据，对应的期权标的也是处于上涨状态（从 3.016 上涨到 3.043，上涨幅度是 0.90%），交易日是 2022 年 6 月 28 日。

　　序号 262 的沽能波动数据是 85 285.15，其对应的百分等级是 1.33，标准分数是–1.25，导出分数是 62.50。该波动数据的交易日是 2023 年 1 月 5 日，收盘价为 2.710，前一交易日收盘价为 2.660，上涨幅度为 1.88%。

　　序号 130 的沽能波动数据是 89 480.96，其对应的百分等级是 1.70，标准分数是–1.20，导出分数是 63.01。该交易日是 2022 年 6 月 24 日，期权标的价格从 2.939 上涨到 2.978，上涨幅度是 1.33%。

　　从这五个数值最小的沽能波动数据对期权标的的影响来看，当沽能数值变小后，通常意味着持有看跌期权的投资者减少，更多的投资者或者看多后市，或者对后市不悲观，促使期权标的的出现上涨。

　　期权交易的平均杠杆在 10 倍左右，上证 50ETF 作为期权标的，每波动 0.1%，期权就有 1% 的涨跌幅；每波动 1%，期权就有 10% 的涨跌幅。我们借鉴传统语言测试方法推出的购能波动数据评估方法和沽能波动数据评估方法都较为有效地为期权市场的波动提供了数据支撑。下面请见年度沽能波动数据的导出分数图（图 7-24）。

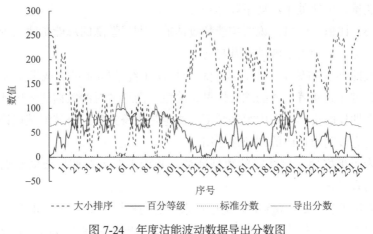

图 7-24　年度沽能波动数据导出分数图

7.5　惑能波动数据的计算评估

　　惑能波动数据的评估就是对驱动市场波动的动因进行的数据分析和

评估，涉及购能和沽能的对冲，体现了波动数据的对冲概念。惑能评估就是对沽能与购能之比的评估。

在前面购能波动数据与价能波动数据的相关性讨论中我们发现，两者之间存在波动一致性的关系，购能波动数据越大，价能波动数据越大，两者呈现正比例关系。相反，沽能波动数据与价能波动数据呈现负比例特征，即沽能越大，价能向下波动的可能性越大。如果单纯讨论购能数据或者沽能数据，价能的波动方向比较好判断。

期权交易不同于股票交易。在股票交易中，普通投资者只能做多不能做空。但是，普通的期权交易者则拥有同时做空和做多的权利，所以期权交易就引入了对冲概念，即在看涨和看跌过程中需要同时考虑两个方向的能量对比变化。

在购能数据和沽能数据同时增大的过程中，价能数据的波动则由两者之比决定。这就是我们引入惑能的初衷，即惑能用于衡量在对冲状况下购能和沽能的对冲结果。

沽能波动数据与购能波动数据之比可以衡量出价能波动的最终方向，理论上来说分为三种情况。

（1）比值等于 1：说明沽能和购能处于势均力敌的状态，价能波动处于震荡趋势。

（2）比值大于 1：说明沽能超过购能，期权看跌的总能量要大于看涨的总能量，价能处于波动下降趋势。

（3）比值小于 1：说明购能超过沽能，期权看涨的总能量要大于看跌的总能量，价能处于波动上升趋势。

按照惑能的理论分析，我们就可以从单纯的购能讨论或者单纯的沽能讨论过渡到两者对冲的综合性讨论阶段，而这种对冲数据的分析评估更适合在期权的实际应用中得到验证。这也是传统的静态语言测试理论在对冲的动态波动数据中的创新性应用。

为了更好地了解惑能的数据评估，我们需要先对期权波动数据的相关术语有了解。

看涨期权（call option）是指对未来的期权标的（上证 50ETF）看涨的期权交易。按照上海证券交易所的规定，认购期权是期权的买方有权在约定的时间以约定的价格向期权的卖方买入约定数量的标的证券的期权。我们在波动数据采集中，将看涨期权的波动数据都纳入购能波动数据集合中。

　　看跌期权（put option）是指对未来的期权标的（上证 50ETF）看跌的期权交易。按照上海证券交易所的规定，认沽期权是期权的买方有权在约定的时间以约定的价格向期权的卖方卖出约定数量的标的证券的期权。我们在波动数据采集中，将看跌期权的波动数据都纳入沽能波动数据集合中。

　　持仓量（open interest）是指未平仓合约的数量，既包括购仓持仓量，也包括沽仓持仓量。期权波动数据中，通常包括四个月份的持仓量。在上海证券交易所的期权合约规定中，到期月份分别为当月、下月及最近的两个季月（下季月与隔季月）。在期权交易中，这四个月份的所有期权同时挂牌交易，购仓和沽仓形成对冲态势，即一份看涨合约必然对应一份看跌合约。在全年度的季月分割中，包括 3 月、6 月、9 月、12 月。正因为持仓量是对未来交易的预期，所以期权波动数据中沽仓持仓量和购仓持仓量的综合数据评估可以预测到未来市场的波动方向。

　　加权持仓量（weighted open interest）是指对不同的持仓量可以进行加权处理，加权系数通常以期权价格为准。在波动数据的采集中，我们发现不同的期权在购能或者沽能的计算中所处的交易地位是不同的。价格高昂的实值期权（行权时高概率盈利的期权）占比最重，价格适中的平值期权（行权时一半概率盈利的期权）占比中等，价格便宜的虚值期权（行权时小概率盈利的期权）占比最小。不同价格的期权在波动数据评估中的作用也不同。这样，我们把价格作为加权系数就可以计算出不同期权的加权持仓量，即加权持仓量=期权持仓量×期权价格。

购能波动数据=∑（看涨期权持仓量×期权价格）

　　对于上证 50ETF 期权，购能是当天收盘后所有看涨期权合约的加权持仓量之和，而每个合约的加权持仓量则等于该合约的看涨期权持仓量与对应期权最新价格的乘积。购能可表示为∑WC。

沽能波动数据=∑（看跌期权持仓量×期权价格）

　　与购能波动数据的计算相对，沽能是期权标的（上证 50ETF）当天收盘后所有看跌期权的加权持仓量之和，即看跌加权持仓量之和，可表示为∑WP。

　　惑能是沽能波动数据与购能波动数据之比，即惑能=看跌加权持仓量之和/看涨加权持仓量之和，公式为：

$$CQ = \frac{\sum WP}{\sum WC}$$ （公式 7-3）

我们已经完成了购能波动数据和沽能波动数据在短期、中期、长期三个区间的数据采集，根据惑能的计算公式，我们按照沽能波动数据与购能波动数据之比可以分别计算出短期、中期和长期的惑能波动数据。在购能波动数据评估和沽能波动数据评估中，计算结果都已经证明了数据波动形成的是近似的正态分布曲线这一论断，传统语言测试的评估方法可以用于这两类波动数据的评估中。由于这两类数据都只是单方向的数据评估，不包含任何对冲的概念，所以语言测试的评估方法是否适用于对冲波动数据尚不可知。

惑能的计算是具有对冲概念的数据评估方法，这与静态数据评估的传统语言测试的评估方法有所不同。这种基于动态波动数据的对冲计算评估为语言测试方法的拓展性应用提供了创新性的视角。

7.5.1 短期惑能波动的数据评估

惑能波动数据的评估就是对沽能和购能对冲数据的总评估。短期惑能波动数据的采集与购能和沽能的采集区间是一致的，也是以月度为区间进行的。由于惑能是沽能与购能之比，所以惑能的数据采集实际上是在沽能和购能完成数据采集之后再计算得来的。沽能和购能短期数据评估都是以 22 个交易日为时间区间，采集的数据都是以当天期权标的（上证50ETF）的收盘数据为准。这样，我们根据公式"惑能=看跌加权持仓量之和/看涨加权持仓量之和=沽能/购能"，就能计算出每一个交易日的惑能。2022 年 12 月 8 日至 2023 年 1 月 9 日共 22 个交易日的惑能波动数据（月度惑能）如表 7-33 所示。

表 7-33 月度惑能波动数据表

序号	沽能波动数据	购能波动数据	惑能波动数据
1	109 440.45	184 111.12	0.594 4
2	98 666.00	201 107.00	0.490 6
3	110 381.23	171 703.50	0.642 9
4	113 280.32	169 124.83	0.669 8
5	115 916.50	182 894.12	0.633 8
6	108 528.37	160 498.73	0.676 2
7	105 113.43	161 689.36	0.650 1

续表

序号	沽能波动数据	购能波动数据	惑能波动数据
8	136 167.89	126 717.38	1.074 6
9	172 507.53	105 327.91	1.637 8
10	166 032.88	101 696.73	1.632 6
11	165 979.21	101 753.97	1.631 2
12	166 523.20	106 590.57	1.562 3
13	144 513.14	101 929.17	1.417 8
14	115 955.95	114 689.22	1.011 0
15	116 815.89	110 672.14	1.055 5
16	111 769.20	100 299.66	1.114 4
17	107 669.54	105 603.88	1.019 6
18	99 471.60	112 607.06	0.883 4
19	101 760.99	113 232.56	0.898 7
20	85 285.15	146 200.47	0.583 3
21	83 388.82	151 687.51	0.549 7
22	81 658.84	166 088.61	0.491 7

在传统的语言测试中，常规数据评估有一套规范的标准化分数体系。在语言测试中，大型的标准化考试形成的数据通常都被认定为一种正态分布曲线，所以，常规数据评估中也引入了正态分布曲线的分数分布计算。

例如，假定 μ 为均值，σ 为标准差，数据在正方向$[\mu:\mu+\sigma]$、$[\mu+\sigma:\mu+2\sigma]$、$[\mu+2\sigma:\mu+3\sigma]$出现的概率分别为 34.1%、13.6%、2.15%。；在负方向出现的概率与正方向形成了镜像关系，即数据在区间$[\mu:\mu-\sigma]$的出现概率是 34.1%，在$[\mu-\sigma:\mu-2\sigma]$的出现概率是 13.6%，在$[\mu-2\sigma:\mu-3\sigma]$的出现概率是 2.15%。超过正负三个标准差的区间，数据出现的概率均在0.15%左右，可以忽略不计。

在前面的讨论中已经证明，价能、量能、购能和沽能的短期波动数据评估、中期波动数据评估、长期波动数据评估都基本符合近似的正态分布曲线，传统语言测试的数据评估方法在波动数据评估中也被证明是有效的。但是，这四类波动数据都是不涉及对冲的直接采集的波动数据，是期权标的收盘后就可以采集到的数据，所以涉及对冲概念的惑能是否也适用语言测试的数据评估方法则需要找到数据支撑。

我们继续借鉴语言测试的数据评估方法对惑能进行数据节点的计算。"=average（A1：A22）"计算出均值为 0.9510。"=median（A1：A22）"计算出中位数为 0.8910。"=stdev（A1：A22）"计算出标准差为 0.3992。"=average（A1：A22）+ stdev（A1：A22）"计算出正一个标准差为 1.3501。"=average（A1：A22）+ 2×stdev（A1：A22）"计算

出正两个标准差为 1.7493。"=average（A1：A22）- stdev（A1：A22）"计算出负一个标准差为 0.5518。"=average（A1：A22）- 2×stdev（A1：A22）"计算出负两个标准差为 0.1526。根据这些数据节点，我们构建了一个近似正态分布曲线（图 7-25）。

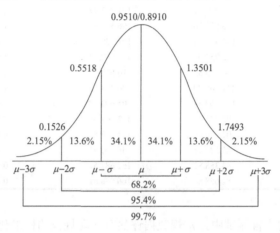

图 7-25 月度惑能正态分布曲线

在图 7-25 中，均值与中位数之差是正数，严格意义上来说形成的是正偏度曲线，这意味着正方向的数据可能会比负方向的数据占比更大一些。正负三个标准差之间的数据占比约为 99.7%，正负两个标准差之间的数据占比约为 95.4%，正负一个标准差之间的数据占比约为 68.2%。

我们借鉴语言测试标准化分数体系的评估方法，计算短期惑能波动数据（即月度惑能）的大小排序、百分等级、标准分数和导出分数，其中导出分数的计算公式为 10Z+75，具体计算如表 7-34 所示。

表 7-34 月度惑能标准分数和导出分数表

序号	惑能波动	大小排序	百分等级	标准分数	导出分数	序号	惑能波动	大小排序	百分等级	标准分数	导出分数
1	0.5944	18	20.45	−0.89	66.07	12	1.5623	4	84.09	1.53	90.31
2	0.4906	22	2.27	−1.15	63.47	13	1.4178	5	79.55	1.17	86.69
3	0.6429	16	29.55	−0.77	67.28	14	1.0110	10	56.82	0.15	76.50
4	0.6698	14	38.64	−0.70	67.96	15	1.0555	8	65.91	0.26	77.62
5	0.6338	17	25.00	−0.79	67.05	16	1.1144	6	75.00	0.41	79.09
6	0.6762	13	43.18	−0.69	68.12	17	1.0196	9	61.36	0.17	76.72
7	0.6501	15	34.09	−0.75	67.46	18	0.8834	12	47.73	−0.17	73.31
8	1.0746	7	70.45	0.31	78.10	19	0.8987	11	52.27	−0.13	73.69
9	1.6378	1	97.73	1.72	92.20	20	0.5833	19	15.91	−0.92	65.79
10	1.6326	2	93.18	1.71	92.07	21	0.5497	20	11.36	−1.01	64.95
11	1.6312	3	88.64	1.70	92.04	22	0.4917	21	6.82	−1.15	63.49

在表 7-34 的波动数据中，从正方向来看，序号为 9 的惑能波动数据是最大的（1.6378），对应的百分等级是 97.73（意味着 97.73%的数据要低于 1.6378），标准分数是 1.72（在正一个标准差和正两个标准差之间，实现概率在 13.6%左右），导出分数是 92.20。这个最大的惑能波动数据没有超出近似正态分布曲线的极值区域。当惑能波动数据到达这个最大值之后就出现了均值回归，数据不断缩小到本轮数据的最低点 0.4906。这体现了波动数据近似正态分布曲线的周期规律性。

从负方向来看，序号为 2 的惑能波动数据是最小的（0.4906），对应的百分等级是 2.27，标准分数是−1.15（在负一个标准差和负两个标准差之间，实现概率为 13.6%左右），导出分数是 63.47。我们在表 7-34 中可以看到，当惑能波动数据到达最小值之后也出现了均值回归，数据向均值不断增大，并越过均值直到出现在正极值位置之后发生回调。负方向的惑能波动数据变化也验证了近似正态分布曲线的周期规律性。

在短期惑能波动数据评估中，我们也可以得出以下结论：传统语言测试的数据评估方法可以适用于短期对冲数据的评估，也能够揭示出短期惑能波动数据的近似正态分布曲线的周期规律性。

月度惑能（即短期惑能）波动数据的百分等级和导出分数变化规律如图 7-26 所示。

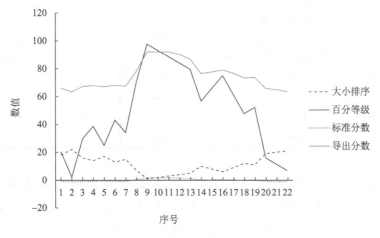

图 7-26　月度惑能波动数据导出分数图

7.5.2　中期惑能波动的数据评估

季度波动数据的采集属于中期数据评估范围。中期惑能等于中期沽能与中期购能之比，体现了波动数据在季度区间的数据评估对冲概念。在期权市场交易中，购能和沽能在每个季度约有 66 个交易日的收盘波动数据。我们计算获得的 2022 年 9 月 30 日至 2023 年 1 月 9 日共 66 个交易日的惑能数据如表 7-35 所示。

表 7-35　季度惑能波动数据表

序号	惑能波动	序号	惑能波动	序号	惑能波动
1	2.6756	23	1.0018	45	0.5944
2	4.5287	24	1.2868	46	0.4906
3	3.8865	25	1.3624	47	0.6429
4	2.1656	26	0.8066	48	0.6698
5	2.6892	27	0.8661	49	0.6338
6	1.3676	28	0.5619	50	0.6762
7	1.4690	29	0.6815	51	0.6501
8	1.6371	30	0.7314	52	1.0746
9	2.6533	31	0.8614	53	1.6378
10	2.7230	32	1.1917	54	1.6326
11	2.8592	33	1.2307	55	1.6312
12	4.5290	34	1.1886	56	1.5623
13	4.1026	35	1.3504	57	1.4178
14	2.8739	36	1.1990	58	1.0110
15	3.0410	37	1.5344	59	1.0555
16	4.6409	38	0.7804	60	1.1144
17	4.5149	39	0.8206	61	1.0196
18	1.7680	40	0.7127	62	0.8834
19	1.5007	41	0.7769	63	0.8987
20	1.8574	42	0.5316	64	0.5833
21	0.8408	43	0.5335	65	0.5497
22	0.8663	44	0.6041	66	0.4917

我们根据函数可以计算出相关的数据节点的值，具体如下："=average（A1：A66）"计算出均值为 1.5262。"=median（A1：A66）"计算出中位数为 1.1515。"=stdev（A1：A66）"计算出标准差为 1.1223。"=average（A1：A66）+ stdev（A1：A66）"计算出正一个标准差为 2.6485。"=average（A1：A66）+ 2×stdev（A1：A66）"计算出正两个标准差为 3.7708。"=average（A1：A66）– stdev（A1：A66）"计算出负一个标准差为 0.4039。"=average（A1：A66）– 2×stdev（A1：A66）"计算出负两个标准差为–0.7184。

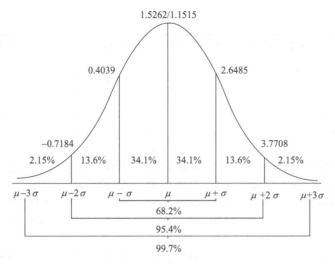

图 7-27　季度惑能波动的分布曲线

　　从图 7-27 中我们可以看到，惑能在季度范围内出现了相对较大的曲线变化，在负两个标准差的位置出现了负值。总体来说，形成的是较为明显的正偏度图形（均值与中位数之差为正数）。这说明，超过正两个标准差的极端高的惑能数据的数量将超过常规，而低于负两个标准差的极端低的惑能数据的数量也将少于常规。由于惑能是沽能与购能之比，惑能越高，代表着投资者的困惑商越高，看跌市场的动能越大。因此，从季度惑能波动的曲线可以看出这个季度数据中整个市场是处于价格不断下跌的状态。

　　我们认为季度惑能的分布曲线不是正态分布的曲线，因为这个图形包括了正方向的多个极端高的惑能数据，拉高了对极值敏感的均值，从而使整个曲线发生了正偏度，负两个标准差的位置出现了负值。我们推测，在这个季度区间，一定出现了代表市场价格暴跌的超高数值惑能，投资者看跌情绪极度高涨，导致看跌期权持仓量和价格都暴涨。

　　为了系统计算的一致性，我们在中期惑能数据评估中也一如既往地使用百分等级、标准分数和导出分数的计算方法，并分析在非近似正态分布曲线的状况下数据评估如何展开，请见表 7-36。

表 7-36　季度惑能标准分数和导出分数表

序号	惑能波动	大小排序	百分等级	标准分数	导出分数	序号	惑能波动	大小排序	百分等级	标准分数	导出分数
1	2.6756	12	82.58	1.02	85.24	3	3.8865	6	91.67	2.10	96.03
2	4.5287	3	96.21	2.68	101.75	4	2.1656	14	79.55	0.57	80.70

续表

序号	惑能波动	大小排序	百分等级	标准分数	导出分数	序号	惑能波动	大小排序	百分等级	标准分数	导出分数
5	2.6892	11	84.09	1.04	85.36	36	1.1990	31	53.79	−0.29	72.08
6	1.3676	26	61.36	−0.14	73.59	37	1.5344	22	67.42	0.01	75.07
7	1.4690	24	64.39	−0.05	74.49	38	0.7804	48	28.03	−0.66	68.35
8	1.6371	18	73.48	0.10	75.99	39	0.8206	46	31.06	−0.63	68.71
9	2.6533	13	81.06	1.00	85.04	40	0.7127	51	23.48	−0.72	67.75
10	2.7230	10	85.61	1.07	85.66	41	0.7769	49	26.52	−0.67	68.32
11	2.8592	9	87.12	1.19	86.88	42	0.5316	64	3.79	−0.89	66.14
12	4.5290	2	97.73	2.68	101.76	43	0.5335	63	5.30	−0.88	66.15
13	4.1026	5	93.18	2.30	97.96	44	0.6041	58	12.88	−0.82	66.78
14	2.8739	8	88.64	1.20	87.01	45	0.5944	59	11.36	−0.83	66.70
15	3.0410	7	90.15	1.35	88.50	46	0.4906	66	0.76	−0.92	65.77
16	4.6409	1	99.24	2.78	102.75	47	0.6429	56	15.91	−0.79	67.13
17	4.5149	4	94.70	2.66	101.63	48	0.6698	54	18.94	−0.76	67.37
18	1.7680	16	76.52	0.22	77.15	49	0.6338	57	14.39	−0.80	67.05
19	1.5007	23	65.91	−0.02	74.77	50	0.6762	53	20.45	−0.76	67.43
20	1.8574	15	78.03	0.30	77.95	51	0.6501	55	17.42	−0.78	67.19
21	0.8408	45	32.58	−0.61	68.89	52	1.0746	35	47.73	−0.40	70.98
22	0.8663	42	37.12	−0.59	69.12	53	1.6378	17	75.00	0.10	75.99
23	1.0018	39	41.67	−0.47	70.33	54	1.6326	19	71.97	0.09	75.95
24	1.2868	29	56.82	−0.21	72.87	55	1.6312	20	70.45	0.09	75.94
25	1.3624	27	59.85	−0.15	73.54	56	1.5623	21	68.94	0.03	75.32
26	0.8066	47	29.55	−0.64	68.59	57	1.4178	25	62.88	−0.10	74.03
27	0.8661	43	35.61	−0.59	69.12	58	1.0110	38	43.18	−0.46	70.41
28	0.5619	61	8.33	−0.86	66.41	59	1.0555	36	46.21	−0.42	70.81
29	0.6815	52	21.97	−0.75	67.47	60	1.1144	34	49.24	−0.37	71.33
30	0.7314	50	25.00	−0.71	67.92	61	1.0196	37	44.70	−0.45	70.49
31	0.8614	44	34.09	−0.59	69.08	62	0.8834	41	38.64	−0.57	69.27
32	1.1917	32	52.27	−0.30	72.02	63	0.8987	40	40.15	−0.56	69.41
33	1.2307	30	55.30	−0.26	72.37	64	0.5833	60	9.85	−0.84	66.60
34	1.1886	33	50.76	−0.30	71.99	65	0.5497	62	6.82	−0.87	66.30
35	1.3504	28	58.33	−0.16	73.43	66	0.4917	65	2.27	−0.92	65.78

从表 7-36 中的百分等级、标准分数和导出分数的计算中我们可以发现，超出正两个标准差的数据节点 3.7708 的惑能波动数据共包括了六个。

序号 16 的惑能波动数据是 4.6409。该数据对应的百分等级是 99.24（表示有 99.24%的数据要低于 4.6409），标准分数是 2.78（表示该数据所处的位置在正两个标准差和正三个标准差之间，在这个区间的数据的出现概率在 2.15%左右），导出分数是 102.75（表示在线性处理之后，这个很高的惑能波动数据出现了极值现象，对应的导出分数出现在了比较罕见的 100 之上，意味着市场的恐慌情绪在快速蔓延，股票被大幅抛售）。经查阅期权市场的价格波动记录，我们发现该惑能数据对应的交易日是 2022 年 10 月 28 日，价格较上一交易日发生了大幅度波动，从 2.419 下降到 2.365，降幅约为 2.23%。

序号 12 的惑能波动数据是 4.5290，对应的交易日是 2022 年 10 月 24 日，当天的股价从 2.527 下降到 2.439，降幅达到 3.48%。由于惑能是沽能与购能之比，所以较高的惑能必然对应的是比值的升高。该数据对应的百分等级是 97.73，标准分数是 2.68，导出分数是 101.76。这几个指标都表明惑能处于高位，表示整个市场的恐慌情绪处于高点。

序号 2 的惑能波动数据是 4.5287，这也是比较罕见的高数值。当天（2022 年 10 月 10 日）的股价从 2.650 下降到 2.586，降幅达到 2.42%。该惑能波动数据对应的百分等级是 96.21，标准分数是 2.68，导出分数是 101.75。

序号 17 的惑能波动数据是 4.5149。通常情况下，如果股价处于震荡阶段，沽能与购能之比在 1 左右。当惑能值达到 4 左右时，则证明市场中看跌的沽能是看涨的购能的四倍，整个市场弥漫着对股价下跌的担心和恐惧，抛售股票在这种情绪的控制下成为必然。我们的期权数据库显示，该惑能数据对应的交易日是 2022 年 10 月 29 日，股价从上一交易日的 2.365 向下波动到 2.333，下降了约 1.35%。该波动数据对应的百分等级是 94.70，标准分数是 2.66（处于正两个标准差和正三个标准差之间），导出分数是 101.63。

序号 13 的惑能波动数据是 4.1026（百分等级是 93.18，标准分数是 2.30，导出分数是 97.96）。交易当天（2022 年 10 月 25 日）的惑能数据对应的股价仍是下跌，从 2.439 下降到 2.431（降幅约为 0.33%）。

序号 3 的惑能波动数据是 3.8865。这个数值比前面讨论的沽能数值要小得多，对应的股价下降幅度也小了很多（从 2.586 下降到 2.578，降幅为 0.31%），交易当天（2022 年 10 月 11 日）的惑能波动数据所对应的百分等级、标准分数和导出分数分别是 91.67、2.10 和 96.03。渐次降低的百分等级等波动数据说明市场的恐慌情绪也在减弱。

从这六个惑能波动数据的评估中可以看出，超过正两个标准差的数据常代表着看跌情绪的弥漫，市场价格也无一例外地出现了下跌。这说明惑能数据的大小可以作为市场价格波动的一个数据衡量标准（表 7-37）。

表 7-37　中期评估中超过正两个标准差的惑能波动数据表

序号	惑能波动	大小排序	百分等级	标准分数	导出分数
16	4.6409	1	99.24	2.78	102.75
12	4.5290	2	97.73	2.68	101.76
2	4.5287	3	96.21	2.68	101.75
17	4.5149	4	94.70	2.66	101.63
13	4.1026	5	93.18	2.30	97.96
3	3.8865	6	91.67	2.10	96.03

在前面中期惑能数据评估的曲线分布中我们已经发现，由于超过正两个标准差的惑能波动数据多达六个，改变了曲线分布的近似正态模式，形成了较为明显的正偏度曲线，最明显的特点就是负两个标准差的位置出现了负值。但是，即使是这样的正偏度，所有的波动数据也没有超过正三个标准差节点，"=average（A1：A66）+ 3×stdev（A1：A66）"计算正三个标准差为 4.8930。最大的惑能波动数据 4.6409 也没有超过三个标准差。由此可见，中期惑能数据评估的曲线分布在正方向是符合近似正态分布曲线的，所有的数据都在正三个标准差之下。

当惑能波动数据较大时，代表着对冲结果是沽能相对购能占据主导地位，市场倾向于看跌，所以价格是处于下跌通道的。相反，如果惑能波动数据较小时，对冲结果显示沽能相对购能处于弱势，市场倾向于看涨。

例如，在表 7-36 中，序号 46 的惑能波动数据是最小的（0.4906），其对应的百分等级处于极低水平（只有 0.76%的数据比该惑能数据低），对应的标准分数处于负值（该数据处于均值以下的−0.92 个标准差的位置），对应的导出分数分值也很低（按照 10Z+75 线性处理模式，该数据的导出分数 65.77 低于均值 75，属于低位分值）。惑能的低值常意味着较小的沽能和较大的购能，对应的市场表现则以上涨为主。在序号 46 所对应的交易日（2022 年 12 月 9 日）中，股价从 2.677 上升到 2.708，上升幅度是 1.16%。

序号 66 的惑能波动数据是次小的（0.4917）。这个数据在整体数据中所居的位置是相当落后的（分数居于均值以下−0.92 个标准差位置），只有 2.27%的数据小于该数据，从线性处理的导出分数来看只有 65.78，小于均值 75。较小的惑能通常对应的是股价的上涨，当天（2023 年 1 月 9 日）股价从 2.725 上升到 2.750，上升幅度是 0.92%。

从惑能波动数据的较大值和较小值的分析可以看出，作为沽能和购能的对冲结果，惑能波动数据能够实现对数据上下波动的有效解释，并为

价能变化提供较为有效的数据支撑。请见季度惑能波动数据的百分等级和
导出分数变化图（图 7-28）。

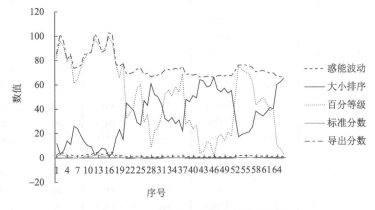

图 7-28　季度惑能波动数据导出分数图

7.5.3　长期惑能波动的数据评估

长期惑能的数据评估是以年度为时间界限的。在前面的长期购能数
据评估和长期沽能数据评估中，我们选定的数据收集区间是从 2021 年 12
月 9 日至 2023 年 1 月 9 日之间的波动数据，共 264 个交易日。惑能是沽能
与购能之比，长期惑能则是长期沽能与长期购能之比，具体请见表 7-38。

表 7-38　年度惑能波动数据表

序号	惑能波动	序号	惑能波动	序号	惑能波动	序号	惑能波动
1	0.3647	18	1.1069	35	2.8265	52	2.4005
2	0.4127	19	1.2829	36	4.4320	53	1.7541
3	0.4594	20	1.8388	37	2.8361	54	2.1077
4	0.5328	21	1.6997	38	2.6386	55	2.3741
5	0.7769	22	1.4702	39	2.1378	56	2.9994
6	0.6395	23	1.9595	40	2.1413	57	5.3406
7	1.0458	24	1.4070	41	2.5009	58	6.6535
8	1.4320	25	2.4468	42	3.3848	59	5.3060
9	1.1426	26	3.4213	43	2.7160	60	4.8271
10	1.1807	27	2.8768	44	2.3453	61	3.1677
11	0.8652	28	2.0068	45	2.3071	62	5.8036
12	0.9605	29	2.1126	46	1.7256	63	10.4326
13	0.9290	30	1.3866	47	1.9432	64	3.4806
14	0.7449	31	1.5781	48	2.9196	65	2.5395
15	1.2556	32	1.5929	49	2.0832	66	1.9726
16	1.0157	33	2.9592	50	3.0853	67	2.1997
17	0.9690	34	2.0871	51	2.6095	68	2.1069

续表

序号	惑能波动	序号	惑能波动	序号	惑能波动	序号	惑能波动
69	1.8826	111	2.0123	153	1.4941	195	3.3691
70	1.9817	112	1.8054	154	1.4205	196	2.0263
71	2.7905	113	1.2902	155	1.9805	197	2.6721
72	2.6371	114	1.4106	156	1.8918	198	2.3496
73	2.8464	115	1.3592	157	2.4425	199	2.6756
74	1.3587	116	0.9292	158	3.1479	200	4.5287
75	1.6202	117	0.8631	159	2.4513	201	3.8865
76	1.2312	118	0.6792	160	1.6024	202	2.1656
77	1.4366	119	0.8350	161	1.7728	203	2.6892
78	1.8633	120	0.5543	162	1.7703	204	1.3676
79	1.4806	121	0.9121	163	2.3561	205	1.4690
80	2.7352	122	0.6048	164	0.9364	206	1.6371
81	1.7649	123	0.5913	165	1.1077	207	2.6533
82	2.0651	124	0.7136	166	1.2770	208	2.7230
83	1.5360	125	0.4886	167	1.4379	209	2.8592
84	1.4807	126	0.5700	168	1.1131	210	4.5290
85	1.9194	127	0.5913	169	1.4366	211	4.1026
86	2.2726	128	0.9017	170	1.7121	212	2.8739
87	3.0790	129	0.5657	171	1.5398	213	3.0410
88	3.8409	130	0.4770	172	1.6864	214	4.6409
89	3.4835	131	0.4391	173	2.1874	215	4.5149
90	6.5374	132	0.3469	174	1.4172	216	1.7680
91	5.2921	133	0.4991	175	1.4358	217	1.5007
92	2.9018	134	0.3964	176	1.6967	218	1.8574
93	2.4355	135	0.4332	177	1.7199	219	0.8408
94	1.5350	136	0.3904	178	1.3817	220	0.8663
95	1.7743	137	0.4201	179	1.7613	221	1.0018
96	3.4237	138	0.6258	180	1.9853	222	1.2868
97	3.7343	139	0.6485	181	2.0163	223	1.3624
98	2.5794	140	0.6450	182	1.6366	224	0.8066
99	2.3557	141	0.9655	183	1.6303	225	0.8661
100	2.5744	142	1.1744	184	1.8384	226	0.5619
101	2.1383	143	1.1688	185	1.1226	227	0.6815
102	2.8302	144	1.2873	186	1.0326	228	0.7314
103	2.0459	145	2.0836	187	1.3638	229	0.8614
104	2.3503	146	1.2374	188	1.5414	230	1.1917
105	2.2029	147	1.3638	189	2.7648	231	1.2307
106	1.2054	148	1.2683	190	2.7183	232	1.1886
107	1.7472	149	1.7955	191	2.9326	233	1.3504
108	2.6907	150	1.4713	192	2.9618	234	1.1990
109	2.3479	151	1.6157	193	3.2092	235	1.5344
110	2.2606	152	1.3193	194	3.1226	236	0.7804

序号	惑能波动	序号	惑能波动	序号	惑能波动	序号	惑能波动
237	0.8206	244	0.4906	251	1.6378	258	1.1144
238	0.7127	245	0.6429	252	1.6326	259	1.0196
239	0.7769	246	0.6698	253	1.6312	260	0.8834
240	0.5316	247	0.6338	254	1.5623	261	0.8987
241	0.5335	248	0.6762	255	1.4178	262	0.5833
242	0.6041	249	0.6501	256	1.0110	263	0.5497
243	0.5944	250	1.0746	257	1.0555	264	0.4917

在短期惑能数据评估中，我们已经证明了波动数据形成的是近似正态分布曲线，正负两个标准差、正负一个标准差、均值和中位数等数据节点在波动数据评估中具有不同的实现概率水平。总体来说，短期惑能数据评估中正负三个标准差之内的数据实现概率大约在 99.7%，正负两个标准差之内的数据实现概率大约在 95.4%，正负一个标准差之内的数据实现概率大约在 68.2%。符合近似正态分布曲线的短期惑能数据评估为我们提供了数据在各个节点的实现概率，让我们对数据波动的总趋势和总规律有了客观科学的认识。

在中期惑能数据评估中，我们发现波动数据总体形成的曲线严格意义上来说不是近似正态分布曲线，在负两个标准差数据节点出现了负值。这个结果是较为罕见的。前面的讨论已经证明，价能、量能、购能、沽能的短期、中期和长期数据评估结果均符合近似正态分布曲线。在具体分析中我们发现，中期惑能数据评估之所以发生了偏移，主要因为出现了多个超正极值的沽能波动数据，因此拉高了均值，在中位数不变的情况下，使整个曲线形成了明显的正偏度。尽管中期惑能数据评估中负两个标准差是负值，负方向上形成的不是近似正态分布曲线，但是我们按照"三个标准差原则"进行数据评估，发现中期惑能数据波动的正方向最大值低于正三个标准差，这是符合"三个标准差原则"的。所以，从波动数据的"三个标准差原则"来看，在正方向上，中期惑能数据的评估也是符合近似正态分布曲线的。价能、量能、购能、沽能的波动数据评估方法也可以应用于惑能的数据评估。

在长期惑能数据评估中，我们仍采用传统语言测试的数据评估方法进行研究。"=average（A1∶A264）"计算出均值为 1.8533。"=median（A1∶A264）"计算出中位数为 1.6090。=stdev（A1∶A264）"计算出标准差为 1.2395。"=average（A1∶A264）+ stdev（A1∶A264）"计算出正一个标准差为 3.0928。"=average（A1∶A264）+ 2×stdev（A1∶A264）"计

算出正两个标准差为 4.3323。"=average（A1∶A264）– stdev（A1∶A264）"计算出负一个标准差为 0.6138。"=average（A1∶A264）– 2× stdev（A1∶A264）"计算出负两个标准差为–0.6257。基于这些计算的数据节点，我们从理论上搭建了数据波动的曲线图（图 7-29）。

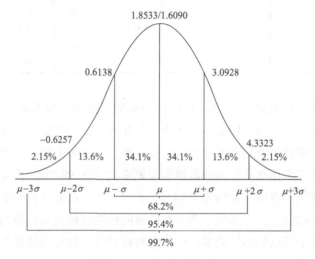

图 7-29　年度惑能分布曲线

从上面的年度惑能分布曲线可以看出，负两个标准差位置出现了负值，均值与中位数之差出现了较大正值，表明整个数据曲线形成的是明显的正偏度，这个图形与中期惑能波动数据形成的曲线是相似的。也就是说，在年度惑能数据中也一定出现了多个超过正两个标准差 4.3323 的正极值，因而使均值远远高于中位数并使曲线呈现正偏度。为了便于分析和评估，我们计算了所有惑能波动数据的大小排序、百分等级、标准分数和导出分数，具体如表 7-39 所示。

表 7-39　年度惑能标准分数和导出分数表

序号	惑能波动	大小排序	百分等级	标准分数	导出分数	序号	惑能波动	大小排序	百分等级	标准分数	导出分数
1	0.3647	263	0.57	–1.20	62.99	10	1.1807	183	30.87	–0.54	69.57
2	0.4127	260	1.70	–1.16	63.38	11	0.8652	212	19.89	–0.80	67.03
3	0.4594	256	3.22	–1.12	63.75	12	0.9605	202	23.67	–0.72	67.80
4	0.5328	249	5.87	–1.07	64.35	13	0.9290	205	22.54	–0.75	67.54
5	0.7769	221	16.48	–0.87	66.32	14	0.7449	222	16.10	–0.89	66.06
6	0.6395	234	11.55	–0.98	65.21	15	1.2556	175	33.90	–0.48	70.18
7	1.0458	194	26.70	–0.65	68.49	16	1.0157	197	25.57	–0.68	68.24
8	1.4320	153	42.23	–0.34	71.60	17	0.9690	200	24.43	–0.71	67.87
9	1.1426	186	29.73	–0.57	69.27	18	1.1069	191	27.84	–0.60	68.98

序号	惑能波动	大小排序	百分等级	标准分数	导出分数	序号	惑能波动	大小排序	百分等级	标准分数	导出分数
19	1.2829	172	35.04	−0.46	70.40	60	4.8271	8	97.16	2.40	98.99
20	1.8388	107	59.66	−0.01	74.88	61	3.1677	25	90.72	1.06	85.60
21	1.6997	122	53.98	−0.12	73.76	62	5.8036	4	98.67	3.19	106.87
22	1.4702	147	44.51	−0.31	71.91	63	10.4326	1	99.81	6.92	144.22
23	1.9595	100	62.31	0.09	75.86	64	3.4806	19	92.99	1.31	88.13
24	1.4070	158	40.34	−0.36	71.40	65	2.5395	60	77.46	0.55	80.54
25	2.4468	63	76.33	0.48	79.79	66	1.9726	99	62.69	0.10	75.96
26	3.4213	21	92.23	1.27	87.65	67	2.1997	78	70.64	0.28	77.79
27	2.8768	37	86.17	0.83	83.26	68	2.1069	86	67.61	0.20	77.05
28	2.0068	95	64.20	0.12	76.24	69	1.8826	104	60.80	0.02	75.24
29	2.1126	84	68.37	0.21	77.09	70	1.9817	97	63.45	0.10	76.04
30	1.3866	159	39.96	−0.38	71.23	71	2.7905	44	83.52	0.76	82.56
31	1.5781	135	49.05	−0.22	72.78	72	2.6371	56	78.98	0.63	81.32
32	1.5929	134	49.43	−0.21	72.90	73	2.8464	40	85.04	0.80	83.01
33	2.9592	33	87.69	0.89	83.92	74	1.3587	166	37.31	−0.40	71.01
34	2.0871	87	67.23	0.19	76.89	75	1.6202	131	50.57	−0.19	73.12
35	2.8265	43	83.90	0.79	82.85	76	1.2312	177	33.14	−0.50	69.98
36	4.4320	13	95.27	2.08	95.80	77	1.4366	150	43.37	−0.34	71.64
37	2.8361	41	84.66	0.79	82.93	78	1.8633	105	60.42	0.01	75.08
38	2.6386	55	79.36	0.63	81.34	79	1.4806	145	45.27	−0.30	71.99
39	2.1378	83	68.75	0.23	77.30	80	2.7352	46	82.77	0.71	82.12
40	2.1413	81	69.51	0.23	77.32	81	1.7649	115	56.63	−0.07	74.29
41	2.5009	61	77.08	0.52	80.22	82	2.0651	90	66.10	0.17	76.71
42	3.3848	22	91.86	1.24	87.36	83	1.5360	139	47.54	−0.26	72.44
43	2.7160	49	81.63	0.70	81.96	84	1.4807	144	45.64	−0.30	71.99
44	2.3453	73	72.54	0.40	78.97	85	1.9194	102	61.55	0.05	75.53
45	2.3071	74	72.16	0.37	78.66	86	2.2726	75	71.78	0.34	78.38
46	1.7256	119	55.11	−0.10	73.97	87	3.0790	29	89.20	0.99	84.89
47	1.9432	101	61.93	0.07	75.73	88	3.8409	16	94.13	1.60	91.04
48	2.9196	35	86.93	0.86	83.60	89	3.4835	18	93.37	1.32	88.15
49	2.0832	89	66.48	0.19	76.85	90	6.5374	3	99.05	3.78	112.79
50	3.0853	28	89.58	0.99	84.94	91	5.2921	7	97.54	2.77	102.74
51	2.6095	57	78.60	0.61	81.10	92	2.9018	36	86.55	0.85	83.46
52	2.4005	66	75.19	0.44	79.41	93	2.4355	65	75.57	0.47	79.70
53	1.7541	117	55.87	−0.08	74.20	94	1.5350	140	47.16	−0.26	72.43
54	2.1077	85	67.99	0.21	77.05	95	1.7743	111	58.14	−0.06	74.36
55	2.3741	67	74.81	0.42	79.20	96	3.4237	20	92.61	1.27	87.67
56	2.9994	31	88.45	0.92	84.25	97	3.7343	17	93.75	1.52	90.18
57	5.3406	5	98.30	2.81	103.13	98	2.5794	58	78.22	0.59	80.86
58	6.6535	2	99.43	3.87	113.73	99	2.3557	69	74.05	0.41	79.05
59	5.3060	6	97.92	2.79	102.86	100	2.5744	59	77.84	0.58	80.82

续表

序号	惑能波动	大小排序	百分等级	标准分数	导出分数	序号	惑能波动	大小排序	百分等级	标准分数	导出分数
101	2.1383	82	69.13	0.23	77.30	142	1.1744	184	30.49	-0.55	69.52
102	2.8302	42	84.28	0.79	82.88	143	1.1688	185	30.11	-0.55	69.48
103	2.0459	91	65.72	0.16	76.55	144	1.2873	170	35.80	-0.46	70.43
104	2.3503	70	73.67	0.40	79.01	145	2.0836	88	66.86	0.19	76.86
105	2.2029	77	71.02	0.28	77.82	146	1.2374	176	33.52	-0.50	70.03
106	1.2054	179	32.39	-0.52	69.77	147	1.3638	162	38.83	-0.39	71.05
107	1.7472	118	55.49	-0.09	74.14	148	1.2683	174	34.28	-0.47	70.28
108	2.6907	50	81.25	0.68	81.76	149	1.7955	110	58.52	-0.05	74.53
109	2.3479	72	72.92	0.40	78.99	150	1.4713	146	44.89	-0.31	71.92
110	2.2606	76	71.40	0.33	78.29	151	1.6157	132	50.19	-0.19	73.08
111	2.0123	94	64.58	0.13	76.28	152	1.3193	168	36.55	-0.43	70.69
112	1.8054	109	58.90	-0.04	74.61	153	1.4941	143	46.02	-0.29	72.10
113	1.2902	169	36.17	-0.45	70.46	154	1.4205	154	41.86	-0.35	71.51
114	1.4106	157	40.72	-0.36	71.43	155	1.9805	98	63.07	0.10	76.03
115	1.3592	165	37.69	-0.40	71.01	156	1.8918	103	61.17	0.03	75.31
116	0.9292	204	22.92	-0.75	67.54	157	2.4425	64	75.95	0.48	79.75
117	0.8631	213	19.51	-0.80	67.01	158	3.1479	26	90.34	1.04	85.44
118	0.6792	227	14.20	-0.95	65.53	159	2.4513	62	76.70	0.48	79.82
119	0.8350	216	18.37	-0.82	66.78	160	1.6024	133	49.81	-0.20	72.98
120	0.5543	246	7.01	-1.05	64.52	161	1.7728	112	57.77	-0.06	74.35
121	0.9121	206	22.16	-0.76	67.41	162	1.7703	113	57.39	-0.07	74.33
122	0.6048	237	10.42	-1.01	64.93	163	2.3561	68	74.43	0.41	79.06
123	0.5913	241	8.90	-1.02	64.82	164	0.9364	203	23.30	-0.74	67.60
124	0.7136	224	15.34	-0.92	65.80	165	1.1077	190	28.22	-0.60	68.98
125	0.4886	254	3.98	-1.10	63.99	166	1.2770	173	34.66	-0.46	70.35
126	0.5700	243	8.14	-1.04	64.65	167	1.4379	149	43.75	-0.34	71.65
127	0.5913	240	9.28	-1.02	64.82	168	1.1131	189	28.60	-0.60	69.03
128	0.9017	207	21.78	-0.77	67.32	169	1.4366	151	42.99	-0.34	71.64
129	0.5657	244	7.77	-1.04	64.61	170	1.7121	121	54.36	-0.11	73.86
130	0.4770	255	3.60	-1.11	63.90	171	1.5398	138	47.92	-0.25	72.47
131	0.4391	257	2.84	-1.14	63.59	172	1.6864	124	53.22	-0.13	73.65
132	0.3469	264	0.19	-1.22	62.85	173	2.1874	79	70.27	0.27	77.70
133	0.4991	251	5.11	-1.09	64.07	174	1.4172	156	41.10	-0.35	71.48
134	0.3964	261	1.33	-1.18	63.25	175	1.4358	152	42.61	-0.34	71.63
135	0.4332	258	2.46	-1.15	63.54	176	1.6967	123	53.60	-0.13	73.74
136	0.3904	262	0.95	-1.18	63.20	177	1.7199	120	54.73	-0.11	73.92
137	0.4201	259	2.08	-1.16	63.44	178	1.3817	160	39.58	-0.38	71.20
138	0.6258	236	10.80	-0.99	65.10	179	1.7613	116	56.25	-0.07	74.26
139	0.6485	231	12.69	-0.97	65.28	180	1.9853	96	63.83	0.11	76.06
140	0.6450	232	12.31	-0.97	65.25	181	2.0163	93	64.96	0.13	76.31
141	0.9655	201	24.05	-0.72	67.84	182	1.6366	127	52.08	-0.17	73.25

续表

序号	惑能波动	大小排序	百分等级	标准分数	导出分数	序号	惑能波动	大小排序	百分等级	标准分数	导出分数
183	1.6303	130	50.95	−0.18	73.20	224	0.8066	218	17.61	−0.84	66.56
184	1.8384	108	59.28	−0.01	74.88	225	0.8661	211	20.27	−0.80	67.04
185	1.1226	187	29.36	−0.59	69.10	226	0.5619	245	7.39	−1.04	64.58
186	1.0326	195	26.33	−0.66	68.38	227	0.6815	226	14.58	−0.95	65.55
187	1.3638	163	38.45	−0.39	71.05	228	0.7314	223	15.72	−0.91	65.95
188	1.5414	137	48.30	−0.25	72.48	229	0.8614	214	19.13	−0.80	67.00
189	2.7648	45	83.14	0.74	82.35	230	1.1917	181	31.63	−0.53	69.66
190	2.7183	48	82.01	0.70	81.98	231	1.2307	178	32.77	−0.50	69.98
191	2.9326	34	87.31	0.87	83.71	232	1.1886	182	31.25	−0.54	69.64
192	2.9618	32	88.07	0.89	83.94	233	1.3504	167	36.93	−0.41	70.94
193	3.2092	24	91.10	1.09	85.94	234	1.1990	180	32.01	−0.53	69.72
194	3.1226	27	89.96	1.02	85.24	235	1.5344	141	46.78	−0.26	72.43
195	3.3691	23	91.48	1.22	87.23	236	0.7804	219	17.23	−0.87	66.34
196	2.0263	92	65.34	0.14	76.40	237	0.8206	217	17.99	−0.83	66.67
197	2.6721	53	80.11	0.66	81.61	238	0.7127	225	14.96	−0.92	65.80
198	2.3496	71	73.30	0.40	79.00	239	0.7769	220	16.86	−0.87	66.32
199	2.6756	52	80.49	0.66	81.63	240	0.5316	250	5.49	−1.07	64.34
200	4.5287	11	96.02	2.16	96.58	241	0.5335	248	6.25	−1.06	64.35
201	3.8865	15	94.51	1.64	91.40	242	0.6041	238	10.04	−1.01	64.92
202	2.1656	80	69.89	0.25	77.52	243	0.5944	239	9.66	−1.02	64.84
203	2.6892	51	80.87	0.67	81.74	244	0.4906	253	4.36	−1.10	64.01
204	1.3676	161	39.20	−0.39	71.08	245	0.6429	233	11.93	−0.98	65.23
205	1.4690	148	44.13	−0.31	71.90	246	0.6698	229	13.45	−0.95	65.45
206	1.6371	126	52.46	−0.17	73.26	247	0.6338	235	11.17	−0.98	65.16
207	2.6533	54	79.73	0.65	81.45	248	0.6762	228	13.83	−0.95	65.50
208	2.7230	47	82.39	0.70	82.02	249	0.6501	230	13.07	−0.97	65.29
209	2.8592	39	85.42	0.81	83.12	250	1.0746	192	27.46	−0.63	68.72
210	4.5290	10	96.40	2.16	96.59	251	1.6378	125	52.84	−0.17	73.26
211	4.1026	14	94.89	1.81	93.15	252	1.6326	128	51.70	−0.18	73.22
212	2.8739	38	85.80	0.82	83.23	253	1.6312	129	51.33	−0.18	73.21
213	3.0410	30	88.83	0.96	84.58	254	1.5623	136	48.67	−0.23	72.65
214	4.6409	9	96.78	2.25	97.49	255	1.4178	155	41.48	−0.35	71.49
215	4.5149	12	95.64	2.15	96.47	256	1.0110	198	25.19	−0.68	68.20
216	1.7680	114	57.01	−0.07	74.31	257	1.0555	193	27.08	−0.64	68.56
217	1.5007	142	46.40	−0.28	72.16	258	1.1144	188	28.98	−0.60	69.04
218	1.8574	106	60.04	0.00	75.03	259	1.0196	196	25.95	−0.67	68.27
219	0.8408	215	18.75	−0.82	66.83	260	0.8834	209	21.02	−0.78	67.17
220	0.8663	210	20.64	−0.80	67.04	261	0.8987	208	21.40	−0.77	67.30
221	1.0018	199	24.81	−0.69	68.13	262	0.5833	242	8.52	−1.02	64.75
222	1.2868	171	35.42	−0.46	70.43	263	0.5497	247	6.63	−1.05	64.48
223	1.3624	164	38.07	−0.40	71.04	264	0.4917	252	4.73	−1.10	64.01

在表 7-39 中，我们完成了所有惑能波动数据的标准化分数的计算，其中导出分数的计算按照公式 10Z+75 进行。这个公式与我们在价能、量能、购能、沽能中的计算是一致的。根据函数"=average（A1：A264）+3×stdev（A1：A264）"我们计算得到整个数据集的正三个标准差的数据节点是 5.5718。在整个数据集中，共有四个数据超过了正三个标准差，具体如表 7-40 所示。

表 7-40　年度惑能数据评估中超过正三个标准差的数据集合

序号	惑能波动	大小排序	百分等级	标准分数	导出分数
63	10.4326	1	99.81	6.92	144.22
58	6.6535	2	99.43	3.87	113.73
90	6.5374	3	99.05	3.78	112.79
62	5.8036	4	98.67	3.19	106.87

序号 63 的惑能波动数据是 10.4326，对应的百分等级是 99.81，这个数据超过了数据集中 99.81%的其他数据，而且该数据所在的位置达到了接近 7 个标准差（标准分数是 6.92），导出分数更是高达 144.22（常规在 100 左右）。

从惑能数据与正三个标准差的数据节点 5.5718 相比较而言，这个惑能数据是极其罕见的极值，而且在标准分数中出现在 6.92 个标准差附近，也就是因为这个超级正极值的出现拉高了均值（均值对极值敏感，中位数对极值不敏感），导致整体数据的曲线出现明显的正偏度。从导出分数来看，一般情况下，鲜有导出分数超过 100 的，超出的数据通常都代表着数据的显著性波动。而这个惑能对应的导出分数竟然高达 144.22。惑能是沽能与购能之比，惑能与沽能呈现的是正比例关系。极高的惑能导出分数表明整个期权交易中出现了一边倒的看跌情绪，对应的应该是股灾级别的价格急剧下挫。我们查阅了该惑能波动数据所对应的交易日以及当日和前一交易日的期权标的价格。数据显示，惑能波动数据 10.4326 对应的交易日是 2022 年 3 月 15 日，当日期权标的价格是 2.687，前一交易日的价格是 2.832，当天的降幅达到了罕见的 5.12%。由于期权交易的杠杆一般在 10 倍左右，当天期权沽仓的平均收益达到了 51.2%，对于上海证券交易所市值最大的上证 50 来说，这个跌幅堪称股灾级别。我们的惑能波动数据评估为这种地震级别的波动提供了有效的数据支撑。

序号 58 的惑能波动数据是 6.6535，百分等级是 99.43，标准分数是 3.87，导出分数是 113.73。从年度数据评估的角度来看，这个数据也是超过三个标准差的。而且，该数据的导出分数也超过了 100，达到了 113.73。这说明这个感能波动数据对应的交易日也出现了较大的价格波动，导致沽能发生了大幅度增长，而购能则相应地出现了缩水，所以才会在沽能与购能之比中产生了较大的感能。2022 年 3 月 8 日感能的大幅度升高对应的是股价的大幅度下跌（当天股价从 2.955 下跌到 2.915，下跌幅度是 1.35%）。

序号 90 的感能波动数据是 6.5374，对应的百分等级、标准分数、导出分数分别是 99.05、3.78、112.79。感能波动数据也超过三个标准差的数据节点，这说明沽能与购能之比也是超常规地增加，体现了投资者看跌情绪的波动加大，2022 年 4 月 25 日当天下跌幅度是 4.76%（从 2.795 下跌到 2.662）。

序号 62 的感能波动数据是 5.8036，百分等级是 98.67，标准分数是 3.19，导出分数是 106.87。这也是年度感能波动数据中最后一个超过正三个标准差的数据。从对应的期权标的价格波动数据来看，该数据对应的交易日是 2022 年 3 月 14 日，价格是 2.832，而前一日的期权标的价格是 2.922，仅仅一个交易日价格就下降了 3.08%。

从以上感能数据评估的极值分析可以看出，传统语言测试的数据评估方法对波动数据评估也是有效的。感能波动数据的短期评估、中期评估、长期评估符合语言测试标准化分数体系的适用性规则。请见基于长期感能波动数据的百分等级和导出分数变化图（图 7-30）。

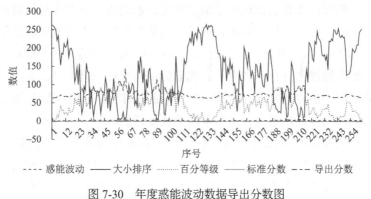

图 7-30　年度感能波动数据导出分数图

本 章 小 结

传统语言测试是一种对被试语言能力进行有效评估的方法。由于被试语言能力变化的复杂性和稳定性，在语言测试中 TOEFL、IELTS、HSK 等国际性的大型标准化考试通常认为被试的语言能力在两年周期内是相对稳定的。这就是说，语言测试中的数据评估结果一般稳定期是两年。这也是为什么很多的国际学生在申请相关国家的国际本科、硕士研究生甚至是博士研究生资格入学考试时，提供的语言能力证书都是以两年为限的。其间国际生不需要额外提供能力证明，但是超过两年，能力证书就不能作为语言能力的证明。传统语言测试中很多数据评估方法都是基于这种相对稳定的假设而展开的。

　　在两年稳定期中，语言测试默认评估的数据是相对静态的，被试的语言能力此间无论是提升还是下滑只要不参加新的测试就一直保持与上一次语言测试成绩相一致的水平。虽然这种相对静止的能力评估为招生的国际院校提供了较为恒定的鉴定标准，但是被试的语言能力实际上是一个动态变化的过程，只不过为了现实需要，大型标准化考试人为限定了这种动态的变化。也正因为看到了这个不足，很多的标准化考试开始采用"覆盖式"能力考试评估，允许被试参加多次的语言测试，而且将最高的测试分数作为被试的最新评估分数。这种评估方法实际上就是对原有静态数据评估的一种改良。

　　波动数据评估与传统语言测试静态数据评估本质上是一致的。被试语言能力实际上也是一个动态变化的过程。如果被试在一个语言环境中不断得到训练，他的语言能力就会在短时间内得到快速提升，甚至可能是与日俱增。相反，如果被试远离了语言环境，他的语言能力在两年周期内可能急速下降。但是，目前的语言测试受到条件限制，不可能对被试每天的语言能力变化进行即时性测试。所以，在语言测试领域对每天都发生变化的动态数据的评估鲜有学者涉及。我们尝试利用传统语言测试对静态数据展开的数据评估方法来研究波动数据评估的规律性，以验证这种基于静态数据的标准化分数体系是否适用于波动数据评估。

　　波动数据的选择以客观性、科学性、对冲性为准。语言测试中被试能力变化的动态数据在目前条件下是难以获得的。但是，为了测试基于静态数据的标准化分数体系的广泛适用性，我们要选定一个具有客观性和科学性的动态数据锚。这个数据锚要时刻保持动态更新，而且既要有向上波动的数据，也要有向下波动的数据。更为关键的是，所有的动态数据必须是开放的、时刻可以获取的，并具备二次验证的可重复性。在目前条件下，可以提供这种动态波动数据的就是上证 50ETF 期权交易数据。

　　期权标的交易数据是每天动态更新的客观、科学的对冲数据。与语言测试评估方法用于衡量被试语言能力相一致，期权标的交易的动态数据也应该可以用于衡量期权市场的波动能力。在传统的股票交易市场，投资者只能做多不能做空，而在期权交易市场，投资者可以同时做多和做空。这种期权交易的复杂性也决定了数据评估的复杂性。价能、量能、购能、沽能、惑能这五个类别参数的引入可以从不同层面完成对期权动态数据的评估。

　　波动数据的价能评估就是对波动价格能量的评估。我们通过系统可以收集期权标的每天收盘价作为波动数据，并按照语言测试的数据评估方法对这些价能波动数据进行短期（月度）、中期（季度）、长期（年度）的评估。

　　波动数据的量能评估就是对波动交易量的评估。期权标的每天既有价格的上下波动，也有交易量的上下波动。这些交易量的波动数据每天收盘后也可以通过交易系统获得。我们对这些波动数据进行分析评估以验证语言测试标准化分数体系的可适用性。

　　波动数据的购能评估就是对波动价格看涨的总能量的评估。期权与普通交易不同，其数据包含了对未来交易的预期。这种预期是通过持有未来的看涨期权量来体现的。其中，期权价格越高，未来看涨的加权系数越大，所拥有的看涨总能量也越强。所以，我们将当天每个期权合约的看涨期权持仓量（即收盘时所有购仓的未平仓量）与各自期权价格之积进行累加，就可以得到当天的购能。计算公式为：购能波动数据=∑（看涨期权持仓量×期权价格）。

　　波动数据的沽能评估就是对波动价格看跌的总能量的评估。波动数据既然有向上的波动数据也必然会有向下的波动数据。与购能波动数据的计算相类似，我们把每个期权合约的看跌期权持仓量（即当天收盘时所有沽仓的未平仓量）与各自期权价格之积进行累加，就可以得到当天的沽能。计算公式为：沽能波动数据=∑（看跌期权持仓量×期权价格）。

　　波动数据的惑能评估就是沽能与购能之比的评估。惑能数据评估是基于对冲数据的分析和计算，其目的在于揭示驱动市场波动的动因，是波动数据对冲概念的体现。

　　在数据采集的区间划分方面，我们将 22 个交易日数据的月度评估划分为短期数据评估，将 66 个交易日的季度评估划分为中期数据评估，将 264 个交易日的年度评估划分为长期数据评估。我们对价能、量能、购能、沽能、惑能的三个不同区间的数据进行了评估研究。

　　从结果来看，我们借鉴使用的基于静态数据的传统语言测试的数据评估方法是可以应用于波动数据评估的有效方法。语言测试中的均值、中位数、正负一个标准差、正负两个标准差、正负三个标准差等概念有效支撑了波动数据评估中近似正态分布曲线的数据波动规律。而且，语言测试中的百分等级、标准分数和导出分数（10Z+75）的计算方法也适用于波动数据的评估和计算，为波动数据中的特殊波动提供了有效的数据支撑。

价能、量能、购能、沽能的月度、季度和年度数据波动形成的曲线近似正态分布曲线，在正方向上基本符合 34.1%（均值到正一个标准差）、13.6%（正一个标准差到正两个标准差）、2.15%（正两个标准差到正三个标准差）、0.15%（正三个标准差以上）的数据分布概率。负方向的数据分布形成的是与正方向分布的镜像关系，分布概率分别是 34.1%（均值到负一个标准差）、13.6%（负一个标准差到负两个标准差）、2.15%（负两个标准差到负三个标准差）、0.15%（负三个标准差以下）。

惑能的月度数据波动形成的曲线是近似正态分布曲线，相关规律基本符合数据的分布概率。惑能的季度和年度数据波动形成的曲线不是近似正态分布曲线，连续出现的正方向的极值拉高了均值，在负两个标准差位置出现了比较罕见的负值，在中位数保持不变的情况下，惑能季度评估和年度评估都形成的是明显的正偏度。但是，惑能在季度和年度的数据波动中依然遵守近似正态分布曲线的"三个标准差原则"，波动数据位于正三个标准差之外的概率非常低。数据评估结果显示，一旦有这样的数据出现，通常意味着期权市场出现了重大的恐慌情绪波动。

波动数据评估验证了语言测试方法的广泛适用性。语言测试标准化分数体系的构建为波动数据的计算和评估提供了理论支撑。测试中的正态分布曲线、百分等级、标准分数、导出分数等数据评估方法创新性地推动了波动数据的有效评估。

第8章 波动数据标准化分数体系的构建

　　语言测试的标准化分数体系是系统性的数据评估体系。语言测试方法的社会化应用正从幕后走向台前。从语言测试发展的历史看，语言测试工作者的研究重点逐步从提高测试信度和改进测试效度发展到关注测试的后效。近年来，国际语言测试界逐渐把研究的重点转向语言测试的社会应用，即研究语言测试的社会性。这一发展轨迹反映了语言测试工作者认识的深化（杨惠中、桂诗春，2007a）。

　　传统语言测试研究通常是基于静态数据的研究。但是，基于静态数据的语言测试评估方法也具有应用广泛性。我们在前面的讨论中已经验证了语言测试方法在波动数据中的可适用性。而且，语言测试的标准化分数体系在波动数据评估中也得到了较好的应用。包括信度和效度在内的语言测试的很多方法可以在波动数据中进行适用性尝试。

　　波动数据评估需要关注信度。信度评估关注的是多次测量的一致性、测试标准的恒定性。信度高的测试具有在既定系统或标准下进行数据反复验证的可追溯性。在波动数据评估中，信度高的交易系统必须保持足够的可信度，让不同时间区间产生的波动数据都可以在交易系统中进行反复验证，系统偏差保持在较小的误差区间内。

　　波动数据评估需要关注效度。"效度是一个实证问题，必须靠实验来验证。"（杨惠中、桂诗春，2007a）波动数据的效度评估是指交易系统在处理波动数据时能够有效评估出数据所处的状态、方向和趋势，进而辅助交易保持在正确的方向轨道上。期权交易是既可以看涨也可以看跌的高杠杆交易，数据向上波动和向下波动的准确有效判断会影响到交易的正确性。效度高的评估系统或标准可以有效评估数据的波动方向。

　　波动数据标准化分数体系构建要充分关注数据评估的信度和效度。在波动数据评估中，我们发现无论是信度还是效度都是影响价能、量能、购能、沽能、感能数据评估的重要因素。但是，由于这五类数据是分别进行独立讨论的，因而数据评估形成的解释力也是分散的，各个类别的数据评估的效力也是不足的。我们需要构建一个波动数据评估的标准化分数体系理论分析系统，把这些数据进行有机结合，并引入能够有效提供评估效力的多元参数，这样才能更好地推动波动数据的信度和效度研究。

波动因子的确定和价格相关系数的引入可提升数据评估的信度和效度。价能、量能、购能、沽能、惑能这五个参数可视为具有不同权重关系的波动因子，计算它们和价格因素的相关系数可以更好地评估各因子之间的相关度。

8.1 波动因子相关系数的计算评估

在波动因子的数据评估中，我们主要从短期、中期、长期这三个区间维度展开。22 日交易数据形成的是月度区间（短期），66 日交易数据形成的是季度区间（中期），264 日交易数据形成的是年度区间（长期）。

在波动数据评估中，价格是研究的基点。与传统语言测试中数据通常保持稳定不同，波动数据评估中的数据处于动态变化之中，在期权交易中则表现为价格的实时变动。也就是说，价格能量的变化是所有数据波动的最终体现。波动因子的动态变化最终影响到价能的波动。因此，我们在计算评估中以价能波动数据为基点来讨论其他因子与价能的相关度，以便揭示数据波动的规律性。

在传统的语言测试中，非二值计分题目的组间关系可以采用皮尔逊积矩相关系数或者函数"=correl（A1：An，B1：Bn）"进行计算。我们假定这些因子之间的关系也是类似非二值计分题目的组间关系，这样就可以采用这种数据评估方法完成相应的计算。我们以价能波动的短期数据、中期数据、长期数据为相关系数计算一个基点数据集，以量能、购能、沽能和惑能的各个评估区间的数据为变量，分别计算这四个波动因子与价能波动（即价格）的相关度。

为了分辨相关强度，我们划定了相关系数的 5 个区间（绝对值），具体如下：

（1）0.8—1.0 表示极强相关；

（2）0.6—0.8 表示强相关；

（3）0.4—0.6 表示中度相关；

（4）0.2—0.4 表示弱相关；

（5）0—0.2 表示不相关。

8.1.1 短期波动数据相关系数的计算

短期波动数据相关系数的计算涉及 22 个交易日的波动因子数据，具体包括价能波动数据、量能波动数据、购能波动数据、沽能波动数据和惑能波动数据。以价能波动数据为基点的其他波动因子相关系数计算如表8-1所示。

表 8-1　月度波动数据相关系数

序号	价能波动	量能波动	购能波动	沽能波动	惑能波动
1	2.677	12.10	184 111.12	109 440.45	0.594 4
2	2.708	21.26	201 107.00	98 666.00	0.490 6
3	2.676	12.98	171 703.50	110 381.23	0.642 9
4	2.679	9.52	169 124.83	113 280.32	0.669 8
5	2.696	18.94	182 894.12	115 916.50	0.633 8
6	2.682	14.49	160 498.73	108 528.37	0.676 2
7	2.693	14.78	161 689.36	105 113.43	0.650 1
8	2.653	21.18	126 717.38	136 167.89	1.074 6
9	2.607	21.28	105 327.91	172 507.53	1.637 8
10	2.612	14.34	101 696.73	166 032.88	1.632 6
11	2.629	15.39	101 753.97	165 979.21	1.631 2
12	2.622	20.14	106 590.57	166 523.20	1.562 3
13	2.612	12.11	101 929.17	144 513.14	1.417 8
14	2.642	19.30	114 689.22	115 955.95	1.011 0
15	2.649	18.82	110 672.14	116 815.89	1.055 5
16	2.635	17.14	100 299.66	111 769.20	1.114 4
17	2.649	15.21	105 603.88	107 669.54	1.019 6
18	2.651	18.45	112 607.06	99 471.60	0.883 4
19	2.660	18.10	113 232.56	101 760.99	0.898 7
20	2.710	20.71	146 200.47	85 285.15	0.583 3
21	2.725	14.17	151 687.51	83 388.82	0.549 7
22	2.750	15.84	166 088.61	81 658.84	0.491 7
相关系数	—	−0.084 2	0.797 3	−0.828 4	−0.906 3

在表 8-1 中我们发现，当以价能波动数据为基点进行相关系数计算时，价能波动数据就成为一种计算锚，其他所有因子与该锚的相关度计算都体现了这些因子随价格变化而变化的概率。

（1）价能和量能之间的相关度系数为−0.0842（负向）。

（2）价能和购能之间的相关度系数为0.7973（正向）。

（3）价能和沽能之间的相关度系数为−0.8284（负向）。

（4）价能和惑能之间的相关度系数为−0.9063（负向）。

相关系数的绝对值一般在 1 左右，能够达到 0.9 左右的相关系数，表明两组数据具有极强的相关度。这说明与价格波动相关度最高的是惑能波动数据，这种波动关系是负相关，也就是说，惑能越大，价能波动越大，而且价格波动是反方向的，即惑能越大，价格越向下波动；惑能越小，价格越向上波动。这个规律性的总结对于我们借助惑能的计算评估来推断价能数据波动具有很好的理论支撑作用。

相关系数最小的是量能波动数据。–0.0842 表明在短期数据评估中量能对价能的影响是比较有限的。相关系数绝对值在 0.1 以下预示着两组数据近乎没有相关度。量能增大或者变小对价能波动的影响力非常有限。这也与市场的实际操作有关。例如，较大的交易量既可以出现在建仓看多阶段，也可以出现在抛盘看跌阶段，单纯根据交易量就判定价格会出现何种波动是不准确的。

其他两个相关系数的数值也较好地解释了价能波动规律。购能是看涨总能量的计算，所以与价格波动呈现正相关关系，两者之间的相关强度在 0.7973 这样的强相关水平。沽能是看跌总能量的计算，与价格波动呈现负相关关系，虽然沽能与价能的相关强度不如惑能，但相关强度也保持在–0.8284 这样的超强相关范围。

由此可见，在以价能波动数据为锚的各因子间的相关度计算中，惑能与价能呈现出最强的相关度，而且这种相关是负向的，即惑能越大，价格越低；惑能越小，价格越高。这种基于对冲数据的惑能计算评估很好地解释了价格动态变化的规律，惑能比其他因子具有价格波动的最优解。

8.1.2 中期波动数据相关系数的计算

中期波动数据相关系数的计算与短期计算的逻辑和方法是一致的。数据采集区间也与各个波动因子的季度数据采集相同，共 66 个交易日的波动数据。请见季度价能数据与其他各个波动因子之间的相关系数计算（表 8-2）。

表 8-2　季度波动数据相关系数

序号	价能波动	量能波动	购能波动	沽能波动	惑能波动
1	2.65	19.97	73 983.72	197 950.99	2.68
2	2.59	20.35	56 550.15	256 098.71	4.53
3	2.58	12.99	63 705.29	247 592.25	3.89
4	2.59	20.71	94 207.80	204 015.42	2.17
5	2.56	16.46	84 922.32	228 376.34	2.69
6	2.63	27.52	120 336.04	164 573.80	1.37
7	2.62	13.66	111 389.35	163 630.74	1.47
8	2.61	12.85	103 875.16	170 050.75	1.64
9	2.56	16.46	80 369.96	213 246.17	2.65
10	2.54	18.58	83 960.51	228 622.21	2.72

续表

序号	价能波动	量能波动	购能波动	沽能波动	惑能波动
11	2.53	16.03	85 143.80	243 444.07	2.86
12	2.44	43.76	70 508.55	319 334.08	4.53
13	2.43	26.65	72 054.69	295 614.69	4.10
14	2.44	32.93	86 607.57	248 902.68	2.87
15	2.42	26.58	82 495.64	250 866.40	3.04
16	2.37	26.71	70 467.77	327 033.54	4.64
17	2.33	28.52	79 246.58	357 787.37	4.51
18	2.44	32.89	128 864.14	227 826.88	1.77
19	2.46	38.34	143 313.87	215 069.20	1.50
20	2.43	23.62	120 486.64	223 792.39	1.86
21	2.51	32.68	195 122.98	164 055.99	0.84
22	2.52	27.87	192 400.16	166 671.98	0.87
23	2.50	16.48	167 658.49	167 953.27	1.00
24	2.48	16.52	147 525.25	189 841.32	1.29
25	2.48	28.93	143 118.00	194 981.46	1.36
26	2.56	43.27	180 197.86	145 349.82	0.81
27	2.58	40.14	173 498.78	150 273.65	0.87
28	2.63	31.89	222 031.59	124 763.77	0.56
29	2.62	20.44	196 046.83	133 614.40	0.68
30	2.60	26.61	186 291.52	136 246.90	0.73
31	2.59	19.54	167 641.96	144 402.71	0.86
32	2.56	21.02	131 310.21	156 478.08	1.19
33	2.57	24.17	130 084.57	160 100.73	1.23
34	2.58	24.06	132 920.26	157 991.41	1.19
35	2.56	18.33	124 888.50	168 649.75	1.35
36	2.59	16.28	131 601.02	157 788.01	1.20
37	2.54	25.92	120 302.65	184 591.14	1.53
38	2.65	36.70	176 677.78	137 884.52	0.78
39	2.65	18.54	179 564.80	147 354.87	0.82
40	2.63	20.51	179 405.66	127 854.91	0.71
41	2.62	21.53	167 589.94	130 201.90	0.78
42	2.68	28.83	202 357.30	107 568.80	0.53
43	2.69	21.93	200 186.60	106 799.35	0.53
44	2.67	24.48	184 759.43	111 622.11	0.60
45	2.68	12.10	184 111.12	109 440.45	0.59
46	2.71	21.26	201 107.00	98 666.00	0.49
47	2.68	12.98	171 703.50	110 381.23	0.64
48	2.68	9.52	169 124.83	113 280.32	0.67
49	2.70	18.94	182 894.12	115 916.50	0.63
50	2.68	14.49	160 498.73	108 528.37	0.68
51	2.69	14.78	161 689.36	105 113.43	0.65
52	2.65	21.18	126 717.38	136 167.89	1.07

续表

序号	价能波动	量能波动	购能波动	沽能波动	惑能波动
53	2.61	21.28	105 327.91	172 507.53	1.64
54	2.61	14.34	101 696.73	166 032.88	1.63
55	2.63	15.39	101 753.97	165 979.21	1.63
56	2.62	20.14	106 590.57	166 523.20	1.56
57	2.61	12.11	101 929.17	144 513.14	1.42
58	2.64	19.30	114 689.22	115 955.95	1.01
59	2.65	18.82	110 672.14	116 815.89	1.06
60	2.64	17.14	100 299.66	111 769.20	1.11
61	2.65	15.21	105 603.88	107 669.54	1.02
62	2.65	18.45	112 607.06	99 471.60	0.88
63	2.66	18.10	113 232.56	101 760.99	0.90
64	2.71	20.71	146 200.47	85 285.15	0.58
65	2.73	14.17	151 687.51	83 388.82	0.55
66	2.75	15.84	166 088.61	81 658.84	0.49
相关系数	—	−0.476 2	0.438 5	−0.872 7	−0.681 3

从表 8-2 的方向性结果可以看出，季度价能与季度量能、季度沽能和季度惑能形成的都是负比例关系，而与季度购能形成的是正比例关系。这种比例关系与前面的短期数据评估的方向性结果是一致的。也就是说，从季度波动数据的评估来看，交易量增大在下行区间时往往意味着价格的快速滑落。沽能和惑能的波动增大常常也意味着价格的下行。在相关度计算中，我们发现季度数据评估与月度数据评估的结果并不完全一致。

首先，在月度数据评估中，与价格相关度最大的是惑能（−0.9063，负向），其次才是沽能（−0.8284，负向）。而在季度数据评估中，相关度最高的是沽能（−0.8727，负向），然后才是惑能（−0.6813，负向）。从程度来说，无论是惑能还是沽能在月度评估中都处于绝对值 0.8—1.0 的极强相关区间，而在季度评估中，只有沽能仍然保持了极强相关水平，而惑能降低到了绝对值为 0.6—0.8 的强相关区间。但是从变化方向上来看，评估区间的变化没有改变价格随惑能和沽能呈负比例变化的趋势。

其次，在月度数据评估中，价能和购能呈现的是强相关（0.7973，正向），而在季度评估中则降低到了绝对值 0.4—0.6 的中度相关区间（0.4385，正向），价格随购能呈正比例变化的规律没有改变。

最后，量能随着数据评估区间的扩大出现了价格相关度的显著性提升。在月度数据评估中，价能和量能之间的相关度系数（−0.0842，负向）处于极低的水平，而在季度评估中两者的相关度达到了中度相关水平

（−0.4762，负向），尽管在变化方向上量能仍与价能呈现负比例的关系。

简单地说，中短期数据评估的相关度计算结果发生了一些变化。在短期波动数据的相关系数分析中，惑能与价能的相关系数是最紧密的。由此可以看出，随着时间区间的延长，与价能数据波动关联最大的项从惑能过渡到了沽能。从购能与价能的相关度来看，短期评估中两者的相关系数是强相关的（0.7973），而在中期评估中两者的相关系数则降到了中度相关水平（0.4385）。这说明随着波动数据从短期扩大到中期，购能对价能的影响反而出现了降低。期权交易是一项复杂的系统交易，月度看涨或看跌的情绪波动会影响到价格的波动，但是交易周期放大到季度，情绪波动则让位于其他的市场因素。这个规律在长期波动数据的相关系数计算中更为明显。

8.1.3　长期波动数据相关系数的计算

在波动数据评估中，年度价能与年度量能、年度购能、年度沽能、年度惑能的相关系数可以更好地揭示出长期数据波动中各波动因子间的关系。与前面讨论的数据采集区间相一致，为了计算评估的准确性，这五个波动因子的数据都统一限定为 264 个交易日，即 2021 年 12 月 9 日至 2023 年 1 月 9 日（表 8-3）。

表 8-3　年度波动数据相关系数

序号	价能波动	量能波动	购能波动	沽能波动	惑能波动
1	3.352	47.12	246 596.44	89 945.12	0.364 7
2	3.349	30.45	225 272.18	92 968.93	0.412 7
3	3.354	27.47	218 689.80	100 465.77	0.459 4
4	3.337	27.18	195 661.28	104 256.31	0.532 8
5	3.304	13.95	158 443.95	123 087.23	0.776 9
6	3.315	21.54	175 721.69	112 371.11	0.639 5
7	3.265	27.26	142 914.08	149 466.47	1.045 8
8	3.243	27.51	123 907.81	177 431.45	1.432 0
9	3.258	17.23	134 519.30	153 695.57	1.142 6
10	3.244	28.78	130 716.21	154 332.09	1.180 7
11	3.275	17.62	142 965.00	123 699.38	0.865 2
12	3.273	21.19	140 474.15	134 925.46	0.960 5
13	3.268	29.82	146 069.74	135 698.44	0.929 0
14	3.286	29.36	164 360.54	122 430.24	0.744 9
15	3.225	22.53	141 590.18	177 785.05	1.255 6
16	3.247	14.94	153 394.96	155 800.20	1.015 7
17	3.256	15.58	158 517.28	153 600.26	0.969 0
18	3.247	17.93	149 390.19	165 366.47	1.106 9

序号	价能波动	量能波动	购能波动	沽能波动	惑能波动
19	3.241	20.43	143 112.64	183 594.10	1.282 9
20	3.193	25.02	122 636.11	225 501.79	1.838 8
21	3.207	17.56	121 051.48	205 756.49	1.699 7
22	3.216	15.43	129 312.59	190 121.27	1.470 2
23	3.196	17.67	112 947.79	221 319.33	1.959 5
24	3.220	17.07	128 314.75	180 534.00	1.407 0
25	3.166	25.28	102 722.96	251 342.39	2.446 8
26	3.120	22.85	86 896.43	297 296.51	3.421 3
27	3.131	17.67	88 790.22	255 431.91	2.876 8
28	3.169	35.81	101 393.92	203 481.56	2.006 8
29	3.169	15.45	98 069.30	207 181.57	2.112 6
30	3.214	23.80	119 200.62	165 280.75	1.386 6
31	3.206	20.00	115 765.20	182 686.75	1.578 1
32	3.195	22.02	112 512.64	179 218.89	1.592 9
33	3.129	23.45	89 520.07	264 907.66	2.959 2
34	3.144	26.48	104 960.25	219 063.83	2.087 1
35	3.107	30.30	92 440.00	261 281.25	2.826 5
36	3.036	36.88	81 418.55	360 849.64	4.432 0
37	3.095	22.91	85 056.55	241 231.92	2.836 1
38	3.098	20.09	90 630.55	239 136.51	2.638 6
39	3.120	25.39	97 341.53	208 093.80	2.137 8
40	3.128	15.65	95 890.41	205 327.90	2.141 3
41	3.123	17.19	86 911.42	217 358.09	2.500 9
42	3.088	16.27	76 470.59	258 836.05	3.384 8
43	3.100	13.00	84 872.75	230 512.32	2.716 0
44	3.116	13.35	89 305.31	209 451.89	2.345 3
45	3.119	12.87	88 570.80	204 338.66	2.307 1
46	3.144	12.39	102 166.38	176 296.92	1.725 6
47	3.130	16.13	91 584.36	177 968.27	1.943 2
48	3.081	19.71	75 948.22	221 735.95	2.919 6
49	3.100	16.34	89 431.60	186 306.00	2.083 2
50	3.043	19.71	79 619.65	245 648.93	3.085 3
51	3.056	21.17	83 989.04	219 172.12	2.609 5
52	3.061	9.70	91 219.06	218 971.58	2.400 5
53	3.105	16.88	104 675.60	183 609.79	1.754 1
54	3.088	9.98	95 874.13	202 074.87	2.107 7
55	3.078	11.11	93 681.66	222 410.45	2.374 1
56	3.046	18.21	85 021.35	255 012.26	2.999 4
57	2.955	22.25	74 052.72	395 486.08	5.340 6
58	2.915	36.39	71 436.46	475 301.82	6.653 5
59	2.887	35.80	90 565.70	480 545.14	5.306 0
60	2.913	31.61	83 511.08	403 115.08	4.827 1

续表

序号	价能波动	量能波动	购能波动	沽能波动	惑能波动
61	2.922	29.87	116 409.23	368 754.48	3.167 7
62	2.832	26.69	88 555.63	513 945.67	5.803 6
63	2.687	41.27	72 120.38	752 402.49	10.432 6
64	2.810	44.55	120 955.02	420 994.43	3.480 6
65	2.857	30.94	143 337.11	364 002.79	2.539 5
66	2.891	25.38	149 502.81	294 902.38	1.972 6
67	2.874	25.11	120 415.80	264 880.65	2.199 7
68	2.882	14.14	119 036.89	250 797.89	2.106 9
69	2.899	18.15	118 666.83	223 400.98	1.882 6
70	2.884	8.41	100 905.90	199 962.30	1.981 7
71	2.838	12.19	90 295.06	251 970.39	2.790 5
72	2.836	19.07	99 499.77	262 391.31	2.637 1
73	2.823	9.91	96 216.28	273 872.38	2.846 4
74	2.898	21.38	141 710.65	192 535.33	1.358 7
75	2.881	15.85	127 613.87	206 757.43	1.620 2
76	2.923	22.54	145 774.09	179 472.33	1.231 2
77	2.911	23.98	129 146.45	185 532.56	1.436 6
78	2.884	15.44	114 566.73	213 468.34	1.863 3
79	2.909	15.51	128 835.16	190 754.68	1.480 6
80	2.832	20.35	100 354.83	274 493.81	2.735 2
81	2.876	23.78	121 301.01	214 085.79	1.764 9
82	2.866	14.68	109 709.95	226 562.19	2.065 1
83	2.911	22.19	125 315.38	192 478.17	1.536 0
84	2.914	24.71	129 394.19	191 599.41	1.480 7
85	2.871	18.96	117 098.39	224 756.05	1.919 4
86	2.844	17.43	102 811.97	233 651.53	2.272 6
87	2.816	15.32	91 104.47	280 511.22	3.079 0
88	2.780	23.26	84 461.69	324 406.32	3.840 9
89	2.795	16.99	84 981.50	296 034.82	3.483 5
90	2.662	33.79	70 328.49	459 768.29	6.537 4
91	2.664	32.97	79 316.58	419 754.24	5.292 1
92	2.714	37.39	107 763.65	312 711.90	2.901 8
93	2.749	29.52	107 467.72	261 742.30	2.435 5
94	2.793	24.24	137 760.30	211 467.42	1.535 0
95	2.781	21.67	119 460.95	211 954.15	1.774 3
96	2.703	26.54	83 916.03	287 299.72	3.423 7
97	2.677	18.49	82 542.88	308 238.90	3.734 3
98	2.701	22.84	103 019.54	265 730.58	2.579 4
99	2.722	25.30	104 034.10	245 072.89	2.355 7
100	2.702	14.05	100 150.46	257 823.02	2.574 4
101	2.729	10.87	108 008.49	230 953.97	2.138 3
102	2.702	16.06	90 267.34	255 470.33	2.830 2

续表

序号	价能波动	量能波动	购能波动	沽能波动	惑能波动
103	2.737	12.74	105 694.90	216 238.68	2.045 9
104	2.728	15.50	93 867.80	220 618.38	2.350 3
105	2.726	12.10	97 391.18	214 544.69	2.202 9
106	2.793	24.75	138 538.24	166 987.63	1.205 4
107	2.763	19.61	106 216.39	185 581.77	1.747 2
108	2.720	19.52	85 346.97	229 646.08	2.690 7
109	2.725	16.57	91 878.21	215 722.78	2.347 9
110	2.725	14.85	92 480.16	209 061.55	2.260 6
111	2.744	14.87	98 746.04	198 703.24	2.012 3
112	2.758	17.42	106 462.26	192 209.60	1.805 4
113	2.792	14.93	137 071.04	176 847.61	1.290 2
114	2.782	14.26	129 473.32	182 640.51	1.410 6
115	2.777	10.17	132 075.12	179 520.45	1.359 2
116	2.810	15.15	165 642.76	153 910.13	0.929 2
117	2.829	16.35	175 476.17	151 449.95	0.863 1
118	2.863	16.05	203 631.81	138 299.92	0.679 2
119	2.853	15.45	184 357.05	153 942.59	0.835 0
120	2.886	13.46	212 379.57	117 725.79	0.554 3
121	2.835	16.81	159 700.09	145 663.19	0.912 1
122	2.874	21.94	195 309.88	118 119.35	0.604 8
123	2.913	35.92	209 885.80	124 101.55	0.591 3
124	2.886	13.48	179 546.85	128 117.30	0.713 6
125	2.929	20.83	222 050.11	108 483.02	0.488 6
126	2.923	20.45	190 589.56	108 644.80	0.570 0
127	2.929	16.73	185 567.79	109 728.57	0.591 3
128	2.898	11.58	143 081.17	129 015.83	0.901 7
129	2.939	13.11	166 555.03	94 215.25	0.565 7
130	2.978	16.02	187 592.00	89 480.96	0.477 0
131	3.016	22.88	210 895.66	92 606.83	0.439 1
132	3.043	13.07	240 813.64	83 541.54	0.346 9
133	3.018	13.81	205 037.77	102 342.10	0.499 1
134	3.069	17.37	241 893.38	95 888.42	0.396 4
135	3.058	12.81	228 665.16	99 068.15	0.433 2
136	3.063	9.32	234 804.00	91 667.26	0.390 4
137	3.063	17.13	228 518.72	95 989.97	0.420 1
138	3.011	13.36	186 458.26	116 692.69	0.625 8
139	3.002	11.50	188 104.00	121 984.81	0.648 5
140	3.006	8.81	172 817.48	111 475.51	0.645 0
141	2.961	12.87	139 291.21	134 486.40	0.965 5
142	2.944	12.18	123 364.03	144 881.04	1.174 4
143	2.935	8.57	119 752.71	139 967.12	1.168 8
144	2.915	12.23	110 204.36	141 869.55	1.287 3

续表

序号	价能波动	量能波动	购能波动	沽能波动	惑能波动
145	2.872	23.33	87 596.03	182 514.29	2.083 6
146	2.911	14.07	117 512.71	145 407.16	1.237 4
147	2.899	14.35	103 696.23	141 421.88	1.363 8
148	2.908	12.68	108 599.97	137 737.39	1.268 3
149	2.874	12.51	86 684.27	155 643.52	1.795 5
150	2.887	19.95	92 559.15	136 186.34	1.471 3
151	2.878	11.36	85 536.91	138 198.77	1.615 7
152	2.891	11.49	90 924.04	119 960.22	1.319 3
153	2.867	17.93	88 660.24	132 464.87	1.494 1
154	2.866	23.39	90 434.18	128 461.03	1.420 5
155	2.828	17.41	82 926.32	164 236.72	1.980 5
156	2.818	11.98	84 496.36	159 852.48	1.891 8
157	2.770	16.44	86 115.33	210 337.49	2.442 5
158	2.750	15.84	70 042.15	220 488.64	3.147 9
159	2.777	24.04	76 099.19	186 540.93	2.451 3
160	2.815	17.23	89 411.82	143 276.64	1.602 4
161	2.800	11.58	84 289.28	149 429.39	1.772 8
162	2.801	9.22	86 558.02	153 229.76	1.770 3
163	2.768	12.07	72 867.19	171 680.78	2.356 1
164	2.826	19.20	125 579.31	117 589.27	0.936 4
165	2.836	13.02	106 508.14	117 976.14	1.107 7
166	2.820	8.45	97 465.58	124 468.35	1.277 0
167	2.807	8.87	94 597.51	136 020.10	1.437 9
168	2.823	10.64	103 236.09	114 912.87	1.113 1
169	2.797	10.73	93 902.83	134 896.51	1.436 6
170	2.792	11.03	81 950.62	140 310.16	1.712 1
171	2.793	17.31	81 603.22	125 653.99	1.539 8
172	2.774	13.95	78 200.13	131 873.16	1.686 4
173	2.746	21.23	72 481.45	158 546.44	2.187 4
174	2.793	22.04	91 297.92	129 390.12	1.417 2
175	2.794	12.96	83 202.74	119 465.87	1.435 8
176	2.772	10.07	79 172.07	134 333.94	1.696 7
177	2.768	10.03	80 040.84	137 659.01	1.719 9
178	2.801	22.12	96 126.92	132 816.75	1.381 7
179	2.775	16.48	82 436.03	145 191.80	1.761 3
180	2.752	22.29	81 630.98	162 062.43	1.985 3
181	2.741	13.73	83 700.85	168 764.29	2.016 3
182	2.764	16.28	88 101.72	144 188.26	1.636 6
183	2.754	12.77	92 620.64	150 998.97	1.630 3
184	2.748	11.98	80 866.14	148 662.09	1.838 4
185	2.800	19.19	100 210.95	112 492.03	1.122 6
186	2.808	18.23	102 940.15	106 301.12	1.032 6

续表

序号	价能波动	量能波动	购能波动	沽能波动	惑能波动
187	2.788	25.34	89 531.27	122 099.97	1.363 8
188	2.784	33.55	88 077.20	135 761.91	1.541 4
189	2.724	43.76	71 455.37	197 557.97	2.764 8
190	2.719	21.91	73 506.14	199 814.35	2.718 3
191	2.714	16.95	73 319.37	215 018.48	2.932 6
192	2.691	15.17	75 516.57	223 667.75	2.961 8
193	2.670	17.60	73 859.43	237 031.68	3.209 2
194	2.672	16.66	79 214.79	247 357.98	3.122 6
195	2.654	20.70	69 719.38	234 891.09	3.369 1
196	2.681	19.79	88 596.83	179 525.72	2.026 3
197	2.651	19.65	82 021.73	219 168.75	2.672 1
198	2.651	19.51	79 230.08	186 155.63	2.349 6
199	2.650	19.97	73 983.72	197 950.99	2.675 6
200	2.586	20.35	56 550.15	256 098.71	4.528 7
201	2.578	12.99	63 705.29	247 592.25	3.886 5
202	2.594	20.71	94 207.80	204 015.42	2.165 6
203	2.564	16.46	84 922.32	228 376.34	2.689 2
204	2.625	27.52	120 336.04	164 573.80	1.367 6
205	2.623	13.66	111 389.35	163 630.74	1.469 0
206	2.608	12.85	103 875.16	170 050.75	1.637 1
207	2.557	16.46	80 369.96	213 246.17	2.653 3
208	2.544	18.58	83 960.51	228 622.21	2.723 0
209	2.527	16.03	85 143.80	243 444.07	2.859 2
210	2.439	43.76	70 508.55	319 334.08	4.529 0
211	2.431	26.65	72 054.69	295 614.69	4.102 6
212	2.439	32.93	86 607.57	248 902.68	2.873 9
213	2.419	26.58	82 495.64	250 866.40	3.041 0
214	2.365	26.71	70 467.77	327 033.54	4.640 9
215	2.333	28.52	79 246.58	357 787.37	4.514 9
216	2.436	32.89	128 864.14	227 826.88	1.768 0
217	2.455	38.34	143 313.87	215 069.20	1.500 7
218	2.425	23.62	120 486.64	223 792.39	1.857 4
219	2.506	32.68	195 122.98	164 055.99	0.840 8
220	2.515	27.87	192 400.16	166 671.98	0.866 3
221	2.497	16.48	167 658.49	167 953.27	1.001 8
222	2.478	16.52	147 525.25	189 841.32	1.286 8
223	2.482	28.93	143 118.00	194 981.46	1.362 4
224	2.555	43.27	180 197.86	145 349.82	0.806 6
225	2.576	40.14	173 498.78	150 273.65	0.866 1
226	2.625	31.89	222 031.59	124 763.77	0.561 9
227	2.615	20.44	196 046.83	133 614.40	0.681 5
228	2.600	26.61	186 291.52	136 246.90	0.731 4

续表

序号	价能波动	量能波动	购能波动	沽能波动	惑能波动
229	2.590	19.54	167 641.96	144 402.71	0.861 4
230	2.557	21.02	131 310.21	156 478.08	1.191 7
231	2.570	24.17	130 084.57	160 100.73	1.230 7
232	2.575	24.06	132 920.26	157 991.41	1.188 6
233	2.558	18.33	124 888.50	168 649.75	1.350 4
234	2.585	16.28	131 601.02	157 788.01	1.199 0
235	2.540	25.92	120 302.65	184 591.14	1.534 4
236	2.648	36.70	176 677.78	137 884.52	0.780 4
237	2.645	18.54	179 564.80	147 354.87	0.820 6
238	2.632	20.51	179 405.66	127 854.91	0.712 7
239	2.617	21.53	167 589.94	130 201.90	0.776 9
240	2.680	28.83	202 357.30	107 568.80	0.531 6
241	2.688	21.93	200 186.60	106 799.35	0.533 5
242	2.671	24.48	184 759.43	111 622.11	0.604 1
243	2.677	12.10	184 111.12	109 440.45	0.594 4
244	2.708	21.26	201 107.00	98 666.00	0.490 6
245	2.676	12.98	171 703.50	110 381.23	0.642 9
246	2.679	9.52	169 124.83	113 280.32	0.669 8
247	2.696	18.94	182 894.12	115 916.50	0.633 8
248	2.682	14.49	160 498.73	108 528.37	0.676 2
249	2.693	14.78	161 689.36	105 113.43	0.650 1
250	2.653	21.18	126 717.38	136 167.89	1.074 6
251	2.607	21.28	105 327.91	172 507.53	1.637 8
252	2.612	14.34	101 696.73	166 032.88	1.632 6
253	2.629	15.39	101 753.97	165 979.21	1.631 2
254	2.622	20.14	106 590.57	166 523.20	1.562 3
255	2.612	12.11	101 929.17	144 513.14	1.417 8
256	2.642	19.30	114 689.22	115 955.95	1.011 0
257	2.649	18.82	110 672.14	116 815.89	1.055 5
258	2.635	17.14	100 299.66	111 769.20	1.114 4
259	2.649	15.21	105 603.88	107 669.54	1.019 6
260	2.651	18.45	112 607.06	99 471.60	0.883 4
261	2.660	18.10	113 232.56	101 760.99	0.898 7
262	2.710	20.71	146 200.47	85 285.15	0.583 3
263	2.725	14.17	151 687.51	83 388.82	0.549 7
264	2.750	15.84	166 088.61	81 658.84	0.491 7
相关系数	—	−0.082 5	0.188 1	−0.111 8	−0.162 1

　　从表 8-3 的相关系数计算可以看出，在以价能波动数据为基点展开的相关系数的方向性研究中，量能、沽能、惑能均与价能形成了负比例关

系，而购能与价能形成的是正比例关系，这种方向性研究与短期相关系数评估、中期相关系数评估的结果一致。

在相关强度的评估中，长期相关系数形成的强度（绝对值）全部降低到 0—0.2 的不相关区间。价能与量能的相关度为–0.0825（负向），价能与购能的相关度为 0.1881（正向），价能与沽能的相关度为–0.1118（负向），价能与惑能的相关度为–0.1621（负向）。从计算结果来看，价能与量能、购能、沽能、惑能都呈现相关度极低的状态。从长期来说，情绪导致的交易量变化、看涨或看跌变化对价格波动的影响微乎其微。

对比短期、中期和长期数据评估的价能相关度计算结果来看，短期波动数据评估中具有强相关以上显著性特征的波动因子有三个，即看涨的购能（0.7973，正向）、看跌的沽能（–0.8284，负向）、对冲的惑能（–0.9063，负向），三者都会对价能波动产生显著性影响，其中强度最大的是惑能波动数据。惑能与价能的相关强度达到了极强相关的–0.9063，惑能的波动将在 90.63%的概率水平上导致价能的波动。或者说，短期数据评估中期权价格受到沽能与购能之比的惑能最大限度的影响。

在中期波动数据相关系数的计算结果中，具有强相关以上显著性特征的波动因子有两个：沽能（–0.8727，负向）和惑能（–0.6813，负向）。在中期评估中，沽能与价能的相关度水平已经超越了惑能与价能的相关度水平，达到了–0.8727。这个沽能与价能的中期相关度水平与其自身的短期相关度水平（–0.8284）相比依然保持在极强相关范围内。而惑能则随着评估区间的扩大从价格相关度的极强相关水平（–0.9063，负向）下降到强相关水平（–0.6813，负向）。

在长期波动数据相关系数的计算中，任何因子都不具有与价格波动强相关以上的显著性特征，各因子与价格的相关度水平处于可以忽略不计的极低状态（相关度绝对值在 0—0.2）。

数据评估的结果为我们建立波动分数的计算评估奠定了基础。在短期、中期、长期的所有数据评估中，短期价能与短期惑能具有最大的极强相关度，如果我们能够依托对冲概念的短期惑能波动数据集建立一个有指向性的价格波动分数评估系统，将能概率性地对期权市场的价格波动进行系统性解释，实现传统语言测试数据评估方法在波动数据中的实践化。

8.2　波动分数的计算评估

孤立的跨试卷原始分数没有比较意义。单纯孤立的跨试卷的原始分数不具有对比意义，其原因在于试卷难度系数、考试群体能力等都制约了原始分数对被试能力的数据评估。原始分数在同一次考试中具有可比性。但是，在跨试卷的情况下原始分数并不能说明被试能力的高低。在不同的考试中，试卷的平均分是不同的，被试分数只有与平均分进行比较才能获得意义。例如，如果被试的分数是 90 分，这个分数在平均分是 60 分的考试群体中具有显著性差异，但是同样的分数在平均分是 89 分的考试群体中则没有显著性差异。被试能力的高低还需要通过分析其所在的考试群体才能确定。所以，孤立的原始分数在跨试卷评估中没有比较意义。例如，在不同的考试中，如果被试第一门考试的原始分数是 75 分，第二门考试的原始分数是 85 分，第三门考试的原始分数是 90 分，在没有考试群体平均分作为参照的情况下，我们也难以确定该被试的第三门考试成绩是否为最优秀的。在传统的语言测试中，标准化分数体系的构建从原始分数开始实现了数据评估的三个跨越。

第一个跨越是从原始分数过渡到百分等级。百分等级实现了比较意义。百分等级的存在改善了原始分数在跨试卷考试中没有对比意义的缺陷。从 $PR=100-(100R-50)/N$ 的计算公式中我们可以发现，原始分数在整个考试群体的排序 R 以及考试群体总规模 N 都被设定为变量，这为原始分数具有比较意义提供了数据支撑。例如，在不同的考试中，如果被试第一门考试的百分等级是 75，第二门考试的百分等级是 85，第三门考试的百分等级是 90，我们就可以知道该被试的第三门考试成绩是最优秀的。百分等级虽然具有了比较意义，但其计算结果是以百分数为基准的，例如，$PR_{90}=85$ 表示 85%的被试原始分数低于 90 分。85 这个百分等级只是一个百分数的概念，不同的百分等级之间可以进行比较但是却没办法进行运算。鉴于此，语言测试推出了标准分数的概念来改善这个缺点。

第二个跨越是从百分等级过渡到标准分数。标准分数（Z 分数）不仅具有比较意义还体现了计算意义。在正态分布中，标准分数的计算公式 $Z=(x-x')/s$ 既包括均值也包括标准差。高于均值的原始分数必然出现在正方向，高出的数值越大，离正方向偏移越远；低于均值的数值出现在负方向，低于均值的数值越小，则离负方向偏移越远。所以，简单的标准分数的值就可以显示出被试能力水平所在的位置，具有非常明显的比较意义。例如，如果被试五门课程的标准分数分别是 -2、-1、0、$+1$、$+2$，那么数值代表着被试在五门课程中能力由低到高的排序。在标准分数计算中，标准差的引入让分数比较具有了标准化意义。在正态分布中，标准分数的分布也符合"三个标准差原则"，正负一个标准差之间的数值占比在

68.2%左右，正负两个标准差之间的数值占比在 95.4%左右，正负三个标准差之间的数值占比在 99.7%左右。被试的不同标准分数不仅具有可比性，而且也可以进行计算。仍以这个被试为例，他的平均标准分数为 0，代表着该被试的能力水平正好处于均值。此外，标准分数的比较意义由于标准差的引入而变得更具有现实意义。例如，不同单位的变量间也可以借助标准分数进行比较。这个标准化特点为我们在波动数据评估中构建标准化分数评估体系奠定了至关重要的理论基础。基于此，不同单位的量能（交易量）、购能（看涨加权持仓量）、沽能（看跌加权持仓量）、惑能（沽能与购能之比）就可以进行比较，评估出哪些数据更趋于正常值。这也为我们下面进行波动数据区间分数计算、偏差分数计算、评估分数计算提供了理论支撑。

第三个跨越是从标准分数过渡到导出分数。从语言测试的标准分数评估体系构建角度来说，标准分数的引入已经实现了对比意义和计算意义。但是，由于在标准分数中是以正态分布曲线为主构建的数据评估体系，自然会以均值为界形成对称的正负两部分。低于均值的被试分数会以负数的形式被记录。这种分数表达方式与我们的传统认知中最低分是零分的认知不匹配。为了解释被试语言能力为负值的情况，我们需要准备阐释大量的专业术语并期待获得理解。这个违背传统认知的解释过程无疑将是耗时耗力的。因此，为了去除负数和零，我们对标准分数进行了一次线性转换，将原来适用于正态分布曲线的所有结果（包括负值）平移到正值以上，以回应传统认知中对考试分数的理解。平移过程中按照 AZ+B 进行。Z 为标准分数，A 和 B 是我们根据需要设定的常数（例如，我们在前面波动数据评估中将导出分数的计算常数设定为 A=10，B=75），两个常数都是正值，而且 B 是 A 的四倍或以上，如此所有的导出分数就可以消除负数和零。

从语言测试数据评估的三个跨越可以看出，数据评估标准化分数体系的建立必须是理论和实践相结合的计算分析过程。理论指导实践展开评估，实践则验证理论的正确性。基于传统语言测试标准化分数体系的数据评估方法，我们创新性地引入了用于分析波动数据评估的区间分数、偏差分数和评估分数三个分析变量。这三个评估分数的提出夯实了传统语言测试中百分等级、标准分数、导出分数的数据评估理论。

在前面的讨论中我们已经发现，短期数据评估中价格波动与诸多评估参数相关。百分等级、标准分数、导出分数、区间分数、偏差分数和评估分数都对短期惑能的数据波动产生了影响。针对惑能的百分等级、标准分数、导出分数的数据评估，我们已经在第 7 章中进行了讨论，我们下面来分析短期惑能波动数据的区间分数、偏差分数和评估分数。

8.2.1　区间分数的计算评估

在短期数据评估中，价能与惑能的关联度是最大的。我们引入的第一个波动分数的评估项就是关注惑能变化的区间分数。首先，我们认为惑能的变化一定是相对于惑能均值的变化，在月度评估中，惑能均值就是最近 22 个交易日的惑能均值。如果以最近 22 日的惑能均值为标准，那么当惑能最新值大于均值时，惑能就处于上升阶段；相反，则处于下降阶段。

惑能区间分数用于评估以均值为基点的惑能变化的均值距离。在传统的语言测试中，标准分数的计算公式是 $Z=(x-x')/s$，表示以标准差为单位来衡量原始分数离均值的距离（标准差）。在惑能区间分数的计算中，我们更多关注的是在一个惑能均值区间内惑能最新值的变化，进而对数据评估给出一个相对惑能均值变化的相对值，而不对惑能标准差的变化给予太多关注。我们设定惑能区间分数是惑能最新值与惑能均值之差再除以惑能均值。这种计算方法表达的是以惑能均值为单位衡量的惑能最新值离惑能均值的距离，具体公式如下：

$$IS = \frac{CQ - X'_{cq}}{X'_{cq}} \qquad (公式\ 8\text{-}1)$$

式中，IS 是惑能区间分数，CQ 是惑能最新值，X_{cq}' 是 22 日惑能均值。其中，$CQ = \sum WP / \sum WC$，$\sum WP = \sum$（看跌期权持仓量 $\times$ 期权价格），$\sum WC = \sum$（看涨期权持仓量 $\times$ 期权价格）。由此我们可以计算出月度惑能区间分数。

从表 8-4 中我们可以看到，惑能波动数据是不断变化的，代表着看跌加权持仓量与看涨加权持仓量之比的不断变化，也就是市场看跌或看涨的比率在不断变化，推动着期权市场价格发生波动。此外，由于每日收盘后计算得出的惑能波动数据是不同的，因此最近 22 个交易日的惑能数据集就是不同的，将最老的数据剔除，将最新的数据纳入，这个过程符合"先进先出"（first in first out）数据结构中栈的规律。在"先进先出"中，进入数据集的时间顺序就是出栈的顺序。如果我们将惑能数据集分为顶部和底部，那么最早进入的数据被保存在底部，最新的数据被保存在顶部，随着顶部数据的不断更新，底部数据也不断地出栈。这样，整个惑能数据集采集到的就是最近 22 个交易日的惑能动态更新数据，每天计算后得出的 22 个交易日的惑能均值也会发生动态波动。根据惑能区间分数的计算公式，由于每天期权多空双方对市场变化持有不确定性观点，多空双方加权持仓量就会不断波动更新，惑能波动数据每天也波动更新，22 个交易日的惑能均值每天也波动更新，计算得出的惑能区间分数也就每天波动更新。惑能区间分数代表了期权波动数据的最新变化量。

表 8-4　月度惑能区间分数计算表

序号	惑能波动数据	惑能波动均值	惑能区间分数	序号	惑能波动数据	惑能波动均值	惑能区间分数
1	0.5944	0.9185	−0.3528	12	1.5623	0.9427	0.6572
2	0.4906	0.8823	−0.4439	13	1.4178	0.9458	0.4991
3	0.6429	0.8496	−0.2434	14	1.0110	0.9372	0.0787
4	0.6698	0.8434	−0.2058	15	1.0555	0.9155	0.1530
5	0.6338	0.8328	−0.2390	16	1.1144	0.9307	0.1974
6	0.6762	0.8380	−0.1931	17	1.0196	0.9397	0.0850
7	0.6501	0.8366	−0.2229	18	0.8834	0.9475	−0.0677
8	1.0746	0.8522	0.2609	19	0.8987	0.9530	−0.0570
9	1.6378	0.8875	0.8454	20	0.5833	0.9553	−0.3894
10	1.6326	0.9075	0.7990	21	0.5497	0.9561	−0.4250
11	1.6312	0.9257	0.7620	22	0.4917	0.9510	−0.4830

　　惑能区间分数比惑能标准分数具有更独特的价格趋势分析优势。在短期惑能波动数据评估中，我们在第 7 章已经完成了惑能标准分数的评估，表 8-4 中也完成了惑能区间分数的计算评估。这两个分数都很好地解释了短期惑能的波动特点，但有着各自不同的侧重。

　　在惑能标准分数的计算中，我们关注的是以惑能标准差为单位来衡量的当日惑能数据与 22 个交易日惑能均值之间的距离。这个距离是以惑能标准差形式进行评估的。

　　在惑能区间分数的计算中，我们侧重的是以 22 个交易日的惑能均值为单位来衡量的当日惑能数据与 22 个交易日惑能均值之间的距离。这个距离是以惑能均值形式进行评估的。

　　结合价能标准分数，我们来对照分析价能标准分数和惑能区间分数的数据特点（表 8-5 和图 8-1）。

表 8-5　惑能区间分数和价能标准分数对照表

序号	价能波动数据	惑能区间分数	价能标准分数	序号	价能波动数据	惑能区间分数	价能标准分数
1	2.677	−0.3528	0.3247	6	2.682	−0.1931	0.4536
2	2.708	−0.4439	1.1237	7	2.693	−0.2229	0.7371
3	2.676	−0.2434	0.2990	8	2.653	0.2609	−0.2938
4	2.679	−0.2058	0.3763	9	2.607	0.8454	−1.4794
5	2.696	−0.2390	0.8144	10	2.612	0.7990	−1.3505

续表

序号	价能波动数据	惑能区间分数	价能标准分数	序号	价能波动数据	惑能区间分数	价能标准分数
11	2.629	0.7620	−0.9124	17	2.649	0.0850	−0.3969
12	2.622	0.6572	−1.0928	18	2.651	−0.0677	−0.3454
13	2.612	0.4991	−1.3505	19	2.660	−0.0570	−0.1134
14	2.642	0.0787	−0.5773	20	2.710	−0.3894	1.1753
15	2.649	0.1530	−0.3969	21	2.725	−0.4250	1.5619
16	2.635	0.1974	−0.7577	22	2.750	−0.4830	2.2062

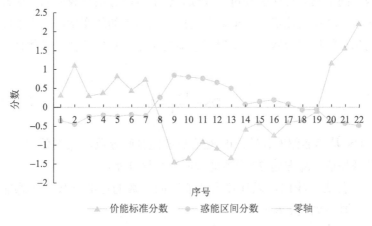

图 8-1　惑能区间分数和价能标准分数波动方向指示图

在表 8-5 和图 8-1 中，我们可以发现惑能区间分数和价能标准分数都可以有效地指示期权价能变化的方向。在两个评估分数中，第 8 个和第 20 个数据均出现了价格反向波动的提示。从波动幅度来看，惑能区间分数的波动幅度更小。从波动区间的提示先后来看，惑能区间分数具有比价能标准分数更快启动提示的特点。在数据集中，惑能区间分数在第 18 个数据就出现了价格反向波动的提示，比价能标准分数提前了两个交易日。惑能区间分数这种波动性小和灵敏度高的特点决定了它是比价能标准分数更适合进行细化研究的评估项。

8.2.2　偏差分数的计算评估

惑能偏差分数是惑能区间分数的标准分数。根据传统语言测试数据评估中标准分数的计算可知，原始分数与均值之比除以标准差就可得到原始分数的标准分数。

在惑能偏差分数的计算中，我们把区间分数的数据作为分析源以深化讨论区间分数的变化。我们设定惑能区间分数的标准分数为惑能偏差分数，即以惑能区间分数标准差为单位来衡量当日区间分数与 22 个交易日惑能区间分数均值之间的距离，这个距离是以惑能区间分数标准差形式进行评估的。

我们引入惑能偏差分数的目的是将惑能区间分数标准化，实现跨时域惑能区间分数的历时和共时比较和计算。在前面的讨论中，我们已经证实，价能标准分数、量能标准分数、购能标准分数、沽能标准分数、惑能标准分数的数据评估都符合传统语言测试中标准分数的评估策略，各个标准分数之间都具有可比性和可计算性。惑能区间分数是我们为了更好地分析与价格波动相关度最大、最显著的惑能而引入的新变量，基于惑能区间分数而形成的标准分数可以实现对惑能更全面的数据评估。具体计算公式如下：

$$DS = \frac{IS - X'_{is}}{S_{is}} \qquad （公式 8-2）$$

式中，DS 是惑能偏差分数，IS 是当日惑能区间分数，X_{is}'是近 22 日惑能区间分数均值，S_{is}是近 22 日惑能区间分数标准差。

根据公式，我们可以计算出惑能区间分数的标准分数（即惑能偏差分数），具体如表 8-6 所示。

表 8-6　惑能偏差分数计算表

序号	惑能区间分数	区间分数均值	区间分数标准差	偏差分数	序号	惑能区间分数	区间分数均值	区间分数标准差	偏差分数
1	−0.3528	−0.4063	0.1927	0.2776	12	0.6572	−0.0603	0.4303	1.6674
2	−0.4439	−0.4048	0.1922	−0.2039	13	0.4991	−0.0307	0.4458	1.1883
3	−0.2434	−0.3967	0.1952	0.7856	14	0.0787	−0.0177	0.4446	0.2169
4	−0.2058	−0.3766	0.1908	0.8951	15	0.1530	−0.0134	0.4458	0.3733
5	−0.2390	−0.3598	0.1857	0.6509	16	0.1974	0.0131	0.4399	0.4190
6	−0.1931	−0.3349	0.1680	0.8443	17	0.0850	0.0286	0.4359	0.1294
7	−0.2229	−0.3141	0.1505	0.6057	18	−0.0677	0.0403	0.4293	−0.2515
8	0.2609	−0.2727	0.1767	3.0203	19	−0.0570	0.0487	0.4254	−0.2484
9	0.8454	−0.2082	0.2866	3.6767	20	−0.3894	0.0513	0.4223	−1.0436
10	0.7990	−0.1544	0.3548	2.6869	21	−0.4250	0.0519	0.4216	−1.1312
11	0.7620	−0.1042	0.4020	2.1550	22	−0.4830	0.0461	0.4283	−1.2354

在表 8-6 中，我们通过公式 IS=（CQ−X_{cq}'）/X_{cq}'计算了近 22 个交易日的惑能区间分数，通过函数 "=average（A1：A22）" 和函数 "=stdev

（A1：A22）"计算了惑能区间分数的均值和标准差，并通过公式 DS=（IS–X_{is}'）/S_{is} 计算了惑能偏差分数。惑能偏差分数的波动与价能标准分数的变化情况请见表 8-7。

表 8-7　惑能偏差分数和价能标准分数对照表

序号	价能波动数据	惑能偏差分数	价能标准分数	序号	价能波动数据	惑能偏差分数	价能标准分数
1	2.677	0.2776	0.32	12	2.622	1.6674	−1.09
2	2.708	−0.2039	1.12	13	2.612	1.1883	−1.35
3	2.676	0.7856	0.30	14	2.642	0.2169	−0.58
4	2.679	0.8951	0.38	15	2.649	0.3733	−0.40
5	2.696	0.6509	0.81	16	2.635	0.4190	−0.76
6	2.682	0.8443	0.45	17	2.649	0.1294	−0.40
7	2.693	0.6057	0.74	18	2.651	−0.2515	−0.35
8	2.653	3.0203	−0.29	19	2.660	−0.2484	−0.11
9	2.607	3.6767	−1.48	20	2.710	−1.0436	1.18
10	2.612	2.6869	−1.35	21	2.725	−1.1312	1.56
11	2.629	2.1550	−0.91	22	2.750	−1.2354	2.21

从图 8-2 中可以看出，惑能偏差分数的波动与价能标准分数的波动形成的是近似的上下对应关系。当价能标准分数从最低点向高点波动时，惑能偏差分数则从最高点向低点移动。在零轴附近，惑能偏差分数先于价能标准分数进入分界线，两个交易日之后价能标准分数才进入分界线。这说明惑能偏差分数在一定程度上具有指示价格波动方向的功能。

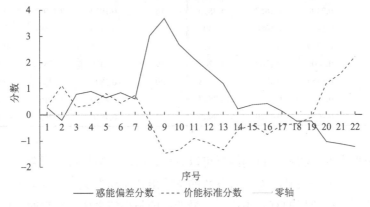

图 8-2　惑能偏差分数与价能标准分数的波动对照图

8.2.3　评估分数的计算评估

惑能区间分数是我们用于评估惑能波动的有效评估指标。它表达了以惑能均值为单位衡量的惑能最新值与惑能均值之间的距离。惑能偏差分数是惑能区间分数的标准分数，表达了以惑能区间分数标准差为单位衡量的区间分数最新值与区间分数均值之间的距离。从前面我们对偏差分数的评估中可以看出，以区间分数标准差为单位衡量的区间分数变化对价能数据波动具有较好的解释作用。期权波动数据的评估是一项非常复杂的研究，波动的不确定性要求评估指标具有广泛性。

在惑能数据评估中，如果我们以区间分数标准差为单位来衡量实时区间分数，就可以评估每日的区间分数相对于标准差产生了怎样的波动。这样就形成了一个新的评估指标——评估分数，具体公式如下：

$$AS = \frac{IS}{S_{is}}$$ （公式 8-3）

式中，AS 为评估分数，IS 为当日区间分数，S_{is} 为近 22 日区间分数标准差。根据 22 个交易日的区间分数，我们就可以得到评估分数的具体值，请见表 8-8。

表 8-8　评估分数计算表

序号	区间分数	区间分数标准差	评估分数	序号	区间分数	区间分数标准差	评估分数
1	−0.3528	0.1927	−1.8308	12	0.6572	0.4303	1.5273
2	−0.4439	0.1922	−2.3096	13	0.4991	0.4458	1.1196
3	−0.2434	0.1952	−1.2469	14	0.0787	0.4446	0.1770
4	−0.2058	0.1908	−1.0786	15	0.1530	0.4458	0.3432
5	−0.2390	0.1857	−1.2870	16	0.1974	0.4399	0.4487
6	−0.1931	0.1680	−1.1494	17	0.0850	0.4359	0.1950
7	−0.2229	0.1505	−1.4811	18	−0.0677	0.4293	−0.1577
8	0.2609	0.1767	1.4765	19	−0.0570	0.4254	−0.1340
9	0.8454	0.2866	2.9498	20	−0.3894	0.4223	−0.9221
10	0.7990	0.3548	2.2520	21	−0.4250	0.4216	−1.0081
11	0.7620	0.4020	1.8955	22	−0.4830	0.4283	−1.1277

根据表 8-8 我们计算的结果可以看出，区间分数标准差通常都处于正区间，数值大小波动随着区间分数的推陈出新而动态更新。区间分数作为衡量惑能波动数据的有效指标，当最新惑能与均值之比为正数时，区间分数为正值；当最新惑能与均值之比为负数时，区间分数为负值。因此，评估分数也会相应出现正负区间。我们在研究中引入波动分数的目的是有效评估与价格波动最为紧密的项目，与价能波动数据和价能标准分数的对照

是一种可行的比较方法，请见表 8-9。

表 8-9　评估分数与价能标准分数对照表

序号	价能波动数据	评估分数	价能标准分数	序号	价能波动数据	评估分数	价能标准分数
1	2.677	−1.8308	0.32	12	2.622	1.5273	−1.09
2	2.708	−2.3096	1.12	13	2.612	1.1196	−1.35
3	2.676	−1.2469	0.30	14	2.642	0.1770	−0.58
4	2.679	−1.0786	0.38	15	2.649	0.3432	−0.40
5	2.696	−1.2870	0.81	16	2.635	0.4487	−0.76
6	2.682	−1.1494	0.45	17	2.649	0.1950	−0.40
7	2.693	−1.4811	0.74	18	2.651	−0.1577	−0.35
8	2.653	1.4765	−0.29	19	2.660	−0.1340	−0.11
9	2.607	2.9498	−1.48	20	2.710	−0.9221	1.18
10	2.612	2.2520	−1.35	21	2.725	−1.0081	1.56
11	2.629	1.8955	−0.91	22	2.750	−1.1277	2.21

从图 8-3 可以看出，我们引入的评估分数在波动方向的指示方面具有与价能标准分数近乎一致的功能，两者呈现的是镜像关系。这种规律性变化为我们多元分析波动数据提供了新的研究思路。

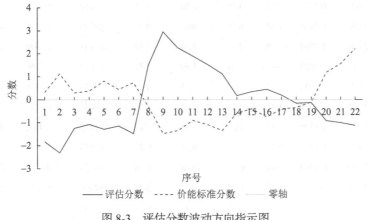

图 8-3　评估分数波动方向指示图

8.3　波动数据多分数评估体系应用

标准分数的计算有正负之分。均值以上的标准分数位于正方向区间，均值以下的标准分数位于负方向区间。这种以均值为锚展开的方向性分析非常有利于标准分数的直观表达。在月度波动数据评估的基础上，我们已经完成了六个标准分数的计算，即价能标准分数、量能标准分数、购能标准分数、沽能标准分数、惑能标准分数和偏差分数（即区间分数的标准分数）。这些标准分数都体现了波动数据在正负区间变化的特点。为了更好地评估数据，我们还提出了区间分数和评估分数。这八个分数共同构成了波动数据的多分数评估体系。

根据传统语言测试中标准分数的计算概念，标准分数不仅具有跨领域的可比性，还具有可计算性。我们把这六个标准分数与区间分数、评估分数进行对照，以评估拟合度，如表 8-10 所示。

表 8-10　多元数据评估分数对照表

序号	价能波动数据	价能标准分数	量能标准分数	购能标准分数	沽能标准分数	惑能标准分数	偏差分数	区间分数	评估分数
1	2.677	0.3247	−1.33	1.44	−0.34	−0.89	0.2776	−0.3528	−1.8308
2	2.708	1.1237	1.35	1.94	−0.73	−1.15	−0.2039	−0.4439	−2.3096
3	2.676	0.2990	−1.08	1.06	−0.31	−0.77	0.7856	−0.2434	−1.2469
4	2.679	0.3763	−2.09	0.99	−0.20	−0.70	0.8951	−0.2058	−1.0786
5	2.696	0.8144	0.67	1.40	−0.11	−0.79	0.6509	−0.2390	−1.2870
6	2.682	0.4536	−0.63	0.73	−0.38	−0.69	0.8443	−0.1931	−1.1494
7	2.693	0.7371	−0.55	0.76	−0.50	−0.75	0.6057	−0.2229	−1.4811
8	2.653	−0.2938	1.33	−0.28	0.62	0.31	3.0203	0.2609	1.4765
9	2.607	−1.4794	1.36	−0.92	1.94	1.72	3.6767	0.8454	2.9498
10	2.612	−1.3505	−0.68	−1.03	1.70	1.71	2.6869	0.7990	2.2520
11	2.629	−0.9124	−0.37	−1.03	1.70	1.70	2.1550	0.7620	1.8955
12	2.622	−1.0928	1.02	−0.89	1.72	1.53	1.6674	0.6572	1.5273
13	2.612	−1.3505	−1.33	−1.03	0.92	1.17	1.1883	0.4991	1.1196
14	2.642	−0.5773	0.78	−0.64	−0.11	0.15	0.2169	0.0787	0.1770
15	2.649	−0.3969	0.64	−0.76	−0.08	0.26	0.3733	0.1530	0.3432
16	2.635	−0.7577	0.14	−1.08	−0.26	0.41	0.4190	0.1974	0.4487
17	2.649	−0.3969	−0.42	−0.92	−0.41	0.17	0.1294	0.0850	0.1950
18	2.651	−0.3454	0.53	−0.71	−0.70	−0.17	−0.2515	−0.0677	−0.1577
19	2.660	−0.1134	0.43	−0.69	−0.62	−0.13	−0.2484	−0.0570	−0.1340
20	2.710	1.1753	1.19	0.30	−1.22	−0.92	−1.0436	−0.3894	−0.9221
21	2.725	1.5619	−0.73	0.46	−1.28	−1.01	−1.1312	−0.4250	−1.0081
22	2.750	2.2062	−0.24	0.90	−1.35	−1.15	−1.2354	−0.4830	−1.1277
相关度		1	−0.0849	0.7971	−0.8282	−0.9066	−0.7279	−0.9061	−0.8337

　　在表 8-10 中，我们对正负区间的数值进行了标注，正区间标注为深色，负区间标注为浅色。颜色变换的区间就是期权市场价格发生显著变化的区间。从价能波动数据与价能标准分数的相关度计算可以看出，两者之间的波动相关系数为 1，代表了价能标准分数完全复制了价能波动数据的变化，期权标的价格可以通过其价格本身的标准分数得到体现。这样，如果我们以价能标准分数作为衡量标准，通过计算各波动评估项与价能标准分数的相关度就可以判定出哪些项更具有数据评估效率。

　　在相关度函数"=correl（A1∶An∶B1∶Bn）"的应用中，数据集"A1∶An"表示的是 22 个交易日价能标准分数数据集。数据集"B1∶Bn"表示的是 22 个交易日各标准分数、区间分数和评估分数的数据集。

　　相关度标准的设定与相关度数值相关。在不考虑方向的绝对值中，相关度 0—0.2 表示与价能标准分数波动不相关；相关度 0.2—0.4 表示与价能标准分数波动弱相关；相关度 0.4—0.6 表示与价能标准分数波动中度相关；相关度 0.6—0.8 表示与价能标准分数波动强相关；相关度 0.8—1.0 表示与价能标准分数波动极强相关。

　　从价格波动的相关度来看，处于极强相关水平（绝对值 0.8—1.0）的是惑能标准分数（–0.9066）、区间分数（–0.9061）、评估分数（–0.8337）、沽能标准分数（–0.8282）。这四个分数具有变化一致性，均与价格波动形成负比例关系，即数值越高，价格下跌越严重。

　　处于强相关水平（绝对值 0.6—0.8）的是购能标准分数（0.7971）和偏差分数（–0.7279）。购能标准分数与价能标准分数是正比例关系，购能越大，价格越高。偏差分数与价能标准分数是负比例关系，偏差分数越大，价格越低。

　　量能标准分数与价能标准分数的相关度微乎其微（绝对值 0—0.2），可以不予考虑。

　　从价格区间变动的正方向指示性来看，购能标准分数和价能标准分数保持了一致性的价格波动规律，也就是说购能的增长推动了价能标准分数的变化。两者同时进入向下波动区间，也同时进入向上波动区间，并且在各个区间停留的交易日也是一致的。从购能的变化中，我们可以同步看到价格波动的变化。换句话说，期权价格的变化也一定与看涨加权持仓量有关，具体如图 8-4 所示。

　　从图 8-4 中可以明显看出，在期权价格波动数据评估中"有量才有价"。这里的"量"指的就是"看涨加权持仓量"，即以购能标准分数表示的购能；"价"指的就是以价能标准分数表示的期权标的价格。

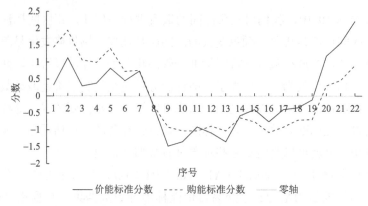

图 8-4 价能标准分数和购能标准分数的波动方向对照图

从价格区间变动的负方向指示性（即拟合度）来看，惑能标准分数、区间分数和评估分数与价能标准分数保持了负比例的波动相关性。惑能标准分数是基于惑能波动数据的标准分数，具有非常明显的沽能和购能之比的对冲特点，区间分数和评估分数又是基于惑能数据导出的项，因此也具有对冲特点。这种波动数据的对冲性决定了期权可能先于股票进入价格变化区间。

在图 8-5 中我们发现惑能标准分数、区间分数和评估分数有两次价格区间转向的提示。

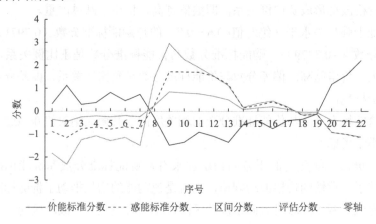

图 8-5 价能标准分数与区间分数等的波动方向对照图

第一次是与价能标准分数同时发生转向。价能标准分数从正区间转向负区间，而惑能标准分数、区间分数和评估分数也同时从负区间转向正区间。这种转向出现在同一个交易日。

第二次是先于价能标准分数发生转向。惑能标准分数、区间分数和评估分数从正区间转向负区间，但是价能标准分数则在两个交易日之后才出现了从负区间转向正区间的变化。这说明从波动灵敏度角度来看，惑能标准分数、区间分数和评估分数要优于价能标准分数。

在图 8-5 中我们可以看到，月度波动数据的变化是有规律可循的，正区间和负区间的持续是可以通过波动数据的变化来表示的。具有对冲特性的惑能标准分数、区间分数和评估分数与价能标准分数形成的是一种负向波动规律，而且它们的数据评估蕴含了对未来持仓数据的评估，也就蕴含了投资者对未来的期待，因此会出现期权可以先于股票进入价格波动区间的情况。尽管这种先行的数据评估可能仅仅先于股票市场短短的几个交易日，但其背后的概率优势则是巨大的。

所以，从与价格波动最为显著的月度数据评估效果来看，我们表 8-10 建立的波动数据评估的标准化分数体系共包括八个分数的数据评估：价能标准分数、量能标准分数、购能标准分数、沽能标准分数、惑能标准分数、偏差分数、区间分数和评估分数。这些分数都体现了波动数据的变化特点，构成了我们有效科学的多分数评估体系。

本 章 小 结

本章对波动数据标准化分数体系构建进行了研究，主要包括三部分内容，即波动因子相关系数的计算评估、波动分数的计算评估和波动数据多分数评估体系应用。在波动因子相关系数的计算评估方面，我们主要讨论了价能、量能、购能、沽能、惑能与价格波动之间的相关度。在波动分数的计算评估方面，我们关注的是区间分数、偏差分数、评估分数与价格变化的内在联系。在波动数据多分数评估体系应用中，我们综合分析了以上波动因子和波动分数如何共同作用于价格波动规律的确定。

第一，在波动因子相关系数的计算评估研究方面，价能、量能、购能、沽能和惑能这五个波动因子对波动数据评估具有深远影响。它们从不同维度解释了数据波动的动因和结果。

在不同的数据评估周期中，短期波动数据相关系数的计算是最具有显著度的。以价能波动数据为基点计算，我们发现价能和惑能之间的相关度系数最高，为极强相关（−0.9063，负向）；价能和沽能之间的相关度系数次之，为极强相关（−0.8284，负向）；价能和购能之间的相关度系数再次，为强相关（0.7973，正向），而价能和量能之间的相关度系数则最小，为不相关（−0.0842，负向）。因此，惑能对短期价格波动具有最优的解释性。

在中期波动数据相关系数的计算中，我们发现相关度最大的是沽能与价能的相关系数（–0.8727，负向），相关程度为极强相关；惑能与价能的相关系数也从短期数据评估的极强相关下降到强相关（–0.6813，负向）；价能和购能之间的相关度系数下降为中度相关（0.4385，正向）；价能和量能之间的相关度系数则从不相关上升到中度相关（–0.4762，负向）。总的来说，数据评估从短期过渡到中期，从月度过渡到季度，相关度总体而言呈现下降趋势。

在长期波动数据相关系数的计算中，我们发现量能、购能、沽能和惑能均与价格波动的相关度处于不显著状态，价能与各个波动因子间的显著度也是最低的，与各个因子间的相关系数呈现的是绝对值在 0—0.2 之间的不相关。价能与量能相关度为–0.0825（负向）；价能与购能相关度为 0.1881（正向）；价能与沽能相关度为–0.1118（负向）；价能与惑能相关度为–0.1621（负向）。长期波动数据评估证明，看涨或看跌的情绪波动所导致的数据波动，已经不再对期权价格造成显著的影响。

数据评估的结果证明，期权价格波动是复杂的，短期波动数据受到多因素影响，购能、沽能、惑能均与价格波动处于强相关以上作用关系水平。中期波动数据受到外在因素影响的作用开始减弱，与价格存在强相关以上作用的因子数量递减到两个（沽能、惑能）。在长期波动数据评估中，影响价格波动的外在因素全部处于不显著状态，与价能的相关系数呈现的是低值的不相关状态（绝对值低于 0.2）。这说明随着数据波动区间的拉长，各个波动因子对价格波动的影响呈现出下降趋势并最终进入无关联阶段。短时间的数据波动对中长期数据评估的影响微乎其微。换句话说，源于投资者情绪变化的看涨或看跌数据波动在中长期中对市场的干扰可以忽略。这个评估结果与传统语言测试中对被试能力的考量具有异曲同工之处：从短期来看，为了取得较高的语言测试成绩，被试通过突击学习可以提高语言能力部分考核项的分数；从中长期来看，随着语言测试数据采集周期的加长，被试语言能力回归到本源，短期的学习波动不再影响到被试的能力评估。由此可以看出，TOEFL、IELTS、HSK 等国际标准化考试将测试成绩所显示的被试能力变化区间设定为两年周期是有理论根据的。

月度波动数据受到投资者情绪的影响最大。以短期评估为代表的看涨或看跌情绪相互混杂，并导致相关数据出现显著性波动。其中，惑能、沽能、购能与价能波动形成强相关以上的显著关联，惑能为价格波动最强关联项。因此，我们的波动数据评估方法在月度区间具有更高的效率，尤其对月度惑能的评估可以更直观地探寻到价格波动的规律。我们在波动分数的计算评估中就将波动数据评估的区间设定在 22 日，并且只围绕具有最显著特征的惑能展开讨论。

第二，在波动分数的计算评估研究方面，区间分数、偏差分数、评估分数是波动分数计算评估中的主要内容。为了更好地对惑能数据进行有效评估，我们首先引入区间分数概念，即以月度惑能均值为单位衡量的惑能最新值与月度惑能均值之间的距离。区间分数是我们首次推出的对惑能进行深入评估的波动分数评估项。惑能是看跌加权持仓量与看涨加权持仓量之比。最近 22 个交易日的惑能数据集采集使用的方法类似"先进先出栈"，将最新的惑能数据纳入的同时，最老的惑能数据被剔除。这样，我们就可以完成基于惑能波动数据的动态变化的区间分数的计算。

偏差分数是区间分数的标准分数。在短期惑能的数据评估中，以区间分数标准差为单位来衡量的当日区间分数与 22 个交易日区间分数均值之间的距离则为偏差分数。我们引入偏差分数的目的在于实现波动数据标准化分数体系的构建。在传统语言测试中，标准分数的引入实现了跨域数据的对比和计算，以均值为分界的数据评估将传统语言测试的数据评估划分为正负区间的评估局域。偏差分数的引入也将区间分数划分为正负变化区间，更深层次地讨论了区间分数的数据变化。

评估分数也是对区间分数的深度分析。与偏差分数关注区间分数离均差与区间分数标准差之比不同，评估分数关注的是区间分数实时值与区间分数标准差的实时比，揭示的是每日区间分数相对于区间分数标准差所形成的波动规律。

区间分数、偏差分数和评估分数都具有与价格波动相关的规律性。在这三个波动分数与价能标准分数的波动规律对照中，期权价格数据的波动规律得到直观展示。区间分数、偏差分数和评估分数都是源于期权短期惑能波动数据的评估方法，与价格波动具有负比例关系，即波动分数越大，价格越低，反之亦然。在价格波动正负区间的预见性转换方面，区间分数和评估分数同时或者先于价能标准分数进入价格波动区间。也就是说，在现货价格波动尚未正式开始之前，由于期权数据中蕴含了对未来交易的仓位指向（未平仓的远月期权合约），所以期权数据评估的关键参数可以提前预见到现货价格的正负区间波动。我们引入的波动分数（区间分数、偏差分数和评估分数）在价格波动方向的指向性方面具有更大的概率优势。其根本在于波动分数的计算是围绕惑能展开的，而惑能又是看跌加权持仓量与看涨加权持仓量的对冲比，惑能波动数据的对冲计算蕴含了对未来价格波动的预期。因此，波动分数对价格波动预示出方向性规律就成为可能。

第三，在波动数据多分数评估体系应用研究方面，在月度惑能的波动数据多分数评估体系应用中，我们把六个标准分数（价能标准分数、量能标准分数、购能标准分数、沽能标准分数、惑能标准分数和偏差分数）以及区间分数和评估分数共八个分数进行了波动性比较。其中，偏差分数是区间分数的标准分数。这些标准分数不仅具有可比性，也具有可计算性。在这些标准分数的计算中，各自的标准差都是正值，而且都以均值作为划定正负区间的轴，高于均值的波动数据为正值，低于均值的波动数据为负值。无论是正区间还是负区间，数据都会在波动中维持一段时间，形成所谓的区间波动趋势。而正负区间的转换则代表着波动数据变化规律的转换，在价格上则体现为从上涨区间过渡到下跌区间，或者相反。除了六个标准分数之外，由于区间分数是惑能与惑能均值之差再除以惑能均值，评估分数是区间分数与标准差之比，这两个分数也都具有正负值的区间转换，所以也具有揭示价格数据波动规律的特点。这样，八个分数评估就构成了波动分数多分数评估体系。

月度价格相关度计算和波动拟合度计算是我们验证标准化分数体系的有效方法。

在价格相关度方面，我们利用函数 "=correl（A1：An∴B1：Bn）" 计算完成了八个分数与月度期权标的价格（即价能波动数据）的相关系数。在不考虑方向的绝对值中，相关度与数值的关系为：0—0.2 为不相关；0.2—0.4 为弱相关；0.4—0.6 为中度相关；0.6—0.8 为强相关；0.8—1.0 为极强相关。

表 8-10 的计算结果显示，价能波动数据与价能标准分数完全相关，相关系数达到最大值 1。这说明价能标准分数在月度周期中能够完全解释价格波动的规律。价能标准分数是价格离均差与标准差之比。价能标准分数是价格波动的影子。

价能波动数据与惑能标准分数形成的是极强相关关系，相关系数是−0.9066。这说明在月度评估中，具有对冲概念的惑能对期权标的价格波动具有极强的解释力。惑能标准分数是惑能离均差与标准差之比。惑能越大，看跌加权持仓量与看涨加权持仓量之比越大，以惑能标准差衡量的惑能离均差之比就越大，期权标的价格就越低。

价能波动数据与区间分数的相关系数是−0.9061，具有极强相关性。

区间分数是用于评估以惑能均值为单位衡量的惑能离均差。区间分数越大，惑能越大，惑能离均值就越远，市场价格就越低。

价能波动数据与评估分数的相关系数是–0.8337，也具有极强相关性。评估分数是以区间分数标准差为单位来衡量的实时区间分数。评估分数越大，相对于标准差的区间分数就越大，期权标的价格下跌幅度就越大。

价能波动数据与沽能标准分数的相关系数是–0.8282。沽能是看跌加权持仓量之和，即∑（看跌期权持仓量×期权价格）。沽能的数值代表了当日市场中所有看跌能量的总和。沽能标准分数则是沽能离均差与标准差之比。前面讨论的极强相关的分数都是含有看涨或看跌对冲概念的分数。例如，惑能是沽能与购能之比，区间分数是惑能离均差与均值之比，评估分数是区间分数与标准差之比。而沽能不含有对冲概念，仅通过期权做空数据来表达对市场价格下跌的预期。虽然沽能在价格波动方面具有较高的相关度，但是由于其忽略了购能数据对市场价格波动的影响，因此其数据评估的效能和稳定性也略逊一筹。

价能波动数据与购能标准分数形成的是强相关关系，相关系数为0.7971。购能是每个期权合约的看涨加权持仓量之和，即∑（看涨期权持仓量×期权价格）。购能标准分数是购能离均差与标准差之比。购能是推动价格上涨的重要因素，但是在有看跌期权对冲的期权市场中，购能只是影响价格波动的因素之一，价格波动的最终趋势将同时受到沽能的影响，多空双方数据对冲的最终结果将决定价格波动的方向。从购能标准分数、沽能标准分数与价能波动数据的相关系数中我们也可以看出，单一看涨数据和单一看跌数据都远不及惑能对冲数据在价格波动方面的影响力，这在传统数据评估中是没有出现过的。这个特点也是波动数据评估中独有的数据特性。

价能波动数据与偏差分数形成的是强相关（相关系数–0.7279 的绝对值在 0.6—0.8 区间）。偏差分数是区间分数的标准分数，即区间分数离均差与区间分数标准差之比。这个分数表达的是以区间分数标准差为单位衡量的区间分数与均值的距离。区间分数越大，偏离均值的距离越远，离均差与标准差的比值也就越大，惑能离均差就越大，看跌加权持仓量与看涨加权持仓量之比就越大，期权标的价格的下降幅度就越大。

价能波动数据与量能标准分数的相关系数是–0.0849，处于相关系数绝对值 0—0.2 区间的不相关状态。量能是期权价格标的的交易量的波动数据集合，量能标准分数是量能离均差与标准差之比。在波动数据评估中，我们发现期权标的交易量的数据波动对价格波动不产生显著影响，相关度极其微弱。究其原因，我们认为与交易量的矢量有关。交易量数据变大，既可以表示价格上涨，也可以表示价格下跌，所以交易量数据变化与价格波动在短期数据评估中的相关度微乎其微。

在八个分数的波动拟合度计算方面，我们发现以价能标准分数为基点，共形成了四类主要的拟合关系（表 8-10）。

第一种是完全拟合关系。价能标准分数与购能标准分数呈现的是一种亦步亦趋的完全拟合关系，两者在价格正负区间转换方面是同步的。看涨期权合约增大，市场投资者看好后市，价格就不断攀升，价能增大，推动价能标准分数和购能标准分数进入波动正区间，反之亦成立。两者在方向性波动方面具有一致性。

第二种是预见性拟合关系。价能标准分数与惑能标准分数、区间分数和评估分数形成的是预见性拟合关系。惑能是沽能与购能之比，具有对冲概念。而惑能标准分数、区间分数和评估分数又都是针对短期惑能展开的深入数据评估，所以惑能的变化是这三个分数变化的根本。惑能本身就蕴含了对未来数据波动的对冲总预期，由此衍生的三个分数与价格波动也具有很强的相关度，并可能先于价能标准分数进入数据波动区间。这三个分数对价格波动走向的优先预见具有概率优势。对这三个分数的关注也将在价格数据波动中占有预见性先机。

第三种是部分拟合关系。这种关系发生在价能标准分数与沽能标准分数、偏差分数之间。沽能标准分数与价能标准分数在波动区间的变化指向方面拟合度不高，规律性不强，既没有产生完全拟合关系，也没有出现预见性拟合关系，只呈现的是有条件的部分拟合关系。这说明在交易市场中，在没有做多力量跟进的情况下，价格难以有显著性上涨，在推动价格区间的转向方面能力不足。偏差分数与价能标准分数形成的也是部分拟合关系。由于沽能标准分数、偏差分数这两个分数自身的数据特点，它们在与价能标准分数区间变化的拟合关系方面发挥不稳定。对这两类分数的数据评估，可以辅助我们为价格波动方向给出参考。

第四种是无拟合关系。价能标准分数与量能标准分数在价格区间转换方面形成的是无拟合关系。量能进入正负值区间与价格进入正负值区间没有关联，从短期数据评估的角度来看量能波动没有为价格波动提供方向性指标。

结　语

本书主要对语言测试和波动数据评估进行了研究。

语言测试作为一种对语言能力的测量活动，其评估方法在数据分析方面具有系统性。语言测试研究中构建的标准化分数体系对测验分数实现了可比性和可计算性的分数计算和转换，让不同的被试在不同测验中依据测验分数进行对比分析和计算评估成为可能。语言测试是一种以定量为主的测验研究。研究者通过对采样数据进行分析评估来判定被试的语言能力强弱。所以，语言测试的评价和判断都是基于数据展开的。数据评估是语言测试中非常重要的一个环节。

语言测试标准化分数体系在波动数据评估中的跨域应用体现了大数据的特点。传统语言测试中的统计数据通常都是相对静态的数据。这些通过被试语言评估得到的数据由于受到主客观条件的限制，在一定的时间区间内会被视为静态的。所以，适用于这些静态数据的语言测试标准化分数体系评估方法对于波动数据评估是否也具有普遍性和广泛性，成为我们研究中的重点。在本书研究中的大数据采集方面，我们倾向于使用按时更新、标准客观、全球认可、意义重大、波动对冲、质优量多的期权交易动态数据（上证 50ETF）。如果满足这些条件的动态数据也可以通过借鉴传统语言测试的标准化分数体系评估方法实现有效的数据评估，那么我们就可以实现语言测试标准化分数体系在波动数据评估中的跨域应用，推动语言测试方法在大数据分析评估领域的发展。

本书共 8 章。

第 1 章引言讨论了本书研究的总思路，包括提出问题、分析问题和解决问题三部分。

在提出问题方面，我们认为语言测试标准化分数体系跨域应用的有效性需要得到关注。在研究的目标导向方面，我们围绕标准化分数体系数据评估和跨域应用展开。在问题导向方面，我们重点需要解决的问题是求证语言测试计算方法的跨域可行性。

在分析问题方面，我们有层次性地展开了针对波动数据评估体系构建和实践应用的分析，在具体实施过程中涉及常规数据标准化分数体系的借鉴、数据评估和语言计算的策略实施，以及波动数据标准化分数体系的构建。

在解决问题方面，我们认为语言测试计算理论可有效实践于交易数据评估，实现数据评估的跨域应用。解决问题的领域不仅涉及语言测试领域常规数据分析，还涉及交易领域波动数据分析。在计算理论实践化过程中，我们将围绕原始分数、百分等级、标准分数、导出分数、区间分数、偏差分数、评估分数展开讨论。

第 2 章是国内外相关研究和理论构建。

在研究综述部分，我们以中国知网为封闭域讨论了传统语言测试的多个研究参数，包括相关文章的发表年度趋势、主题分布、学科分布、文献来源、作者分布、机构分布、基金分布、引用率分布等。在发表年度趋势方面，我们检索了 4320 篇以"语言测试"为主题的文章。研究发现，语言测试研究在 1983—2012 年基本处于从无到有、从慢到快的发展阶段，研究的高潮出现在 2012—2013 年。此后，语言测试研究发文量逐年下降到了 2004 年左右的研究水平。在主题分布方面，语言测试、反拨作用、反拨效应、大学英语、口语测试、高考英语、大学英语教学、HSK、效度研究、实证研究是研究主题最为集中的十个领域。在学科分布方面，外国语言文字、中国语言文字、中等教育等获得了较大的关注度。在文献分布方面，《考试周刊》《外语测试与教学》《外语界》等是文献来源最为集中的几本刊物。在作者分布方面，发文量最多的是杨惠中（上海交通大学）、金艳（上海交通大学）、辜向东（重庆大学）等学者。在机构分布方面，国内大学在语言测试方面的学位论文数由多到少依次为上海外国语大学、上海交通大学、北京语言大学、华中师范大学、广东外语外贸大学等。在基金分布方面，国家社会科学基金、国家自然科学基金等是所有基金中资助项目数量较多的。在引用率分布方面，引用率较高的学者有许家金、姚颖、王乐、孔文、李清华、曾用强等。

在语言测试的国内外核心研究内容综述方面，效度和信度一直是国内外学者研究的核心。国内外学者已经形成了分门别类的研究体系，研究范围包括测试的社会、语用和评分研究，测试的产出导向研究，英语能力等级量表研究，测试反拨效应研究，测试理论及后效研究，英语教学和评级的测试研究，以及英语考试问题研究等。

国内外的语言测试研究已经表明，多效应因素均可能对测试产生影响，具体包括测试性质、测试强度、测试方式、被试接受度、教学环境、教师态度、教学经验、学生动机、学习策略等。随着语言测试研究的深入，将有更多的影响因素被纳入评估体系中。大数据时代的到来要求语言测试方法实现跨领域应用，波动数据评估是由此衍生出来的新的研究方法。

在理论构建部分，我们通过借鉴传统语言测试标准化分数体系实现了对波动数据标准化分数体系的有效构建。问题导入、研究框架、研究内容、重点难点及问题解决这五个部分组成了波动数据标准化分数体系。

波动数据评估体系由五个波动因子和三个波动分数构成。波动因子包括价能、量能、购能、沽能、惑能；波动分数包括区间分数、偏差分数和评估分数。这些引入的波动数据评估参数都是基于常规语言测试的数据评估方法发展而来的。

数据评估的应用路径包括语言测试的计算视角、语言计算与数据评估视角、标准化分数体系的多维应用。在具体研究中，我们对创新提出的惑能、区间分数、偏差分数和评估分数进行了计算量化，并根据期权波动数据特点对相关计算公式进行了解释，这些公式在后续研究中也都得到了验证。

第 3 章讨论了语言测试分析中所涉及的关键词，具体包括均值、中位数、众数、正偏态、负偏态、正态分布等。在研究中，正态分布曲线的各部分占比是我们讨论的重点。

在分布曲线的概率计算中，以均值为中轴的正负分布呈现为镜像关系。从均值到正无穷的方向来看，概率水平呈现出由大到小的排序，分别对应的概率是 34.1%、13.6%、2.15%、0.15%，每个概率对应的区间分别是：均值（μ）到正一个标准差（$\mu+\sigma$），正一个标准差（$\mu+\sigma$）到正两个标准差（$\mu+2\sigma$），正两个标准差（$\mu+2\sigma$）到正三个标准差（$\mu+3\sigma$），以及正三个标准差以上。

此外，我们还讨论了能力测试计算评估和成绩测试计算评估，并约定在能力测试的近似正态分布曲线中，概率占比与正态分布曲线大体上一致（误差忽略）。这个假定在后续研究中已经得到有效的数据证明。

第 4 章主要讨论了标准差的概念、公式和函数计算，标准差在数据评估中的应用，以及"三个标准差原则"。

标准差的概念、公式和函数对数据评估有重要作用。在概念方面，标准差是反映变量离散程度的指标，标准差越大，个体间的变异程度越大，数据分布的离散程度越高。在公式确定方面，样本标准差是各变量值与均值之差平方之后再取和，所得的值除以样本规模（减去 1），最后所求得的平方根。在函数计算方面，标准差的函数为"=stdev（A1：

An）"，其中，"="代表函数式；"stdev"代表 standard deviation，"（A1：An）"表示从 A1 数据到 An 数据的采样区间。

标准差在数据评估中的应用主要采用了研究生学期考试成绩。在四个班级的研究生成绩评估中我们发现，研究生课程考试属于成绩测试的一部分，难度系数较小，考生测验分数较高，如果研究生考试分数的离散程度较低，则标准差也较小。标准差的数据变化体现了不同研究生班级分数的离散程度。

三个标准差原则与标准差分布相关。通常情况下，在正态分布曲线中，正负方向的标准差分布是对称的。在正方向，从均值到正一个标准差的数据占比是 34.1%；正一个标准差到正两个标准差的数据占比是 13.6%；正两个标准差到正三个标准差的数据占比是 2.15%；正三个标准差以上的数据占比大约在 0.15%。在负方向，从均值到负一个标准差的数据占比是 34.1%；负一个标准差到负两个标准差的数据占比是 13.6%；负两个标准差到负三个标准差的数据占比是 2.15%；负三个标准差以下的数据占比大约在 0.15%。不同标准差区间的概率水平差异成为我们进行数据评估的重要的理论支撑。

第 5 章分析了传统语言测试中标准化分数体系的构建。在参数选定方面，我们重点讨论了原始分数、百分等级、标准分数和导出分数。

原始分数是数据采集的第一步，是标准化分数体系构建的初始数据。同一次采样中的原始分数是可以进行比较的，但是跨时间和跨领域的原始分数是不能进行比较的。例如，同一次考试中，90 分比 85 分要高，预示着两个被试的能力可以进行比较。但不同考试中 90 分的被试未必比 85 分的被试的能力水平要高，试卷的难度系数、测试范围不同都会导致原始分数在能力测试方面的失真。

百分等级是为了更好地对比分析原始分数而提出的概念，公式 $PR=100 - (100R-50)/N$ 表明，自大到小的排序 R 和总数据量 N 对百分等级的计算至关重要。作为对比概念的参数，百分等级表达的是低于某一个数据值的数据占比。例如，$PR_{85}=90$ 表达的是原始分数是 85 分，其在数据集中的相对位置是 90%，即数据集中有 90%的数据值是低于原始分数 85 分的。百分等级在原始分数的基础上提供了比较概念。

标准分数是针对百分等级只有比较意义而没有计算意义而提出的概念。在正态分布曲线中，标准分数是离均差与标准差之比，公式 $Z=(x-x')/s$ 表达了这种概念。标准分数的引入实现了不同时间区间、不同难度测验、不同计算单位分数之间的分数对比和计算。这是标准化分数体系构建最为核心的概念。例如，假定被试在连续三年的测验中（呈正态分布）的原始分数分别是 80、92、90，对应的每次考试的平均分是 82、86、88，对应的标准差是 5、2、5，那么该被试的标准分数分别是 $Z_1=$（80–82）/5=–0.4, $Z_2=$（92–86）/2=3，$Z_3=$（90–88）/5=0.4，该被试的平均标准分数是 $Z=$（–0.4+3+0.4）/3=1，即该被试平均标准分数是 1，处于正一个标准差位置。

导出分数是针对标准分数中的负值和零的问题而提出的概念。为了消除标准分数中的零和负值，导出分数实现了线性转换，通过两个常数来改变标准分数的数值。在导出分数公式 AZ+B 中，A 和 B 都是人为设定的常数，只要保证 B 是 A 的 4 倍或以上就可以消除负数。TOEFL、HSK 等标准化考试都采用了导出分数的评估方法。

传统语言测试中标准化分数体系的构建主要围绕原始分数、百分等级、标准分数和导出分数的计算评估而展开。这些数据评估参数的有效实施为后期的波动数据评估提供了有效的数据理论支撑。

第 6 章分析了传统语言测试中的题目难度和区分度，尤其对相关系数（即相关度）的概念分析和计算评估进行了重点讨论。

在题目难度计算中，单项选择（二值计分）的题目难度计算等于被试答对人数与总人数之比。例如，100 人中有 60 人答对了选择题，则题目难度为 0.6。问答题作为非二值计分的题目，其难度计算等于被试答对题目的平均分与题目满分之比。例如，10 分问答题中答对人数的总平均分是 5.8 分，则题目难度为 0.58。对比可知，问答题的难度要比选择题大。试卷中所有题目的平均难度就是组卷的总难度。

区分度是用来评估被试能力水平的重要参数。好的测试一般具有较高的区分度，能够实现对被试能力的有效区分。选择题中，答对率和答错率的乘积是最简单的区分度计算方法（方法差），难度适中的选择题区分度最大，过难或者过易都会降低区分度。

二值计分题目（如选择题）与总分的区分度计算采用点双列相关系数。该系数的计算分为三步，首先是计算（答对者总分平均分–答错者总分平均分）/总分标准差，其次是计算（答对人数/总人数）×（答错人数/总人数），然后开方，最后是两组计算结果的乘积，这就是点双列相关系数的区分度结果。例如，答对者总分平均分是 63.34，答错者总分平均分是 63.17，总分标准差是 7.88，总人数为 126 人，答对者 56 人，答错者 70 人。第一步计算（63.34–63.17）/7.88=0.0216；第二步计算（56/126）×（70/126），开方值为 0.4969；第三步计算 0.0216×0.4969=0.0107。

　　非二值计分题目（如问答题）与总分的区分度计算以及两组题目间的区分度计算都采用皮尔逊积矩相关系数。在 EXCEL 表格的嵌套函数中，皮尔逊积矩相关系数的函数是"=correl（数组 1 区域，数组 2 区域）"。在"数组 1 区域"中，我们采用"A1：An"表示从 A1 数据开始采用，截至 An 数据，其间所有数据都纳入数组 1 区域。在"数组 2 区域"，我们采用"B1：Bn"表示从 B1 数据开始采用，截至 Bn 数据，其间所有数据都纳入数组 2 区域。这样，我们就可以完成两组数据之间的相关度计算，函数"=correl（A1：An，B1：Bn）"的计算值就代表了两组数据的区分度。这种数据评估方法为不同数组之间的相关度计算提供了有效的数据支撑。

　　第 7 章主要讨论了波动数据的计算评估。

　　波动数据是我们相对于传统语言测试数据而提出的概念。在语言测试中，我们默认语言能力在一定周期内（一般认为是两年）是相对稳定的。在此周期内的有关语言能力的数据评估通常具有较好的信度。所以，语言测试数据在这个周期内是一种相对稳定的状态。波动数据则是相对于这种静态数据而存在的动态数据，具有每日更新、波动无序的特点。在真实的数据评估中，语言测试设定的相对静止的数据是理论化特征比较明显的，而动态波动的数据则是在现实中比较普遍的现象。为了验证传统语言测试中数据评估方法的普遍性和广泛性，我们选定了具有客观性、科学性、对冲性的期权价格（上证 50ETF）数据为波动数据采样集，以保证数据的真实性和可验证性。

　　数据能够产生波动必然离不开能量的更迭。为此，我们引入了价能、量能、购能、沽能、惑能五个数据波动因子，并借鉴传统语言测试数据评估方法对这些波动因子的短期（月度）波动、中期（季度）波动、长期（年度）波动进行了数据评估。

　　价能评估是对波动价格能量的评估。期权标的每天收盘价是价能波动数据的采样集。这些数据类似传统语言测试中的原始分数。

　　量能评估是对波动交易量的评估。期权市场每天买卖不定，交易量处于波动起伏的状态。我们以每天收盘给出的交易总量作为量能数据采样集。

　　购能评估是对波动价格看涨的总能量的评估。看涨期权表达了对未来交易的看多预期。期权合约价格作为加权系数而存在，看涨期权持仓量越大，看涨的预期越强烈，看涨能量也越强大。某一交易日的购能是交易日当天所有看涨期权合约看涨加权持仓量的总和，是每一个看涨期权持仓量与期权价格乘积的总和，即Σ（看涨期权持仓量×期权价格）。

沽能评估是对波动价格看跌的总能量的评估。沽仓是购仓的对冲，是对价格走势看跌的市场表达。波动数据之所以发生上下波动，主要就在于不同的投资者通过购买不同的仓位来对冲获取利润。购仓占据主流，价格波动向上；沽仓占据主流，价格波动则向下。在采集沽能数据时，我们将沽仓持仓量与各自价格之积进行累加就得到沽能数据，即Σ（看跌期权持仓量×期权价格）。

惑能评估是对沽能与购能之比的评估。惑能是我们提出的对冲概念，用于判断数据波动的方向和幅度，揭示驱动市场波动的动因。

不同区间的数据评估验证了传统语言测试的数据评估方法的有效性。在数据采集中，我们把 22 个交易日数据的月度评估作为短期数据评估区间，把 66 个交易日的季度评估作为中期数据评估区间，把 264 个交易日的年度评估作为长期数据评估。在此基础上，我们实现了对价能、量能、购能、沽能、惑能的多区间数据评估。传统语言测试中的均值、中位数、正负一个标准差、正负两个标准差、正负三个标准差、百分等级、标准分数和导出分数等概念均可用于波动数据评估中。

波动数据评估结果证明五个波动因子的波动数据形成的是近似正态分布曲线。在波动数据的概率分布中，正方向上基本符合 34.1%（均值到正一个标准差）、13.6%（正一个标准差到正两个标准差）、2.15%（正两个标准差到正三个标准差）、0.15%（正三个标准差以上）的数据分布概率。负方向形成的是与正方向对称的镜像关系。

基于真实期权交易得出的"三个标准差原则"，创新性地推动了波动数据的有效评估，验证了语言测试方法的广泛适用性。

第 8 章主要讨论了波动因子和波动分数与价格相关系数的计算，并实现了波动数据多分数评估体系的应用。从分类来看，波动因子包括价能、量能、购能、沽能和惑能，波动分数则包括区间分数、偏差分数、评估分数。

在波动因子相关系数的计算评估中，我们发现以价能波动数据为基点展开的因子间短期（月度）相关系数比中期（季度）相关系数和长期（年度）相关系数具有更高的显著度。在价格相关的短期数据评估中，惑能和沽能表现最显著，购能表现次之，量能表现最弱。

数据评估结果证明，随着数据评估区间的拉长（短期—中期—长期），各个波动因子对价格波动的影响呈现下降趋势并最终进入无关联阶段。所以，波动数据对价格影响最大的是短期（月度）波动，其次是中期

（季度）波动，最小的是长期（年度）波动。波动数据评估集在 22 个交易日数据为代表的短期阶段具有更好的有效性和科学性。这与传统语言测试的数据采集区间具有差异性。

在波动分数的计算评估中，我们发现区间分数、偏差分数、评估分数具有较好的数据评估效率。

区间分数是我们引入的对惑能进行深入评估的波动分数，即以惑能 22 日均值为单位衡量的当日惑能与 22 日均值的距离。

偏差分数是以区间分数标准差为单位衡量的当日区间分数与 22 日区间分数均值的距离，从标准分数角度来说，偏差分数是区间分数的标准分数。

评估分数是区间分数与 22 日区间标准差的实时比，即以 22 日区间分数标准差为单位衡量的当日区间分数情况。

在波动分数的规律性探索方面，我们发现在短期（月度）的数据评估中，价能标准分数与区间分数、偏差分数和评估分数形成的是波动方向的镜像关系。区间分数和评估分数具有更大的概率优势先于价能标准分数提示价格波动的方向。

在波动数据多分数评估体系应用中，我们的研究仍集中在显著度最大的短期（月度）数据评估中。在具体实施中，我们讨论了八个参数，分别是价能标准分数、量能标准分数、购能标准分数、沽能标准分数、惑能标准分数、偏差分数（区间分数的标准分数）、区间分数、评估分数。

在以价能波动数据为基点展开的数据评估中，所有的参数都获得了价格波动的相关度计算，关联度由大到小依次为：价能波动数据与价能标准分数完全相关（1，正向）；与惑能标准分数极强相关（–0.9066，负向）；与区间分数极强相关（–0.9061，负向）；与评估分数极强相关（–0.8337，负向）；与沽能标准分数极强相关（–0.8282，负向）；与购能标准分数强相关（0.7971，正向）；与偏差分数强相关（–0.7279，负向）；与量能标准分数不相关（–0.0849，负向）。

八个分数在波动方向拟合度方面（即利用数值的正负区间变化判定波动区间，在标准分数中均值以上的数值为正区间波动，均值以下的数值为负区间波动）共形成了四种拟合关系：

（1）与价格正负区间波动一致的完全拟合关系（价能标准分数与购能标准分数）；

（2）先于价格正负区间波动的预见性拟合关系（价能标准分数与惑能标准分数、区间分数和评估分数）；

（3）波动不稳定的部分拟合关系（价能标准分数与沽能标准分数、偏差分数）；

（4）无拟合关系（价能标准分数与量能标准分数）。

总之，我们借鉴传统语言测试理论的数据评估方法对期权波动数据进行了有效评估，实现了对波动数据的规律性探索。研究结果表明 22 个交易日的短期（月度）数据评估具有最优的数据评估效率；价能标准分数、惑能标准分数、区间分数、评估分数、偏差分数在期权价格波动区间转换的预见性方面具有概率优势。波动数据评估开拓了语言测试标准化分数体系理论实践化的新领域，展望了大数据评估的广阔应用前景。

参 考 文 献

陈海强，范云菲. 2015. 融资融券交易制度对中国股市波动率的影响：基于面板数据政策评估方法的分析. 金融研究，（6）：159-172.

陈坚林. 2000. 现代英语教学：组织与管理. 上海：上海外语教育出版社.

陈菁. 2002. 从 Bachman 交际法语言测试理论模式看口译测试中的重要因素. 中国翻译，（1）：51-53.

陈晓扣. 2007. 论语言测试的反拨作用. 解放军外国语学院学报，（3）：40-44.

戴书琦. 2023. 新汉语水平考试六级真题阅读部分内容效度研究. 上海外国语大学硕士学位论文.

邓力. 2017. 上证 50ETF 期权隐含波动率曲面：建模及实证研究. 投资研究，（2）：124-146.

杜家利，于屏方. 2022. 基于实例的上证 50ETF 期权 Fibonacci 数列的计算术语学研究. 中国科技术语，（4）：25-44.

方艳，张元玺，乔明哲. 2017. 上证 50ETF 期权定价有效性的研究：基于 B-S-M 模型和蒙特卡罗模拟. 运筹与管理，（8）：157-166.

高旭阳，盛雅乔. 2023. 语言教师评价素养：内涵、框架与展望. 外语研究，（6）：44-51，112.

辜向东. 2023. 语言测试研究. 山东外语教学，（3）：12.

韩宝成. 1995. Lyle F. Bachman 的语言测试理论模式. 外语教学与研究，（1）：55-60.

韩宝成. 2000. 语言测试：理论、实践与发展. 外语教学与研究，（1）：47-52.

韩宝成. 2002. 高校学生英语能力测试改革势在必行. 外语教学与研究，（6）：410-411.

韩宝成. 2003. 语言测试的新进展：基于任务的语言测试. 外语教学与研究，（5）：352-358，401.

韩宝成，戴曼纯，杨莉芳. 2004. 从一项调查看大学英语考试存在的问题. 外语与外语教学，（2）：17-23.

韩乔木. 2022. 基于上证 50ETF 期权的国内恐慌指数编制及应用. 河北地质大学硕士学位论文.

何莲珍，张娟. 2019. 中国语言测试之源与流. 浙江大学学报（人文社会科学版），（6）：29-38.

何莲珍，张娟. 2022. 语言测试的公平性：内涵、公平观及研究启示. 外语教学与研究，（1）：79-89，160.

何莲珍，张杨，王敏. 2023. 读后续写的测试学研究：现状与趋势. 语言测试与评价，（1）：1-11，121.

何志远. 2021. 基于跳跃扩散模型的上证 50ETF 期权定价及动态对冲研究. 贵州大学硕士学位论文.

贺显斌. 2021. 近三十年语言测评教学研究述介. 外语测试与教学, （1）: 54-60.

黄大勇, 杨炳钧. 2002. 语言测试反拨效应研究概述. 外语教学与研究, （4）: 288-293.

黄大勇, 殷艳. 2022. 语言测试的后效效度: 核心地位与评估模式. 外语界, （6）: 90-96.

黄金波, 王天娇. 2024. 无模型隐含波动率的信息含量与定价能力: 基于上证 50ETF 期权的实证研究. 统计研究, （3）: 115-128.

金艳. 2006. 提高考试效度, 改进考试后效: 大学英语四、六级考试后效研究. 外语界, （6）: 65-73.

金艳. 2010. 体验式大学英语教学的多元评价. 中国外语, （1）: 68-76, 111.

金艳, 孙杭. 2020. 中国语言测试理论与实践发展 40 年: 回顾与展望. 中国外语, （4）: 4-11.

金艳, 吴江. 2009. 大学英语四、六级网考的设计原则. 外语界, （4）: 61-68.

鞠全永. 2016. 上证 50ETF 期权定价与交易策略的实证分析. 山东大学硕士学位论文.

李迪. 2021. 语言测试公平性检验量表研制与效度验证. 外语界, （1）: 88-95.

李凤竹. 2018. 基于二叉树模型的我国上证 50ETF 期权定价实证分析. 现代商业, （8）: 95-96.

李金泽. 2022. 隐含波动率、偏度、峰度对标的预测与策略研究: 基于上证 50ETF 期权及其标的. 上海财经大学硕士学位论文.

李晶. 2023. 基于 GARCH 模型的上证 50ETF 期权风险对冲策略研究. 经济问题, （3）: 68-75.

李炯英. 2002. 中国现行大学英语四、六级考试: 问题与思考: 兼评国内外相关研究. 外语教学, （5）: 33-38.

李炯英, 戴秀珍. 2001. 从 i+1 理论谈大学英语分级教学的语言输入. 山东外语教学, （1）: 54-58.

李坤昊, 秦学志. 2023. 基于随机波动率状态转移特征的上证 50ETF 期权定价. 运筹与管理, （7）: 162-169.

李清华. 2006. 语言测试之效度理论发展五十年. 现代外语, （1）: 87-95, 110.

李绍山. 2005. 语言测试的反拨作用与语言测试设计. 外语界, （1）: 71-75.

李小荣. 2014. 提高统计数据评估和质量控制的对策. 考试周刊, （61）: 194.

李邢军. 2016. 上证 50ETF 期权对我国股票市场波动性影响的实证研究. 时代金融, （11）: 145-146.

李永红, 张淑雯. 2018. 数据资产价值评估模型构建. 财会月刊, （9）: 30-35.

李宇明, 朱海平. 2020. 论中国语言测试学的发展. 语言文字应用, （3）: 59-68.

李志勇, 余湄, 汪寿阳. 2022. 方差风险溢价和收益率预测: 来自上证 50ETF 期权市场的证据. 系统工程理论与实践, （2）: 306-319.

梁茂成, 文秋芳. 2007. 国外作文自动评分系统评述及启示. 外语电化教学, （5）: 18-24.

林航, 刘立新. 2021. 波动率建模新视角: 无套利局部波动率曲面: 以上证 50ETF 期权市场为例. 金融理论与实践, （6）: 9-20.

刘宝权, 范劲松. 2020. 基于教师看法的高风险语言测试改革成效调查研究: 以英语专业八级考试为例. 外语界, （2）: 20-26.

刘洪，黄燕. 2007. 我国统计数据质量的评估方法研究：趋势模拟评估法及其应用. 统计研究，（8）：17-21.

刘洪，黄燕. 2009. 基于经典计量模型的统计数据质量评估方法. 统计研究，（3）：91-96.

刘建达. 2006. 中国学生英语语用能力的测试. 外语教学与研究，（4）：259-265，319.

刘建达. 2015. 我国英语能力等级量表研制的基本思路. 中国考试，（1）：7-11，15.

刘建达，贺满足. 2020. 语言测试效度理论的新发展. 现代外语，（4）：565-575.

刘琦，童洋，魏永长，等. 2016. 市场法评估大数据资产的应用. 中国资产评估，（11）：33-37.

刘亚明，樊鹏英，陈敏. 2017. 我国股指期权对现货市场的波动性影响研究. 数学的实践与认识，（4）：45-51.

刘勇，白小滢. 2020. 投资者情绪、期权隐含信息与股市波动率预测：基于上证 50ETF 期权的经验研究. 证券市场导报，（1）：54-61.

刘玉兰，李姗. 2017. 上证 50ETF 期权定价实证研究：基于 B-S 期权定价公式. 中国商论，（33）：22-24.

罗凯洲. 2019. 整体效度观下语言测试四种效度验证模式：解读、评价与启示. 外语教学，（6）：76-81.

倪中新，郭婧，王琳玉. 2020. 上证 50ETF 期权隐含波动率微笑形态的风险信息容量研究. 财经研究，（4）：155-169.

亓鲁霞. 2011. 语言测试的反拨效应理论与实证研究. 外语教学理论与实践，（4）：23-28.

亓鲁霞. 2012. 语言测试反拨效应的近期研究与未来展望. 现代外语，（2）：202-208，220.

宋焕两. 2015. 上证 50ETF 期权定价方法的研究. 山东大学硕士学位论文.

苏志伟，王小青. 2016. 股票期权推出对股票市场波动性影响研究. 价格理论与实践，（11）：118-121.

孙有发，郭婷，刘彩燕，等. 2018. 股灾期间上证 50ETF 期权定价研究. 系统工程理论与实践，（11）：2721-2737.

唐雄英. 2005. 语言测试的后效研究. 外语与外语教学，（7）：55-59.

陶利斌，邹洋，潘婉彬. 2022. 期权市场价格发现能力的决定因素研究：基于上证 50ETF 期权高频数据的实证分析. 投资研究，（7）：90-105.

田冬梅. 2022. 上证 50ETF 期权价格运动趋势预测：基于信息融合算法. 中国计量大学硕士学位论文.

佟悦，殷树林. 2023. 语言测试成绩导出分数的算法优化与模型构建. 外语学刊，（4）：82-90.

万谍，田毅. 2023. 期权交易量能预测波动率吗：来自上证 50ETF 期权的证据. 系统工程理论与实践，（3）：755-771.

王华，金勇进. 2009. 统计数据准确性评估：方法分类及适用性分析. 统计研究，（1）：32-39.

王静，王娟. 2019. 互联网金融企业数据资产价值评估：基于 B-S 理论模型的研究. 技术经济与管理研究，（7）：73-78.

王苏生，许桐桐，王俊博，等. 2017. 上证 50 股指期货、ETF 期权与 ETF 市场的价格发现能力对比分析. 运筹与管理，（9）：127-136.

王肖竹. 2022. 国际汉语教师语言测评素养研究：现状调查与发展建议. 上海外国语大学硕士学位论文.

王振亚. 1990. 社会文化测试分析. 外语教学与研究，（4）：32-36，80.

危泽华. 2022. 中国期权市场有效性研究：基于上证 50ETF 期权的定价效率分析. 浙江大学硕士学位论文.

吴国维. 2015. 股票指数 ETF 期权推出对中国股票市场波动性的影响：基于上证 50ETF 期权高频数据的实证分析. 中国经贸导刊，（14）：37-38.

吴鑫育，李心丹，马超群. 2019. 基于随机波动率模型的上证 50ETF 期权定价研究. 数理统计与管理，（1）：115-131.

吴鑫育，王珍，马超群. 2022. 经验定价核、风险厌恶与时间偏好：来自上证 50ETF 期权数据的经验证据. 数理统计与管理，（4）：735-748.

吴鑫育，赵凯，李心丹，等. 2019. 时变风险厌恶下的期权定价：基于上证 50ETF 期权的实证研究. 中国管理科学，（11）：11-22.

吴鑫育，姜晓晴，李心丹，等. 2024. 基于已实现 EGARCH-FHS 模型的上证 50ETF 期权定价研究. 中国管理科学，（3）：105-115.

熊熊，刘勇. 2017. 上证 50ETF 期权动态 Delta 对冲策略及其实证检验. 重庆理工大学学报（自然科学），（9）：182-187.

徐鹰，邓雅玲. 2023. 大规模语言测试翻译任务内容效度研究：以 CET 为例. 山东外语教学，（3）：26-37.

许涤龙，叶少波. 2011. 统计数据质量评估方法研究述评. 统计与信息论坛，（7）：3-14.

许桐桐. 2018. 上证 50ETF 期权、股指期货的价格发现及影响因素研究. 哈尔滨工业大学博士学位论文.

杨东晓. 2017. 股指期货、期权功能的动态研究：基于时变性的价格发现、波动溢出、隐含波动率实证分析. 山东大学博士学位论文.

杨惠中. 1999. 语言测试与语言教学. 外语界，（1）：16-25.

杨惠中. 2003. 大学英语四、六级考试十五年回顾. 外国语（上海外国语大学学报），（3）：21-29.

杨惠中，桂诗春. 2007a. 语言测试的社会学思考. 现代外语，（4）：368-374，437.

杨惠中，桂诗春. 2007b. 制定亚洲统一的英语语言能力等级量表. 中国外语，（2）：34-37，64.

杨莉芳. 2023. 融合思辨能力与跨文化能力的语言测试任务效度：考生视角. 中国外语，（5）：57-68.

杨莉芳，王婷婷. 2022. 基于复合型构念的语言测试任务效度研究：评分结果与过程. 外语界，（6）：81-89.

杨小玄. 2016. 基于中国股票市场的波动率及期权研究. 对外经济贸易大学博士学位论文.

杨晓辉，王裕彬. 2019. 基于 GARCH 模型的波动率与隐含波动率的实证分析：以上证 50ETF 期权为例. 金融理论与实践，（5）：80-85.

杨远健. 2015. 上证 50ETF 期权的实证研究. 安徽财经大学硕士学位论文.

于恺昕. 2024. 探究金融数学技巧在期权定价中的应用. 市场瞭望, （1）：43-45.

于长福，陈婷婷. 2016. 基于 B-S 模型的上证 50ETF 期权定价的实证研究. 金融理论与教学, （2）：7-11.

余湄，许再琳，殷方盛，等. 2023. 不同投资者情绪下期权隐含信息的优化作用：基于上证 50ETF 期权的分析. 管理评论, （7）：43-55.

袁雪寒，韩宝成. 2023. 语言测试的混合方法研究：原则、应用与问题. 外语与外语教学, （6）：40-49，146.

袁毓林. 2024. 如何测试 ChatGPT 的语义理解与常识推理水平？：兼谈大语言模型时代语言学的挑战与机会. 语言战略研究, （1）：49-63.

张娟，何莲珍. 2022. 语言测试的公平性：中国考试文化回眸. 中国考试, （1）：45-52.

张凯. 2013. 语言测试概论. 北京：商务印书馆.

张昆. 2017. 基于 BS 模型的上证 50ETF 期权实证研究. 中国商论, （25）：169-171.

张培欣，范劲松，贾文峰. 2021. 国际语言测试研究热点与趋势分析（2008—2018）. 外语教学与研究, （4）：618-627，641.

张文慧. 2016. 上证 50ETF 期权对现货市场影响的实证研究. 新疆财经大学硕士学位论文.

张文娟. 2017a. "产出导向法"应用于大学英语教学之行动研究. 北京外国语大学博士学位论文.

张文娟. 2017b. "产出导向法"对大学英语写作影响的实验研究. 现代外语, （3）：377-385，438-439.

张艳莉，孔傅钰. 2021. 高风险语言测试的反拨效应：对考教学一体化的启示. 外语电化教学, （3）：76-82，108，12.

张志刚，杨栋枢，吴红侠. 2015. 数据资产价值评估模型研究与应用. 现代电子技术, （20）：44-47，51.

郑磊，关文雯. 2016. 开放政府数据评估框架、指标与方法研究. 图书情报工作, （18）：43-55.

周玉琴，朱福敏. 2016. 大数据背景下我国上证 50ETF 期权定价研究. 东北农业大学学报（社会科学版）, （3）：20-31.

邹申. 2001. 试论口语测试的真实性. 外语界, （3）：74-78.

邹申. 2003. 语言教学大纲与语言测试的衔接：TEM8 的设计与实施. 外语界, （6）：71-78.

Bachman L F. 1990. *Fundamental Considerations in Language Testing*. Oxford: Oxford University Press.

Bachman L F. 2000. Modern language testing at the turn of the century: Assuring that what we count counts. *Language Testing*, 17(1): 1-42.

Bachman L F. 2004. *Statistical Analyses for Language Assessment*. Cambridge: Cambridge University Press.

Bachman L F, Cohen A D. 1998. *Interfaces Between Second Language Acquisition and Language Testing Research*. Cambridge: Cambridge University Press.

Bachman L F, Palmer A S. 1996. *Language Testing in Practice: Designing and Developing Useful Language Tests*. Oxford: Oxford University Press.

Brunfaut T. 2023. Future challenges and opportunities in language testing and assessment:

Basic questions and principles at the forefront. *Language Testing*, 40(1): 15-23.

Burton J D. 2023. Reflections on the past and future of language testing and assessment: An emerging scholar's perspective. *Language Testing*, 40(1): 24-30.

Davies A. 1990. *Principles of Language Testing*. Oxford: Blackwell.

Davies A. 2003. Three heresies of language testing research. *Language Testing*, 20(4): 355-368.

Green A. 2006. Watching for washback: Observing the influence of the international English language testing system academic writing test in the classroom. *Language Assessment Quarterly*, 3(4): 333-368.

Green A. 2007. *IELTS Washback in Context: Preparation for Academic Writing in Higher Education*. Cambridge: Cambridge University Press.

Harding L, Brunfaut T, Unger J W. 2020. Language testing in the "hostile environment": The discursive construction of "secure English language testing" in the UK. *Applied Linguistics*, 41(5): 662-687.

Harding L, Winke P. 2022. Innovation and expansion in language testing for changing times. *Language Testing*, 39(1): 3-6.

Hoyos Pipicano Y A. 2024. Exploring standardized tests washback from the decolonial option: Implications for rural teachers and students. *Cogent Arts and Humanities*, 11(1).

Kunnan A J. 1998. *Validation in Language Assessment*. Mahwah, NJ: Lawrence Erlbaum Associates.

Kunnan A J. 2000. *Fairness and Validation in Language Assessment: Selected Papers from the 19th Language Testing Research Colloquium, Orlando, Florida*. Cambridge: Cambridge University Press.

Lado R. 1961. *Language Testing: The Construction and Use of Foreign Language Tests*. New York: McGraw-Hill.

Lam B P W, Yoon J. 2023. Dual-language testing of emotional verbal fluency: A closer look at "joy", "sadness", "fear", "anger", and "disgust". *Archives of Clinical Neuropsychology*, 38(1): 91-105.

Latifi S, Gierl M. 2021. Automated scoring of junior and senior high essays using Coh-Metrix features: Implications for large-scale language testing. *Language Testing*, 38(1): 62-85.

Li M Z, Zhang X. 2021. A meta-analysis of self-assessment and language performance in language testing and assessment. *Language Testing*, 38(2): 189-218.

Ma X H. 2024. Enhancing language skills and student engagement: Investigating the impact of Quizlet in teaching Chinese as a foreign language. *Language Testing in Asia*, 14(1): 5-22.

Messick S. 1996. Validity and washback in language testing. *Language Testing*, 13(3): 241-256.

Noori M. 2022. "The road not taken" in language testing: Sociocultural implications of test and teaching contents. *TESOL Quarterly*, 56(4): 1486-1503.

Oller J W, Jr. 1979. *Language Tests at School*. London: Longman.

Read J. 2022. Test review: The international English language testing system (IELTS).

Language Testing, 39(4): 679-694.

Sureeyatanapas P, Sureeyatanapas P, Panitanarak U, et al. 2024. The analysis of marking reliability through the approach of gauge repeatability and reproducibility(GR&R)study: A case of English-speaking test. *Language Testing in Asia*, 14(1): 1-28.

Taylor L. 2013. Communicating the theory, practice and principles of language testing to test stakeholders: Some reflections. *Language Testing*, 30(3): 403-412.

Tschirner E. 2018. Language testing: Current practices and future developments. *Die Unterrichtspraxis*, 51(2): 105-120.

Yeom S, Llosa L. 2024. Comparability of reading tasks in high-stakes English proficiency tests and university courses in Korea. *Language Testing in Asia*, 14(1): 8-23.

后　记

　　大数据研究是第四次工业革命的核心。从 18 世纪到 21 世纪，人类分别经历了机械化、电气化、信息化和智能化的工业发展阶段。以大数据为代表的人工智能正引领新科技发展的潮流。

　　数据计算与评估是透过现象看本质的有效手段。人类的社会活动与各种数据密切关联。数据本身具有可计算性和可评估性。通过对这些数据的科学评估，我们可以将隐藏在数据深处的信息和规律显性化。数据计算与评估催生出了很多基于大数据的新科学研究方法和新学科方向。语言测试和交易计算语言学就是这些众多新生力量中不可忽视的生力军。

　　语言测试是对语言使用中相对静态的语言数据的计算和评估。在语言测试中，无论是信度和效度的分析，还是能力测试与成绩测试等，其讨论都离不开对语言数据的计算和评估。由于语言能力的相对稳定性，测试所获得的数据也具有在一定时期内保持相对稳定的特点。一般情况下，符合国际标准化要求的语言能力测试结果默认的有效期是两年。因此，很多国内外大学都要求申请入学的学生提供两年内的语言能力测试证书以证明其必备的语言能力。

　　波动数据评估是对金融衍生品市场交易（本书中主要讨论期权交易）动态数据的计算和评估。金融衍生品的市场交易长期看是"称重机"，主要对基本面数据进行计算和评估；短期看则是"投票机"，主要对投资者交易情感数据进行计算和评估。情感计算（affective computing）一直以来就是深度学习的关键领域，也是计算语言学研究中不可或缺的研究方向。投资者的交易情感既可以通过其情绪表达得到计算（例如，通过统计分析投资平台中众多投资者的情绪表达来判断市场所处的位置以及可能的市场走向等），也可以通过其在市场中的交易行为得到评估（例如，通过计算分析投资者在交易中的参与深度和广度来判断市场趋势等）。所以，波动数据评估与语言测试具有深度关联性：前者测试的是投资者的情绪表达和交易行为（动态数据），而后者测试的是语言的使用能力（静态数据）。波动数据评估和语言测试共享一些计算和评估的统计方法，这在我们前期研究中已经得到了证实。

交易计算语言学（computational linguistics for trading，CLT）是金融高度发展过程中与衍生品交易情感研究直接相关的应用语言学新方向。语言能力的相对稳定性决定了针对传统语言展开的数据计算和评估通常都是基于静态数据进行的。我们无法想象被试的传统语言能力会在几天之内发生具有区别性特征的变化。但是，在交易计算语言学中，投资者的情绪表达和交易行为却可以在短时间内随着市场波动发生非常显著的动态变化。我们认为，针对金融衍生品交易情感数据展开的计算和评估的复杂性远超出传统语言学研究的范围。这种跨学科、跨领域的创新性研究已经形成了交易计算语言学这样一个全新的应用语言学研究方向。

交易计算语言学对金融衍生品交易情感数据的即时性、准确性、可验证性要求极为严苛。金融衍生品交易情感数据主要分为两大部分：情绪表达数据和交易行为数据。前者的获取主要通过爬虫软件对交易标的投资平台中投资者的情绪表达进行语言文本的收集、分类和评估；后者的获取则通过证券交易所的交易平台进行交易数据的即时跟踪、下载和计算。由于市场交易的复杂性，投资者的情绪表达和最终的交易行为并不具有完全的一致性，也就是说很多投资者虽然在语言上看多，但在操作上是看空的。所以，交易行为数据的权重要远高于情绪表达数据的权重。我们在本书中的波动数据评估就主要侧重的是期权交易行为的数据分析。

交易情感数据的即时性是指在不确定的市场波动中所获取的情绪表达数据和交易行为数据要即时有效。"金鱼的记忆只有 7 秒"，在高杠杆的金融衍生品领域，交易者的情绪和交易行为是变幻莫测的。我们要对这些情绪和行为进行计算和评估，必然要保持与市场的高度一致性，确保纳入我们评估数据库中的数据是即时获得的有效数据。延时数据可能会导致我们的数据评估结果出现迥异的情况。研究证明，日线级别的数据是我们可以获得的适合研究的最为客观和即时有效的数据。

交易情感数据的准确性是指纳入情绪表达数据库和交易行为数据库中的数据要保持准确性。在期权交易中，新月份挂牌的合约通常有 5 个行权价格合约，包括 1 个平值合约、2 个虚值合约和 2 个实值合约。而交易通常包括 4 个月份的合约，即当月合约、下月合约、下季合约、隔季合约。这就意味着期权市场至少包含 20 个不同月份和不同行权价格的合约。随着市场波动和除权除息的出现，加挂合约不断涌现，致使市场上同时上市交易的期权合约数量有时多达 100 多个。这就要求我们准确有效地对这些共现合约都完成情绪表达数据和交易行为数据的收集整理和计算评估。巨大的计算工作量必须在计算机的帮助下完成。准确性是保证我们客观数据分析的前提。

交易情感数据的可验证性是指我们在一定模式下展开的计算和评估具有可重复性。在传统语言学研究中，被试取样的差异性常导致语言测试结果出现不可验证的情况，不同的被试对类似问题的回答常出现显著性差异（例如独立 t 检验的适用），或者相同被试在不同时期对类似问题的回答也可能出现显著性差异（例如配对 t 检验的适用）。但在金融衍生品市场交易中，情绪表达数据和交易行为数据都是公之于天下的，每个人都可以获取到一致性的数据。这些数据没有秘密可言。而且这些数据的分析结果与当时的市场波动方向是否一致只有一个结果：要么相同，要么相反。例如，我们基于情绪表达数据和交易行为数据展开的研究证明交易情感是指向上涨的，而当天市场恰好出现了上涨，那么这种计算评估与市场波动就形成了正相关，是正确的；反之，则证明我们的判断是错误的。数据的公开性和交易计算评估方法的可重复性必然带来交易情感数据的可验证性。

交易计算语言学可提供一定的交易先验性概率优势。我们在基于期权数据展开的研究中发现，作为金融衍生品的期权交易涵盖了很多可用于未来交易的数据，这也决定了交易计算语言学的计算评估结果可能先于股票标的指向市场价格波动的方向。股票价格通常都是对股票标的当下价格波动的一致性表现。期权价格则是对期权标的价格在当月、下月、下季度、隔季度的价格波动的预期性表现。股票的每日收盘价只有一个，期权每日收盘时相关的价格却包括 3 个：期权标的收盘价格、期权合约收盘价格、期权行权价格。期权标的收盘价格是所有期权合约参照的标的价格（例如，2024 年 9 月 6 日收盘时上证 50ETF 的收盘价是 2.351，这个价格就是上证 50ETF 的期权标的价格，所有上证 50ETF 期权的合约内在价值和时间价值都以该价格为参照进行计算）。期权合约收盘价格是某一个上证 50ETF 期权合约在收盘时具有的价格（例如，2024 年 9 月 6 日收盘时期权合约 50ETF 购 12 月 2250 的收盘价格是 0.1385，即购买一份该看涨合约需要支付的价格是 1385 元）。期权行权价格是指多空双方在未来某个时间点进行交割的价格（例如，2024 年 9 月 6 日收盘时期权合约 50ETF 购 12 月 2250 的行权价格是 2.250，即在 3 个月以后的行权日多空双方按照上证 50ETF 的 2.250 元价格对该合约进行交割）。由此可以看出，期权是极其复杂的对未来预期的交易，基于期权数据的计算和评估所得到的结果可以在一定程度上先于股票指向期权标的未来的波动方向。这也是期权被称为"金融衍生品皇冠上的明珠"的魅力所在。

　　交易计算语言学是理论和实践结合极其紧密的学科。首先，交易计算语言学的理论性要求我们对金融衍生品交易情感的计算要在一定的理论指导下进行，这种理论指导既包括证券交易理论，也包括语言学理论，其对应的数据是我们从金融衍生品投资平台抓取的投资者情绪表达的语言数据。其次，交易计算语言学的实践性要求我们深度参与金融衍生品的实践交易，获得第一手交易数据，反复验证交易系统的有效性，其对应的数据是我们从证券交易中所获取的投资者交易行为的交易数据。交易计算语言学的目标是最终在投资者情绪表达和交易行为之间搭建一个横跨语言计算理论和交易实践评估的桥梁。对于一个合格的交易计算语言学研究者来说，既要有深厚的语言计算的理论知识，又要有丰富的金融衍生品实盘交易的经验。

　　情感计算的漫漫求索路飘然而过，转瞬已是二十余年。

　　情感计算的理论研究始于 2003 年。从 2003 年攻读硕士研究生开始，我便致力于情感的理论计算和评估，包括硕士阶段的计量文体学研究（文本花园幽径现象研究）、博士阶段的计算语言学研究（句法花园幽径现象研究）、博士后阶段的计算术语学研究（大数据名词的计算与评估）。这些研究都是基于静态数据的理论计算和评估，无论是文本研究、句法研究还是大数据名词研究，这些计算数据都具有在一定时期内保持稳定的特性。硕士、博士、博士后阶段的研究夯实了我在情感计算方面的理论基础。在这个理论研究阶段，我出版了 15 部专著（含合著），发表了 110 多篇文章（含合作），主持完成了包括国家部委重大项目、国家社会科学基金重点项目、国家社会科学基金一般项目等省部级以上项目 13 项，荣获了教育部第八届高等学校科学研究优秀成果奖（人文社会科学）二等奖、广东省第八届哲学社会科学优秀成果奖二等奖等省部级奖励 9 项，并在 2016 年获国家公派至雅典大学时得到国家领导人的接见。理论研究的丰硕成果支撑我完成了职称系列的晋级（助教、讲师、副教授、教授），以及导师系列的晋级（本科生导师、硕士生导师、博士生导师）。

　　情感计算的交易实践始于 2015 年。这一年是我们进行情感计算研究的分水岭。当年 2 月 9 日，我国首只金融衍生品股票期权（上证 50ETF 期权）开始上市交易。此后近十年的时间中，我们一直致力于期权交易投资者情绪表达的语言数据库建设和数据调试，以及投资者交易行为的交易数据库建设和数据调试。基于金融衍生品期权交易动态数据展开的情感计算不同于理论分析，纳入数据库的数据必须具有即时性、准确性和可验证性。由于 2015 年国内首次试水股票期权，没有可供参考的期权交易书籍和文献，我们只能参考欧美金融衍生品期权的交易策略和方法，摸着石头过河，建立起自己的期权情感指数模型，并应用于期权交易系统的测试。在期权交易系统没有验证成功之前，我们计算完成的情感指数与其所指向的市场波动方向常常出现背离。这导致基于波动数据展开的交易系统的计算和评估无效，我们不得不引入新的关联性参数以提升效率。只有当交易系统完备建立，相关参数计算得到有效验证，情感指数指向与市场波动方向具有强概率优势的时候，情感计算的交易实践才真正进入了可行性研究的阶段。这个阶段我们从2015年至今已经走了整十年。

十年磨一剑，砺得梅花香。期权交易数据计算评估的十年是我们反复验证投资者情绪表达数据和投资者交易行为数据关联性的十年。我们尝试借助期权交易情感花园幽径困惑商指数（garden path confusion quotient index，即情感指数）来计算评估动态数据波动中投资者的情感变化。投资者的"贪婪和恐惧"在高杠杆的期权交易中得到淋漓尽致的体现。这也为我们引入和验证多个情感计算参数提供了便利条件。作为最早的期权交易者之一，我在十年间踩过期权交易中的多个坑，常常伤痕累累、体无完肤、千疮百孔，只为了测试数据和验证交易系统的有效性。期权高杠杆之下的爆仓，我在2018年也曾不期而遇过，还好尚无性命之虞，硝烟过后，蜗行依旧。如今侥幸上岸的我回首望去，来路依然波涛汹涌。

《语言测试与波动数据评估》是广东外语外贸大学研究生教材建设项目"语言测试中计算关键词的数据评估"（202206）的成果。我们在期权交易系统已经验证有效、情感指数指向与市场波动方向具有交易先验性概率优势的情况下推出的第一部交易计算语言学专著。本书中的期权交易动态数据是我们通过实盘获得并得到验证的数据。本书适合数据评估和计算语言学领域的研究生使用。对于从事情感计算研究的博士研究生建立情绪表达数据库和交易行为数据库具有良好的系统参数指导作用。

感谢在情感计算理论研究中给我指引的鲁东大学外国语学院张福勇教授（硕士生导师）、教育部语言文字应用研究所研究员冯志伟教授（博士生导师）、南京大学外国语学院魏向清教授（博士后合作导师）。

感谢在情感计算交易实践中为我提供期权交易便利的中信证券广州临江大道营业部副总经理杨智伟先生。

感谢几十年如一日支持我前行的于屏方教授。情感计算的理论创新不易，情感计算的交易实践创新尤其不易。理论创新支持者众，原因在于这种创新没有风险，付出的多为汗水，失败了可以推倒重来。交易实践创新支持者寡，原因在于这种创新风险巨大，付出的不仅仅是汗水，更多的是真金白银，极端情况下甚至可能是生命。高杠杆交易者身处在交易中往往危机四伏，风控不到位的一次黑天鹅事件就可能爆仓出局。2018 年的期权爆仓切肤之痛至今仍让我记忆犹新，不忍卒视。也正是在于屏方教授的大力支持下，我们创新性推出的交易计算语言学才迎来了春天。

感谢科学出版社的责任编辑崔文燕、宋丽为本书的出版所做的大量工作。

感谢参与书稿校对和数据评估等辅助性工作的广东外语外贸大学研究生王希、孙诗谣、王硕、罗晓敏、孙敬文、闫平。

在我师从冯志伟教授从事博士研究时，先生曾教诲我们要不断创新。他关于荷叶理论的断想一直影响着我们："新出现的学科分支，犹如荷塘里的一片荷叶，而我们这些研究科学技术的人，就像是荷塘里的青蛙。如果有青蛙首先跳上那片最有吸引力的嫩绿耀眼的荷叶，它就可以领先一步悠然享受那明媚的春光。"那只青蛙，经过十年的努力，已经跳上了交易计算语言学这片嫩绿耀眼的荷叶。

感谢冯志伟教授年近九旬高龄时欣然作序。感谢国家社会科学基金在 2025 年初再次立项资助我的研究。这已是我主持的包括国家部委重大项目在内的第四个国家课题了。吾当乘风破浪、直挂云帆。

杜家利

白云山下

2024 年 12 月 9 日